To you

Oda Jaune

IF YOU CLOSE YOUR EYES

ROADS Publishing
19-22 Dame Street
Dublin 2
Ireland

www.roads.co

First published 2015

1

If You Close Your Eyes
Oda Jaune
Images copyright the artist
Design by Conor & David

Printed in Italy by Graphicom s.r.l

Cover image:
Shine a light (2014)

978-1-909399-39-6

Oda Jaune

IF YOU CLOSE YOUR EYES

ROADS

PUBLISHING

All in
the same
light

Tout
dans la même
lumière

Catherine Millet

When I visited Oda Jaune in her studio, she was working on three paintings in different sizes: a man and woman sitting, leaning towards each other, forehead to forehead like melancholy lovers; a bust portrait of a very young woman with opulent white hair, partly covered by a transparent black veil, giving the breast to an emaciated black baby; and, finally, a group — apparently at an earlier stage of execution — surrounding an operating table. I thought I could see in the osmotic couple the same theme as in a painting from 2009, rendered in a less sexual, more poetic way. But I was mistaken (for the themes of the embrace, the kiss, and the fusion of bodies and organs are recurrent). It was in fact a reprise of a composition from 2013, and the artist pointed out that she had more work to do on the background so as to provide this couple with a 'paradisiac setting'. In the earlier version, they were already in a dark but magical garden with a marmoset and a fox poking out their snouts from among the flowers (*Forever*, 2013). I didn't focus on the skulls coming together (the process is not unusual), the only anomaly I noticed was the little boy's tongue sticking out the way it is sometimes done to idiots. The artist sometimes returns to the same figures several years later, as if she realised that they live their own life and felt the need to take this into account, and in this instance the pretty woman giving the breast is an enlargement of a portrait from 2012. What struck me about it was more the oddness of her big wig than the contrast between the veil and her stereotyped Western beauty. As for the form stretched out on the operating table, if it is a body, it is a body without a name, it is that indefinable organ which is one of the most frequently recurring motifs in her work, which sometimes we read as a giant's finger, at others as an outsize tongue, or a timid phallus, a monstrous appendage, or a worm with claims to human status.

Also, hanging on the wall, was a very large painting from 2008. In the foreground, a bed containing a wriggling baby, but only the arms and legs can be identified, the rest of the body being replaced by a kind of big, exposed heart, partly hiding the body of a woman lying next to it (pp70-71). The scene is lit up by fireworks exploding in the background. We barely pause to question the unexpected juxtaposition of these elements, so successful is the balance in the composition between the glossy, wet heart and the bouquets of light.

As I said, I saw four paintings. Compared to other studio visits I've made in my time, that's really not a lot. I had a glimpse of others and asked if I could look at them. 'It's too early,' answered Jaune. Knowing she needed to give me something to work with, she showed me a few of her many watercolours. No doubt these works, whose technique allows no corrections, in which the hand is exercised on figures that reappear in more complex, arranged forms in the paintings, offer the satisfaction

Lorsque je rends visite à Oda Jaune dans son atelier, trois tableaux de différents formats sont en cours: un homme et une femme assis, penchés l'un vers l'autre, front contre front à la façon d'amoureux mélancoliques; le buste d'une très jeune femme à l'opulente chevelure blanche, en partie couverte d'un voile transparent noir, et qui donne le sein à un bébé noir famélique; enfin un groupe — à un stade d'exécution qui semble moins élaboré — entourant une table d'opération. Je crois reconnaître dans le couple fusionnel le thème d'un tableau de 2009, dans une interprétation moins sexuelle, plus poétique. Mais je me trompe (car les thèmes de l'étreinte, du baiser, de la fusion des corps ou des organes reviennent souvent). Il s'agit en fait de la reprise d'une composition de 2013, et l'artiste précise qu'elle doit encore travailler le fond pour offrir à ce couple « un décor de paradis ». Dans la version antérieure, il se trouvait déjà dans un jardin sombre mais merveilleux où un ouistiti et un renard pointaient leur museau au milieu des fleurs (*Forever*, 2013). Je ne fixe pas mon attention sur les crânes qui se confondent (puisque le procédé est fréquent), la seule anomalie que je remarque est la langue du garçon glissée entre ses lèvres comme on voit faire, quelquefois, à des idiots. L'artiste, reprenant donc certaines figures à des années d'intervalle — un peu comme si elle constatait que celles-ci avaient leur vie propre et qu'elle se devait d'en rendre compte —, il se trouve que la jolie femme qui allaite est l'élargissement d'un portrait de 2012. Celui-ci m'avait frappée plus par l'excentricité de sa grande perruque que par le contraste du voile avec sa beauté occidentale stéréotypée. Quant à la forme allongée sur la table d'opération, si c'est un corps, c'est un corps sans nom, c'est cet organe indéfinissable qui est un des motifs les plus récurrents de toute l'œuvre, qu'on regarde parfois comme un doigt de géant, d'autres fois comme une langue démesurée, un timide phallus, un monstrueux appendice, un lombric aux prétentions humaines.

Il y a aussi, accroché sur un mur, un très grand tableau de 2008 dont le premier plan est occupé par un lit où gigote un enfant dont seuls les membres sont identifiables, le reste du corps étant remplacé par une sorte de cœur à vif, volumineux, et qui cache partiellement un corps de femme allongé contre lui (pp70-71). La scène est éclairée par des feux d'artifice qui éclatent au second plan. C'est à peine si l'on s'interroge sur l'inattendu voisinage de ces éléments, tant est réussi l'équilibre de la composition entre le cœur brillant dans son humidité et les bouquets de lumière.

Je vois donc quatre tableaux. Par rapport à d'autres visites d'atelier que j'ai pu faire dans ma vie, c'est peu ! Je demande si d'autres toiles que j'aperçois partiellement sont visibles. « Trop peu avancées », répond Oda Jaune qui, consciente qu'il faut bien m'alimenter, me met sous les yeux quelques-unes des nombreuses aquarelles qu'elle réalise. Sans doute

of work that is quickly finished – just as they immediately satisfied my curiosity – to a young painter who, at the same time, can need a whole year of work before being convinced that a painting is finished. Jaune produces little, about ten paintings a year. Her record, she says with a laugh, is seventeen: an exploit! Each painting requires a long ripening period. It is begun without preconceived ideas, and there is no drawn composition before the first layer of paint. Jaune is guided by free association. It took time for the emaciated little African to attach himself to the breast of the pretty girl with an excessively red mouth under her funeral veil. It may take months before the enchanted garden where the couple have taken refuge is refreshed.

The time of the painting's elaboration, which requires that the painter attend to them regularly, even if sometimes absent-mindedly, is long, like the time in which dreams gestate unknown to us, bringing back distant and buried images. From what psychic depths comes the wonder or the anxiety that grips the heart of child seeing an exploding firework for the first time, such that this fire will one day splash the surface of a canvas where chubby legs struggle with a heart that is too fat? For how many months did Jaune pass to and fro in front of this portrait of the sophisticated young woman before images of famine in Africa – and maybe she no longer remembered where she saw them – were juxtaposed with them? Astonishingly, these unlikely proximities don't shock us any more than the absurd associations that appear in our dreams. This is because Jaune, both in the motifs she chooses and in her refined pictorial technique, has become an expert in bringing to light the furtive shifts and condensations effected by the unconscious, that part of ourselves which is free of rationality. Flipping through a catalogue, I stop on the reproduction of a painting from 2003 representing an adolescent body, lying naked on its back, with a calf's head resting on the pubis. I suggest to Oda that today she would never try to produce the same effect of incongruity, the same visual shock. She concurs. There is an obvious contrast with one of her boldest and best-known works, a small canvas from 2010 showing a face in extreme close-up (*Wonderful*, 2010). The eyelids are partly lowered, in an expression that could just as well denote the effort of imminent sneezing as a mocking face, while the fingers of a youthful hand, rather than being poked into the nostrils, are parting the labia of the female genitals placed in the middle of the face where the nose would be. The image is certainly upsetting, but in a gentle way, if I can put it like that, almost as if this was a wicked thought of ours that we didn't dare admit to.

A work from 2012, *Bedroom*, reprises and surprisingly displaces the composition of an untitled painting from four years earlier (p.57). The subject matter is probably a first in the history of painting. In the soft light of the 2008 picture, two women in white blouses are concentrating on their work. The first is busy manicuring feet that, weirdly, have grown a giant specimen of a single finger, which is soaked in some brown substance. The second is carefully examining under a lamp an amorphous brown form she is holding in her hand. Appearing in the frame on the right, in the foreground, is part of a big bouquet of peonies with a heart popping out.

In *Bedroom*, the pedicurist has become a boy kneeling in the position of a child playing on the floor (two little companions appear

ces œuvres dont la technique n'admet pas le repentir, pour lesquelles la main s'exerce sur des figures qu'on retrouve plus complexes et mises en scène dans les tableaux, apportent-elles la satisfaction d'un travail achevé rapidement — comme elles satisfont dans l'instant ma curiosité — à une jeune peintre qui, parallèlement, peut avoir besoin de toute une année de travail avant d'estimer qu'un tableau est achevé. Oda Jaune produit peu, une dizaine de tableaux par an, son exploit, ajoute-t-elle en riant, étant d'en avoir réalisé dix-sept une année. Chaque tableau nécessite un long temps de maturation. Il est entrepris sans idée préconçue de la composition, il n'y a pas de mise en place dessinée avant la première couche de peinture, l'artiste se laisse guidée par associations libres. Le petit africain décharné a mis du temps avant de trouver à s'accrocher au sein de la jolie fille à la bouche trop rouge sous son voile funèbre. Il faudra peut-être des mois avant que ne se renouvelle le jardin merveilleux où le couple a trouvé refuge.

Le temps d'élaboration des tableaux qui exige que le peintre les fréquente régulièrement, même si c'est de façon distraite parfois, est long comme est long le temps d'élaboration des rêves à notre insu et qui permet que reviennent des sensations et des images lointaines et enfouies. De quelle profondeur psychique est remonté l'émerveillement, ou l'angoisse, qui étreint le cœur d'un enfant quand il voit pour la première fois éclater un feu d'artifice, pour que ce feu, un jour, éclabousse la surface d'une toile où des jambes potelées se débattent avec un cœur trop gros ? Pendant combien de mois Oda Jaune est-elle passée et repassée devant le portrait de la jeune femme sophistiquée, avant que des images de famine en Afrique — dont elle ne sait peut-être plus quand ni où elle les a vues —, ne viennent s'y juxtaposer ? Étonnamment, ces improbables rapprochements ne nous choquent pas plus que ne nous choquent, lorsque nous rêvons, les associations apparemment les plus absurdes. C'est qu'Oda Jaune, aussi bien par le choix de ses motifs que par une technique picturale raffinée, est devenue experte dans la mise au jour des glissements furtifs et des condensations qu'opèrent l'inconscient, cette part de nous-mêmes affranchie de la rationalité. Feuilletant un catalogue, je m'arrête sur la reproduction d'un tableau de 2003 représentant un corps adolescent, nu, allongé sur le dos, et sur le pubis duquel repose une tête de veau. Je fais remarquer à Oda qu'elle ne chercherait plus aujourd'hui à produire le même effet d'incongruité, le même choc. Elle en convient. Le contraste est notable par rapport à l'une de ses œuvres les plus audacieuses, et les plus connues, une petite toile de 2010 cadrant un visage en très gros plan (*Wonderful*, 2010). Les paupières sont en partie baissées, dans une expression qui peut être aussi bien celle de l'effort quand on s'apprête à éternuer que celle de la moquerie qui accompagne une grimace, tandis que les doigts d'une main juvénile, au lieu de se glisser dans des narines, écartent les lèvres d'un sexe féminin, placé là, au milieu du visage, à la place du nez ! Certes, l'image dérange, mais en douceur si je puis dire, presque comme si c'était nous qui n'osions pas nous avouer une mauvaise pensée que nous aurions eue.

La composition d'un tableau de 2012, *Bedroom*, reprend et décale d'une façon surprenante celle d'un tableau peint quatre ans auparavant (sans titre), dont le thème est plutôt inédit dans l'histoire

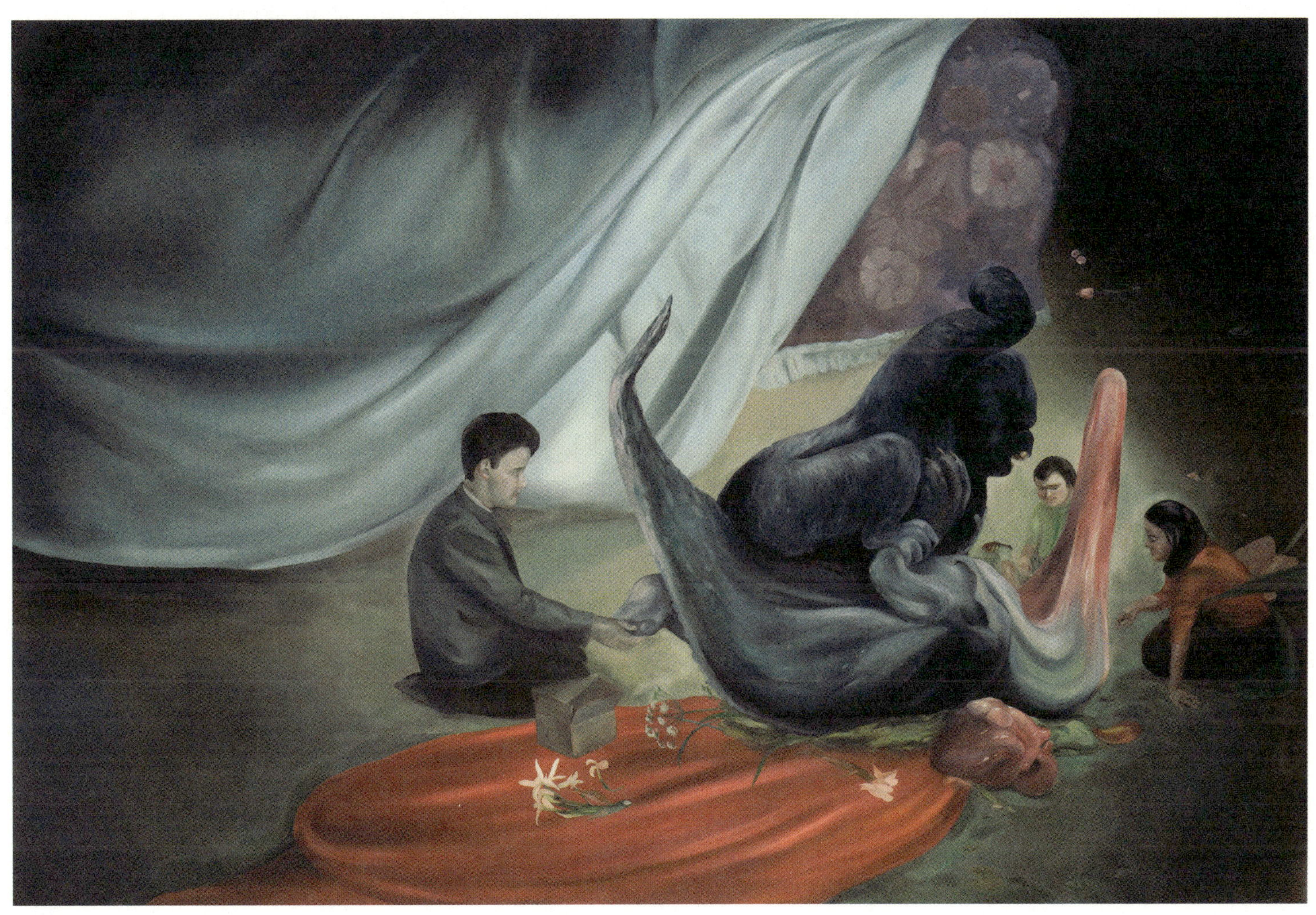

Bedroom, Oil on canvas, 2012, 130 × 195 cm

on his right). His profile is the same as that of the woman and he too is holding a foot in his hand, but this time it's the foot of a kind of jumping gorilla on the big finger which has softened and ends, now, with a sea lion's tail. The flowers have been demoted to the pattern on the chair in the background, while in the same corner where it appeared before the heart, shrunken now, lies on the floor. Not many artists (the only one I can think of is Dalí), by their fidelity to their themes, and by the subtle shifts or extraordinary metamorphoses to which they subject them, bring us this close to the extraordinary work of the imaginary. The photograph that served as a model for the first painting was a photograph by Horst P. Horst showing the elegant Gloria Vanderbilt in the hands of two manicurists in a chic beauty parlour – the epitome of the glossy image. Taking nothing away from the serenity of the original image, the artist introduces an emotional and sexual content that the photo may have repressed (there is an element of eroticism in the relation between beauticians and their clients), then converts it into a memory of childhood games, when the fear of the monsters that inhabit fairy stories mixes with the first expressions of sensuality. Jaune says that one source of that obsessive finger is the children's tale *Little Finger* (its size is another matter).

What would happen if someone invented a scanner that could reveal all the uncontrolled images that, simultaneously to our cognitive faculties, interpret the signals sent by the optical nerves? Spontaneous reveries, fantasies, visual slips would appear in their state of constant ferment, and that would certainly be much more of a challenge to our modesty than being stripped naked in public. Well, that is the experiment that Jaune bravely carries out on herself simply using her painter's tools, and encourages us to make on ourselves. Freud criticised the Surrealists for going no further than the manifest content of dreams and neglecting the work of interpretation. Now, by refusing to abandon the images that take shape spontaneously on her canvases, and by reworking them so freely over the years, isn't Jaune, in her way, taking that next step? Isn't she continuing on beyond the threshold where the Surrealists stopped, dazzled by what they saw?

de la peinture ! (p.57) Dans la lumière douce du tableau de 2008, deux femmes en blouse blanche se concentrent sur leur travail : la première est occupée à la manucure des pieds qui ont bizarrement poussé à un spécimen géant du doigt orphelin, ce doigt, qui plus est, trempé d'une matière marron, tandis que la seconde examine précautionneusement sous une lampe une forme brune indistincte qu'elle tient dans la main. Sur la droite, au premier plan, le tableau cadre partiellement un gros bouquet de pivoines d'où surgit un cœur.

Dans *Bedroom*, la manucure est devenue un garçon agenouillé dans l'attitude d'un enfant qui joue au sol (il a deux petits compagnons sur la droite), son profil est le même que celui de la femme et lui aussi tient dans sa main un pied, mais c'est le pied d'une sorte de gorille bondissant sur le gros doigt qui s'est ramolli et qui se termine, cette fois, en queue d'otarie ; les fleurs sont reléguées en tant que motif d'une tapisserie de fauteuil au second plan, mais dans le même angle où il apparaissait précédemment, le cœur, rétréci, gît par terre. Peu d'artistes (seul, l'exemple de Dalí me vient en tête) nous permettent d'approcher ainsi, à travers leur fidélité à des thèmes, parfois à travers les insensibles déplacements auxquels ils les soumettent, d'autres fois par de très spectaculaires métamorphoses, l'extraordinaire travail auquel se livre l'imaginaire. C'est une photographie de Horst P. Horst qui a servi de modèle au premier tableau et celle-ci représente l'élégante Gloria Vanderbilt entre les mains de deux manucures, dans l'espace feutré d'un salon de beauté. Image glacée, par excellence ! Sans rien ôter de la sérénité de l'image initiale, l'artiste y introduit une charge émotionnelle et sexuelle que celle-là, après tout, étouffait peut-être (la relation entre les esthéticiennes et leurs clientes n'est pas dénuée d'érotisme…),— avant de la convertir en un souvenir des jeux de l'enfance, quand la peur des monstres qui peuplent les contes se mêlent aux premières expressions de la sensualité. Au-delà des dimensions qu'il prend dans son œuvre, Oda Jaune précise qu'une des origines du doigt obsessionnel est un conte pour enfants, *Petit Doigt*.

Que se passerait-il si l'on inventait un scanner capable de révéler toutes les images incontrôlées qui, simultanément à nos facultés cognitives, interprètent les signaux envoyés par les nerfs optiques ? Rêveries spontanées, fantasmes, lapsus visuels nous apparaîtraient alors dans leur perpétuelle fermentation, ce qui forcerait certainement notre pudeur bien plus violemment qu'un déshabillage en public ! C'est pourtant l'expérience qu'Oda Jaune, à l'aide de ses simples outils de peintre et avec courage, tente sur elle-même,— et nous entraîne à tenter sur nous-mêmes. Freud reprochait aux Surréalistes de s'en tenir au contenu manifeste des rêves, négligeant le travail d'interprétation. Or, en n'abandonnant pas les images qui se sont formées spontanément à la surface de ses toiles, et en les retravaillant d'année en année tout aussi librement, Oda Jaune ne réalise-t-elle pas à sa façon cet approfondissement? Ne poursuit-elle pas au delà du seuil où les Surréalistes sont restés éblouis?

Caressing the canvas

Over the years the handling has become increasingly accomplished and the rendering of the images more realistic. The surfaces are more worked than in the early 2000s. The strangeness of the bodies is no longer due to a simplified or grotesque representation of bodies, as was sometimes the case before – witness the red, minimally modelled bodies of a man and women in a painting from 2007 that make them look like rag dolls or rubber dolls. It comes, rather, from a monstrousness that, painted with an almost photorealist concern for detail, fascinates to such a degree that it seems plausible. The face of *La mariée* (2014) is constituted by an Arcimboldo-like mass of adult fingers and a baby's hand clinging on to them, done with such delicacy that our attention lets itself be contaminated by this gentleness and we accept the naturalness with which a human hand places itself on this face as if it was equally natural that a young bride, suffering from some illness, should have this swollen face. In the same way, the huge hearts that fills so much space, that for me irresistibly recall the French expression *avoir le cœur gros* (to have a 'big', i.e. heavy, heart) – hearts so big that they overcome the whole torso, or simply as big as the finest bulb in a huge bouquet of peonies – reproduce the bulge of the auricles, the groove between the ventricles, the beginning of the veins or the arteries, as scrupulously as if the image was meant for a medical manual. Jaune has a nice word to describe the fineness of her execution: she says she tries to 'caress' the canvas. Like metaphors for that technical quality, her work contains many representations of caresses.

Although I titled an earlier text about Jaune's work 'Au risque du rêve'[1], and have used the comparison with dream again here, I am ready to believe her when she insists she wants to paint 'a feeling that is more acute than the one produced by a dream image'. If she is not, or is no longer striving to create visual shocks, she is able to summon up emotions that we feel all the more in that we find them difficult to define. We cannot repel them by deciding that a calf's head has absolutely no reason to be on the naked body of an adolescent; on the contrary, we remain fascinated as we try to understand why we are moved by such a delicate gesture on a face as frightful as the bride's. Already, in 2009, in an interview with Oliver Koerner von Gustdorf, the artist stated that, 'What concerns me is finding out how to visualise feelings such as profound disappointment, even collective ones, without representing a human expression.'[2] In fact, the hybrid beings that appear in her works and their unexpected encounters between heterogeneous elements strike a prolonged echo within us that goes beyond surprise, amusement or disgust. It is possible that, as I said, Jaune's associations take shape in a way comparable to the ones in dreams, but her actualisation of them plunges us into a state of confusion that, in truth, belongs to the moment when we wake up and return to consciousness, when, emerging from the numbness of sleep, our recollection of it opens up a gulf within.

Caresser la toile

Avec le temps, la facture est de plus en plus accomplie et le rendu des images plus réaliste. Les surfaces sont plus travaillées qu'au début des années 2000. L'étrangeté des corps n'est plus due, comme cela pouvait être le cas auparavant, à une représentation simplifiée ou grotesque des corps — par exemple, dans un tableau de 2007, les corps rouges et à peine modelés d'un homme et d'une femme qui les font ressembler à des poupées de chiffon ou de caoutchouc —, mais au contraire à une monstruosité qui, peinte avec un souci du détail presque hyperréaliste, fascine au point d'apparaître plausible. Le visage de *La mariée* (2014) est constitué, à la manière d'un portrait d'Arcimboldo, de doigts adultes et d'une main de bébé qui s'y agrippe, exécutés avec tant de délicatesse que notre attention se laisse contaminer par cette douceur et que nous acceptons le naturel avec lequel une main d'homme vient se poser sur ce visage comme s'il était également naturel qu'une jeune mariée, affectée de quelque maladie, ait ce visage boursouflé là. De la même façon, les énormes cœurs qui occupent tant de place, que je ne sais pas dissocier de l'expression « avoir le cœur gros », gros au point d'engloutir le buste entier, ou simplement gros comme le plus beau bulbe dans un énorme bouquet de pivoines, reproduisent-ils le renflement des oreillettes, le sillon entre les ventricules, le départ des veines ou des artères, aussi scrupuleusement que l'image était destinée à un usage médical. Oda Jaune a un joli mot pour qualifier la finesse de son exécution : elle dit qu'elle cherche à « caresser » la toile. Comme des métaphores de cette qualité technique, les représentations de caresses sont nombreuses dans son œuvre.

Quoique j'aie intitulé un précédent texte sur l'œuvre d'Oda Jaune « Au risque du rêve »[1], et que je me sois encore servi ci-dessus de la comparaison, je veux bien la suivre lorsqu'elle m'assure vouloir peindre « un sentiment plus vif que celui que procure l'image d'un rêve ». Si elle ne recherche pas, ou plus, l'effet de choc visuel, elle sait susciter des émotions qui s'inscrivent d'autant mieux en nous qu'il nous est difficile de les définir. Nous ne pouvons pas nous en défendre en décidant qu'une tête de veau n'a décidemment rien à faire sur le corps nu d'un adolescent, au contraire, nous demeurons fascinés dans l'effort de comprendre pourquoi nous sommes touchés par un geste aussi délicat sur un visage aussi affreux que celui de la mariée. En 2009, dans un entretien avec Oliver Koerner von Gustdorf, l'artiste déclarait déjà : « Ce qui me préoccupe, c'est de savoir comment visualiser des sentiments tels qu'une déception profonde ou même collective sans représenter une mimique humaine[2]. » De fait, les êtres hybrides qui apparaissent dans ses œuvres et les rencontres inattendues entre des éléments hétérogènes produisent en nous un écho prolongé qui va au delà de la surprise, de l'amusement ou du dégoût. Il est possible que, comme je l'ai dit, les associations d'Oda Jaune se forment d'une manière que l'on peut comparer à celles des rêves, mais l'actualisation qu'elle en propose nous plonge dans un trouble qui est en vérité celui du saisissement au réveil, dans le moment du retour de la conscience, lorsque nous extrayant de l'engourdissement du sommeil, sa remémoration ouvre en nous un abîme.

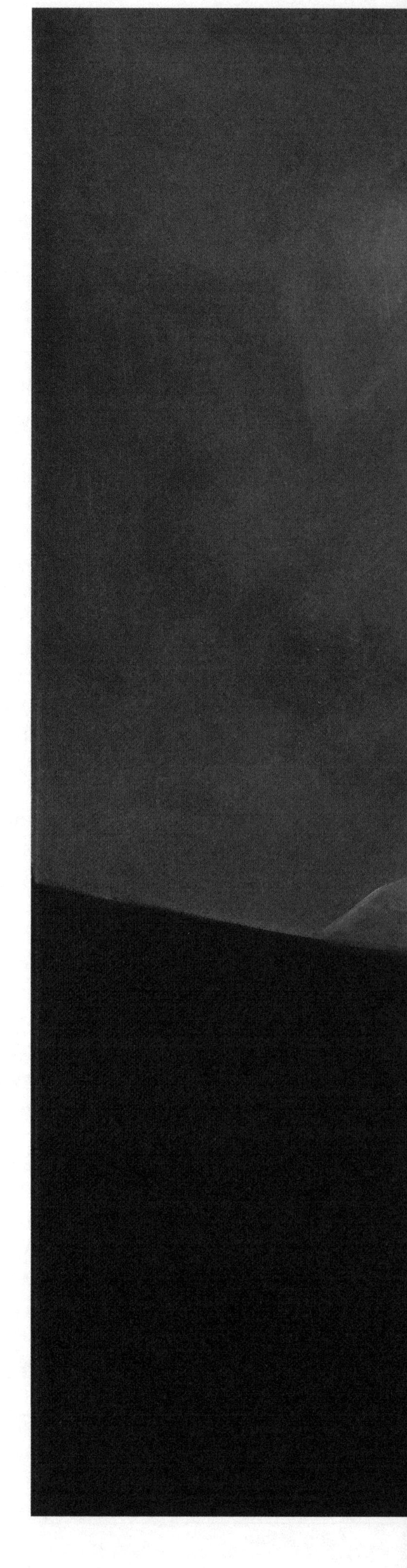

La mariée, Oil on canvas, 2014, 50 × 60 cm

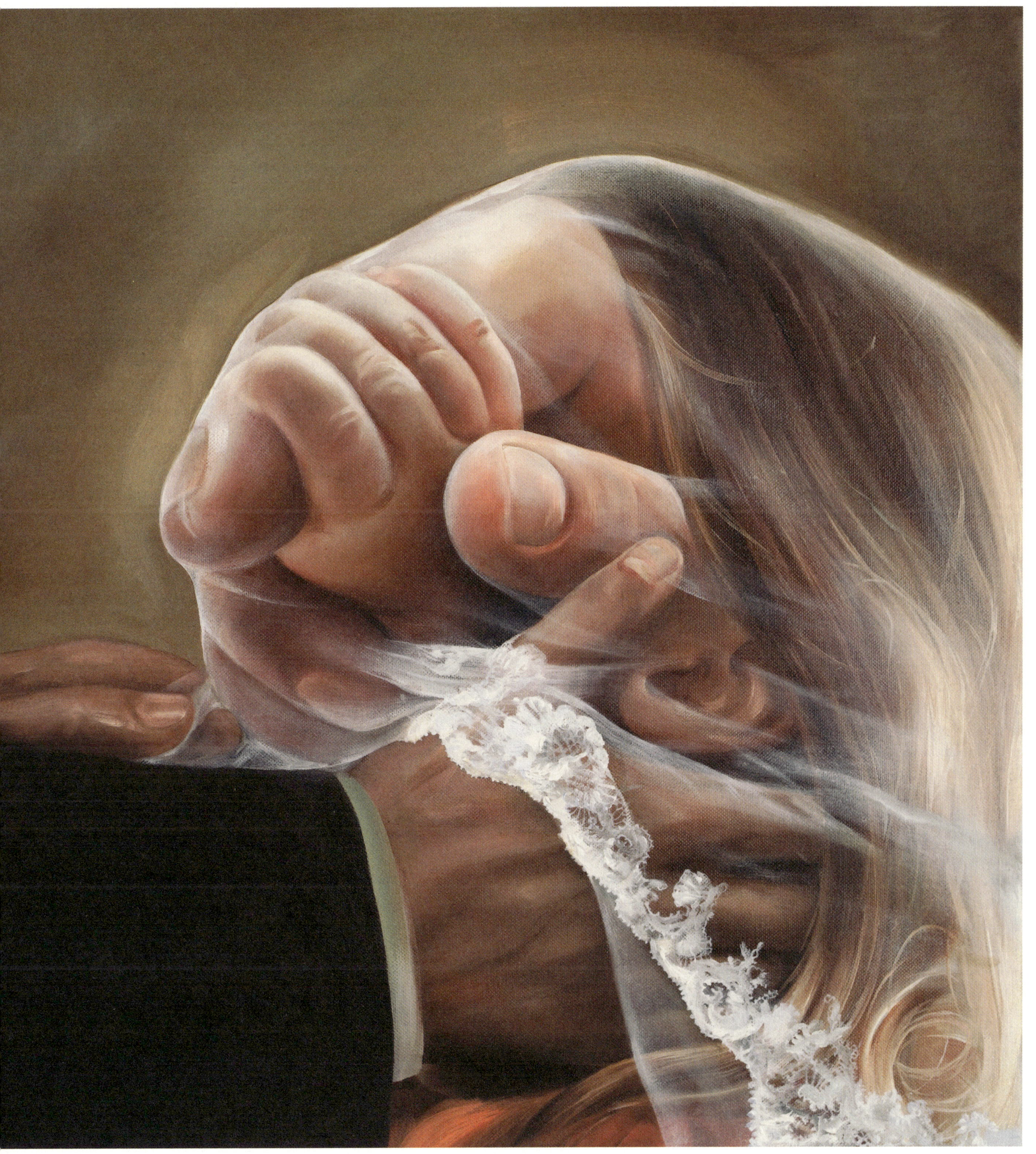

People sometimes ask, when talking about this young painter, 'How can such monstrosities arise in the mind of such a charming woman?' Well, it seems to me that a charming young woman is exactly what you need to be to conceive of these visions and dare to present them. For a start, many of the themes can be considered as particular to a woman: veils and wedding dresses, childbirth, children, but also images found in fashion magazines, such as the scene in a beauty parlour or in the salon of a couture house. Some of the positions and actions are specifically feminine, too: a young girl is squatting in the position for making up her toenails, except that instead of a bottle of varnish she is holding a syringe (pp64-65); hands are feeling a breast, the way women are taught to do, in one case bringing forth a flash of light, in another, that ugly appendage, this time red (*Lucky*, 2013). But it so happens that the young woman is also a painter attentive to the truth of feelings and as honest as she is charming, which means that the symbols of life, of purity, of innocence and of frivolity that she employs always go hand in hand with the display of their cruel, perverse or deathly underside. In fact, though, there is no underside in Jaune's painting. With no need for a change of viewpoint on our part (either literally or figuratively), in other words, without having to adapt our judgement, the eye goes from the handsome heavy breasts of a bride to her face, hollowed out by an oval that is like a mirror reflecting the face of Black man showing his teeth (*Blue Moon*, 2010). It slides from the hair in which the heads of the 2009 couple merge, to the gigantic mass of flesh that escapes from it, an obscene tongue of lava, in which we can make out both the curve of the two buttocks and the thighs spread wide to reveal a vagina opened, once again, by a determined hand (*Tender*, 2009). The gaze apprehends in a single mass the crouching body of a very young girl, a little girl perhaps, resting her arms on her exaggeratedly swollen breasts, like those of a porn actress (2013).

The virginal veil that covers the teeth of laughter or menace, the couple in simple, moderate clothes and the crude gesture they are making, the modest posture of the young girl and her provocative breasts – all these elements are conjoined on the surface of the same reality, not the obverse and reverse of reality, for the truth is that there is nothing behind the world, only pieces of a puzzle fitting together. None dominates the others. All are seen in the same light.

Curiously enough, in this body of work that is undeniably placid we can count several representations of explosions (*Splendid Isolation*, 2009; *Shine a light*, 2014). As the artist says, 'with an explosion, everything changes'. Everything changes, yes, but everything is always there, in another form, differently distributed. She adds, amusingly, that 'everything also changes' with a wedding dress. The bubbling tulle of the sumptuous dress in *To My Lady* (2010) envelops several bodies.

On entend dire quelquefois, au sujet de cette jeune peintre : « comment de telles monstruosités peuvent-elles naître dans la tête d'une femme aussi charmante ? » Eh bien, il me semble qu'il faut précisément être une jeune femme charmante pour concevoir ces visions et oser les proposer. D'entrée, beaucoup de thèmes peuvent être regardés comme appartenant en particulier à une femme : voiles et robes de mariée, accouchements, enfants, et aussi images trouvées dans des magazines de mode : scène dans un institut de beauté ou dans le salon d'une maison de couture... Certaines positions, certains gestes sont spécifiquement féminins : une jeune fille est accroupie dans la position de maquiller les ongles de ses pieds, sauf qu'elle tient à la main non pas un flacon de vernis mais une seringue (pp64-65), des mains palpent un sein, comme on apprend aux femmes à le faire, faisant surgir dans un cas un éclat de lumière, dans un autre cas le vilain appendice, rouge cette fois (*Lucky*, 2013). Mais il se trouve que la jeune femme est aussi une peintre attentive à la vérité des sentiments et aussi honnête qu'elle est charmante si bien que les symboles de la vie, de la pureté, de l'innocence ou encore de la frivolité auxquels elle a recours ne s'affichent pas sans que ne soient exposés simultanément leur envers cruel, pervers, mortifère. Plus exactement : il n'y a pas d'envers dans l'univers pictural d'Oda Jaune. Sans que nous ayons à changer de point de vue (pas plus au sens figuré qu'au sens premier), c'est-à-dire sans que nous ayons à adapter notre jugement, l'œil va des beaux seins lourds d'une mariée à son visage, celui-ci creusé par un ovale qui est comme un miroir où se reflète le visage d'un Noir montrant les dents (*Blue Moon*, 2010). Il glisse de la chevelure où se confondent les têtes du couple de 2009, à la gigantesque masse de chair qui s'en échappe, langue de lave obscène, dans laquelle on peut voir à la fois l'arrondi de deux fesses et des cuisses largement écartées sur un sexe ouvert, là aussi, par une main décidée (*Tender*, 2009). Le regard appréhende d'un bloc le corps recroquevillé d'une très jeune fille, une fillette peut-être, qui appuie les bras sur ses seins exagérément gonflés comme ceux d'une actrice porno (2013).

Le voile virginal qui couvre les dents du rire ou de la menace, le couple aux habits simples et sages et le geste cru qu'il exhibe, l'attitude modeste de la jeune fille et sa poitrine provocante sont tous des éléments conjoints à la surface d'une même réalité, non pas l'endroit et l'envers de la réalité, car en vérité il n'y a rien à l'arrière du monde, mais les pièces qui s'ajustent d'un puzzle. L'un ne prévaut pas sur l'autre. Tous sont vus dans la même lumière.

Curieusement, dans cette œuvre qu'il faut bien dire placide, on compte plusieurs représentations d'explosions (*Splendid Isolation*, 2009 ; *Shine a light*, 2014). Leur auteur dit : « avec l'explosion, tout change. » Tout change, oui, mais tout est toujours là, sous une autre forme, autrement distribué... De façon amusante, elle ajoute qu'avec une robe de mariée, « tout change aussi ». Le tulle bouillonné de la somptueuse robe, dans *To My Lady* (2010) enveloppe plusieurs corps...

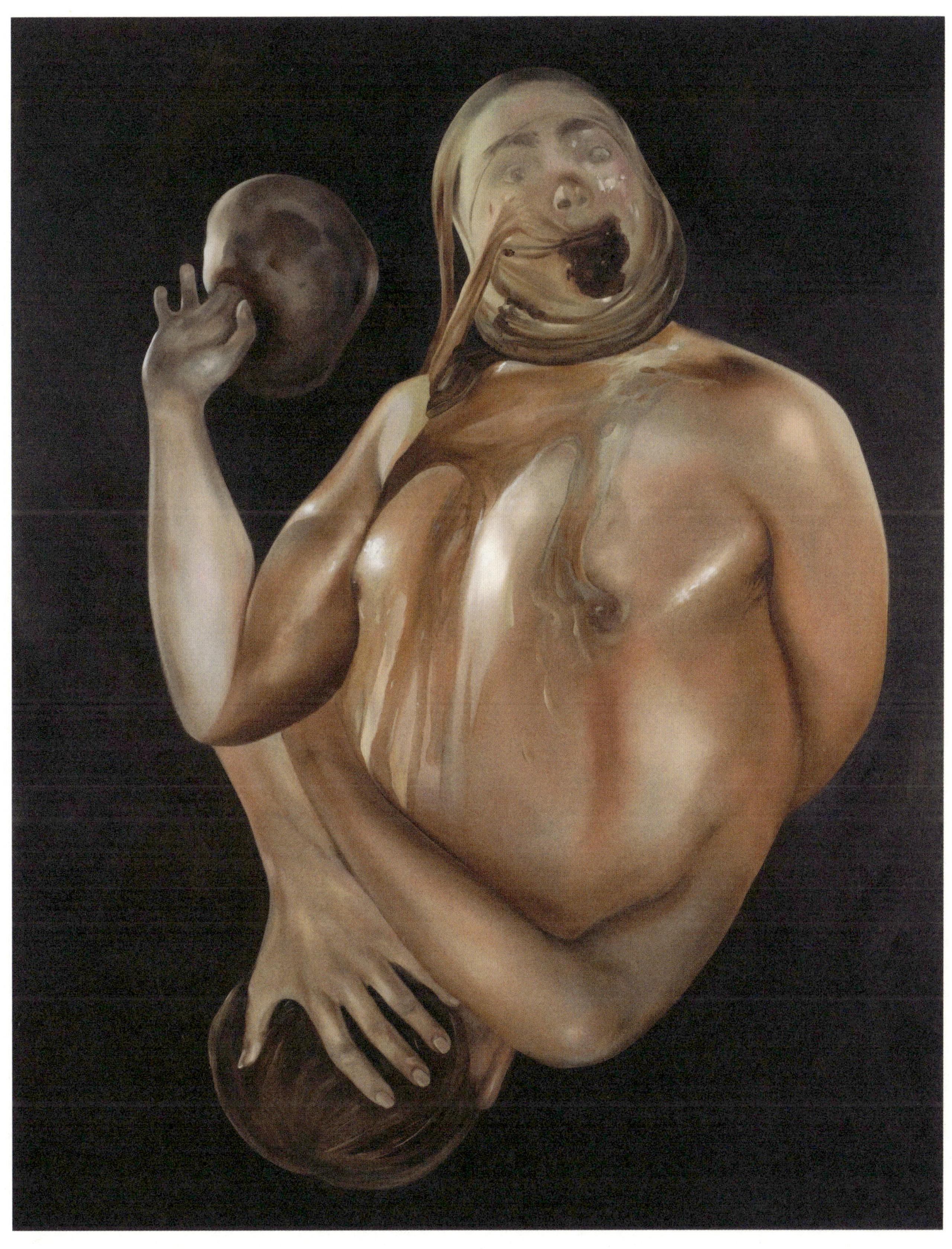

Untitled, Oil on canvas, 2011, 165 × 130 cm

Kindly attention

An ambitious landscape from 2008 (pp58-59) deploys the continuum of this world in very large format (270 x 500 cm), like a kind of manifesto or programme. It is a varied landscape (groves, pruned trees, gardens, fences) stretching all the way to a blue mountain in the distance, and scattered around it, in the manner of a painting by Pieter Bruegel or, even more, Hieronymus Bosch, are various scenes. However, perspective is flouted here and the figures are represented on disparate scales. I note the following: a vague corporeal form wrapped in linen (in the foreground, and repeated, much smaller, further in) with a hand resting on it; the tattooed back of a man (that is all we can see of him); an Indian who seems to be a child in fancy dress; another man in a beret, pulling on a rope; a children's choir; a couple with the woman putting her hands over the man's eyes, playing 'Guess who!'; in the centre, a group that I initially thought was pornographic but seems, rather, to be a massacre scene; the shoulders and head of a child sleeping in the folds of the landscape, his eyes hidden by small, unidentifiable figure (creating the effect of a double image: the latter's head seems to be the sleeper's closed eye); the disturbing bust of a man in a helmet; on the right, a man cutting up an animal; and finally, dominating the ensemble, a thick, oversized body, half naked and hidden behind the foliage, through which we glimpse an erotic scene. A lot of these elements also appear in smaller paintings. What we have here is a panorama of Oda Jaune's imaginary world. It invites the gaze to follow its own path in an open space in which each station, whatever its size or its nature, can hold its attention as much as the others.

While Jaune's images sometimes evidently refer to the history of art and cinema – a Caravaggesque back here (*Two Love*, 2010), and there Tadzio from Visconti's *Death in Venice* (*Dîner avec forme*, 2009) – many of them are sourced from the press or the Internet. Is it a particular cast of mind that leads her to privilege certain subjects and to paint them in a certain way, or is it, on the contrary, her pictorial style and the resulting solidarity between the different elements (the fact that the same brush strokes draw a giant index finger and a leg), which draws her to subjects that suggest this treatment by their very nature. No doubt the two mechanisms are interdependent. It is thus significant that Jaune likes to paint the human body at moments when it becomes double – in childbirth, for example, as in the very realistic *Birth* (2011), in which the mother's point of view is represented at the very moment when the umbilical cord is being cut. Other paintings offer more fantastical representations of birth, such as *Silking* (2010), and a surprising watercolour from 2008 (p.137) in which a pin-up with four legs lets out a baby from an opening in her slightly oversized knickers.

Siamese brothers and sisters also illustrate this theme of doubling up. Witness the couple in its paradisiac garden whose tender closeness is in fact due to the anomaly of their foreheads being stuck together.

L'attention bienveillante

Un ambitieux paysage de 2008 (pp58-59), de très grand format (270 x 500 cm), déploie, comme une sorte de manifeste ou de programme, le continuum de ce monde. Il s'agit d'un paysage varié (bosquets, arbres taillés, jardins, palissades) qui s'étend jusqu'à, dans le lointain, une montagne bleue, et où se trouvent dispersées, à la façon d'un tableau de Pieter Bruegel ou plus encore de Jérôme Bosch, diverses scènes. Toutefois, la perspective n'est pas respectée et les figures sont représentées à des échelles diverses. Je relève : une vague forme corporelle enveloppée d'un linge (au premier plan et répétée, beaucoup plus petite, plus loin) et sur laquelle une main se pose, un homme dont on ne voit que le dos tatoué, un indien qui semble être un enfant déguisé, un autre homme en béret, occupé à tirer sur une corde, une chorale (?) d'enfants de chœur, un couple dont la femme joue à « Devine qui c'est ! » en mettant ses mains sur les yeux de l'homme ; au centre, un groupe que j'ai d'abord cru pornographique mais qui semble être plutôt une scène de massacre, les épaules et la tête d'un enfant endormi dans les plis du paysage et dont les yeux sont cachés par un petit personnage inidentifiable (effet d'image double : la tête de celui-ci paraît être l'œil fermé du dormeur), le buste inquiétant d'un homme casqué ; à droite, un homme occupé à dépecer un animal, enfin, dominant l'ensemble, surdimensionné, un corps épais, en partie dénudé et dissimulé derrière le feuillage, qui laisse deviner une scène érotique. Beaucoup de ces éléments se retrouvent dans des tableaux de moindres dimensions. C'est là un panorama du monde imaginaire d'Oda Jaune. Il invite le regard à suivre son propre cheminement dans un espace ouvert, où chaque station, quelle que soit sa dimension ou sa nature, peut retenir son attention autant que les autres.

Si des références à l'histoire de l'art ou à celle du cinéma, sont repérables — ici un dos caravagesque (*Two Love*, 2010), là le Tadzio de *Mort à Venise* de Visconti (*Dîner avec forme*, 2009) —, beaucoup des images sources d'Oda Jaune sont trouvées dans la presse ou sur Internet. Est-ce une tournure d'esprit particulière qui la conduit à privilégier certains sujets et à les peindre d'une certaine manière, ou est-ce au contraire sa manière picturale et l'étroite solidarité entre tous les éléments qui en découle (le fait qu'un même passage du pinceau dessine un index géant et une jambe), qui la conduisent vers les sujets qui par leur nature suggèrent ce traitement. Sans doute les deux mécanismes sont-ils eux-mêmes interdépendants. Il est ainsi significatif qu'Oda Jaune ait choisi de peindre le corps humain lorsqu'il se dédouble : au moment de l'accouchement, par exemple, comme dans le très réaliste *Birth* (2011), où le point de vue de la mère est représenté dans l'instant même où est coupé le cordon ombilical. D'autres tableaux livrent des représentations plus fantasmatiques de la naissance, tel *Silking* (2010), ou bien une étonnante aquarelle de 2008 (p.137) où une pin up munie de quatre jambes laisse s'échapper, par une ouverture dans sa culotte un peu trop grande, un bébé.

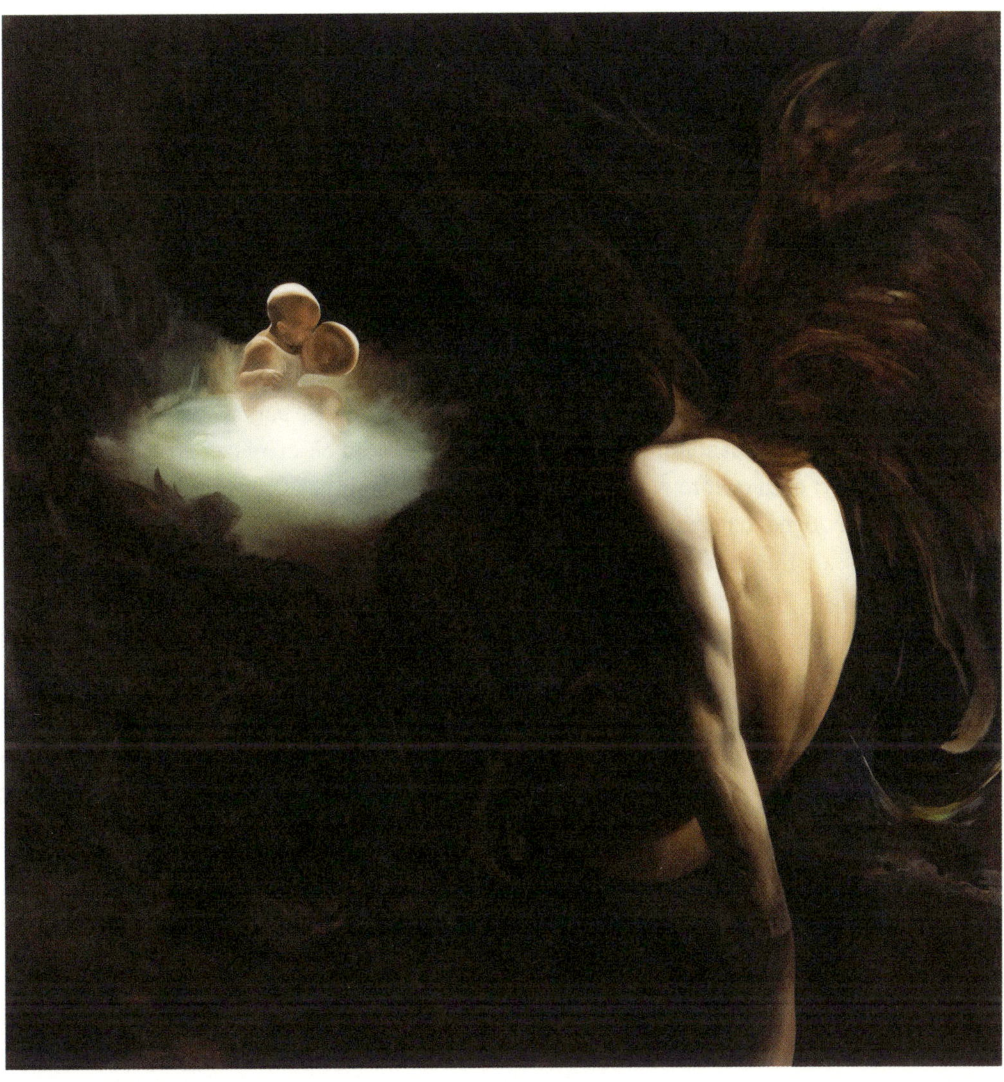

Finally, the vision of the stretched body finds a choice subject with the individuals suffering from elephantiasis. The osmotic kiss of 2009 may be celebrating the loves of Elephant Man and Elephant Woman. *Untitled*, 2008 (pp60-61), shows the touching embrace of an elephant man and a very 'proper' lady. She is gently kissing his forehead while he timidly slips his hand under her blouse.

If we set aside expressionist deformations, which stem from a formal approach applied without distinction to all the figures, and not from the accurate depiction of natural disorders, it has been a long time since a painter last focused their attention on the victims of nature. And here that attention is kindly: Jaune has explained that after watching a documentary about an elephant man, she 'affectionately chose him as her subject'.[3] She also told me the story of the Siamese twins. They said they were happy as they were and did not want to be separated. Doctors attempted the operation nevertheless, and they died. Which is why she wanted to reunite them in a paradise.

Les frères et sœurs siamois illustrent pareillement le thème du dédoublement. C'est le cas du couple dans son jardin paradisiaque et dont le tendre rapprochement est dû, en fait, à l'anomalie de leurs fronts restés soudés.

Enfin, la vision d'un corps en extension trouve un sujet de prédilection dans les personnes atteintes d'éléphantiasis. Le baiser fusionnel de 2009 célèbre peut-être les amours d'Elephant Man et d'Elephant Woman. *Sans titre*, 2008 (pp60-61), montre l'enlacement touchant d'un homme éléphant et d'une dame « très comme il faut ». Elle lui embrasse gentiment le front tandis qu'il glisse timidement sa main dans son corsage.

Si l'on met à part les déformations expressionnistes qui relèvent d'un parti-pris formel appliqué indistinctement à toutes les figures, et non de la fidélité aux dérèglements de la nature, il y avait bien longtemps qu'un peintre n'avait pas accordé son attention aux victimes de cette nature. Attention bienveillante : Oda Jaune a expliqué qu'après avoir regardé un documentaire sur un homme

She brings the same attention to those whom society marginalises not because of their physical ugliness but because of their morality. One of Jaune's most impressive creations is a big painting from 2002. (p.33) A woman occupies the centre, kneeling in an obscene position with her buttocks raised, her slit only just hidden by narrow pants. Another person is holding her thighs and bending down to observe that part of her body. They are surrounded by children observing the scene, except for one, who is shutting his eyelids with his fingers. This is one of the most daring paintings I know, and yet, as often in her work, it exudes a peaceful atmosphere. Telling me that the exhibitionist woman was taken from a porn photo, Jaune pointed out to me her distant gaze, as if, in abandoning her body to observation, she allowed the other part of herself to escape. As for the children, adds this artist who noticed that gaze when others would have seen only the buttocks, are they not curious about the place they come from? And isn't the belief that we emerge from between the buttocks a child's fantasy?

Such is Oda Jaune, casting her tranquil eye over humanity, treating pretty women from magazines and deformed creatures with the same respect, observing immodest bodies and modest feelings, subjecting all to the same scrupulous examination, the same applied curiosity as children do before prejudices take hold of their minds, a curiosity of which few adults are still capable – those who have preserved that moral liberty which bestows its trust without calculating what it will receive in return. When someone asked her rather absurdly why she had exhibited twice in Paris when she had not been living there long, Jaune replied: 'I think it's great when you arrive somewhere to start by giving, before you take.'[4]

(1)   C. Millet, "Au risque du rêve", exh. cat. *Oda Jaune*, Galerie Daniel Templon, 2009

(2)   "Oda Jaune, May You See Rainbows," interview by Oliver Kœrner von Gustdorf, op. cit.

(3)   Op. cit.

(4)   Filmed interview, artnet, 2010

éléphant, elle l'avait « choisi *affectueusement* comme sujet » [3]. Elle me raconte aussi l'histoire des siamois. Ils se disaient heureux tels qu'ils étaient et ne souhaitaient pas être séparés. Des médecins toutefois tentèrent l'opération, et ils moururent. Alors, elle a voulu les remettre ensemble dans un paradis.

Une même attention se porte sur ceux que la société marginalise en raison non de leur laideur physique mais de leur moralité. L'une des réalisations les plus impressionnantes d'Oda Jaune est un grand tableau de 2002. (p.33) Une femme en occupe le centre, dans une position obscène, agenouillée, elle soulève les fesses, la raie à peine masquée par un slip étroit. Une autre lui tient les cuisses et se penche pour observer cette partie. Elles sont entourées d'enfants qui observent la scène, à l'exception d'un seul qui ferme ses paupières avec ses doigts. C'est une des peintures les plus osées que je connaisse alors même que, comme souvent dans l'œuvre, il s'en dégage une atmosphère paisible. En m'apprenant que la femme exhibitionniste est empruntée à une photographie pornographique, Oda Jaune me fait remarquer son regard perdu, comme si, abandonnant son corps à l'observation, elle permettait à l'autre partie d'elle-même de s'échapper. Quant aux enfants, ajoute celle qui a vu ce regard quand d'autres n'auraient vu que les fesses, ne sont-ils pas curieux du lieu d'où ils viennent ? Et croire qu'ils sortent d'entre les fesses n'est-il pas un fantasme infantile ?

Ainsi est Oda Jaune, posant son regard tranquille sur les êtres, accueillant avec les mêmes égards les jolies filles de magazines et les êtres difformes, observant les corps impudiques comme les sentiments pudiques, réservant à tous le même scrupuleux examen, la même curiosité appliquée dont font preuve précisément les enfants avant que les préjugés ne s'emparent de leur esprit, et dont seuls de rares adultes restent capables, parce qu'ils ont préservé cette liberté morale qui accorde la confiance sans mesurer ce qu'elle obtiendra en retour. À un interlocuteur qui lui posait la question saugrenue de savoir pourquoi elle avait déjà exposé deux fois à Paris alors qu'elle n'y habitait que depuis peu de temps, Oda Jaune répondait : « Je trouve ça bien quand on arrive quelque part de commencer par donner avant de prendre[4]. »

(1)   C.Millet, « Au risque du rêve », catalogue exposition *Oda Jaune*, galerie Daniel Templon, 2009

(2)   « Oda Jaune, May You See Rainbows », interview par Oliver Kœrner von Gustdorf, op. cit.

(3)   Op. cit.

(4)   Interview filmée, artnet, 2010

Paintings

2000–2015

When I was a schoolchild in Bulgaria,

I painted naked people, in notebooks and on benches. I was seven maybe.

I love the forest,

Kissing the tree, holding it,

I have eyes.

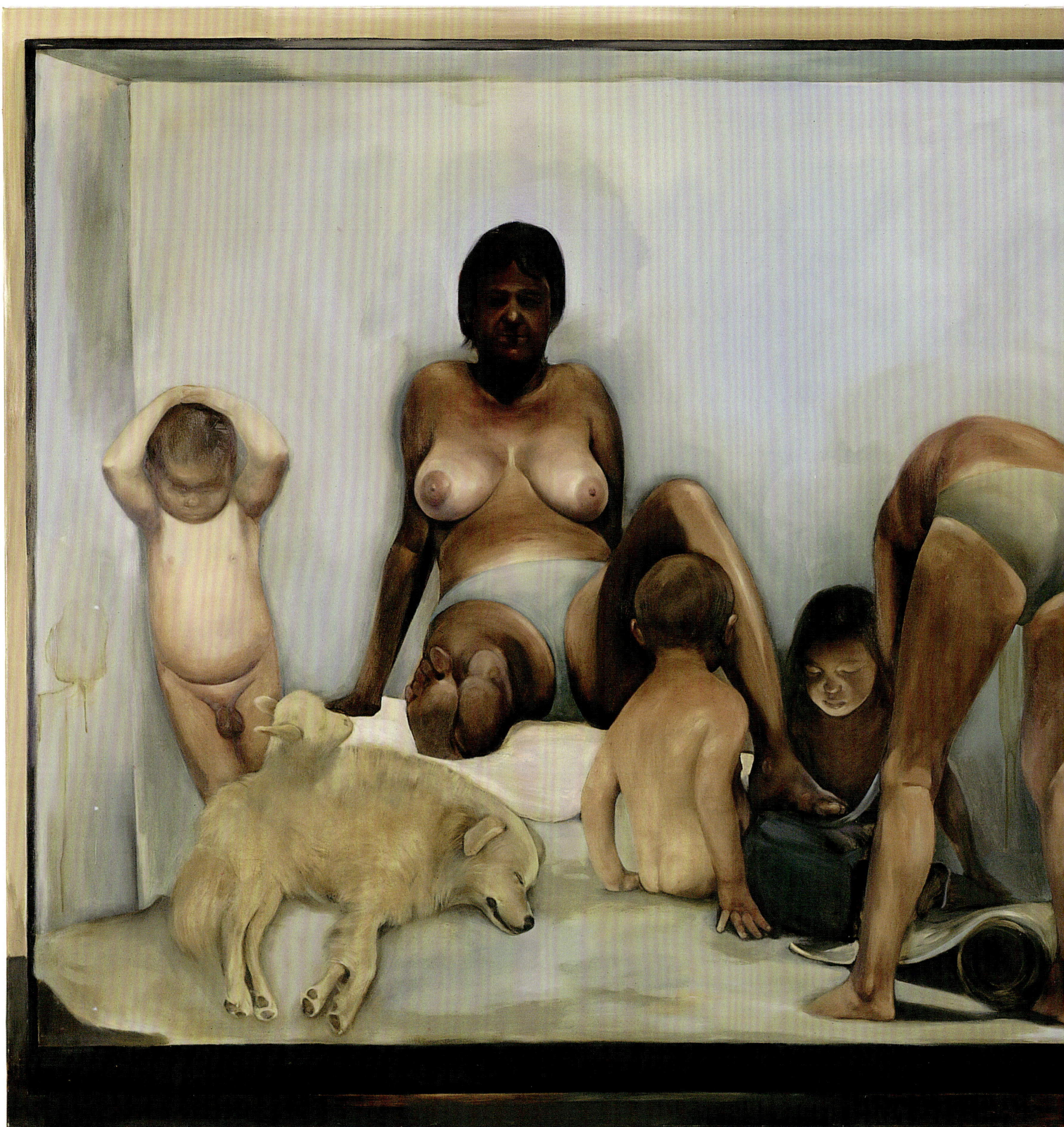

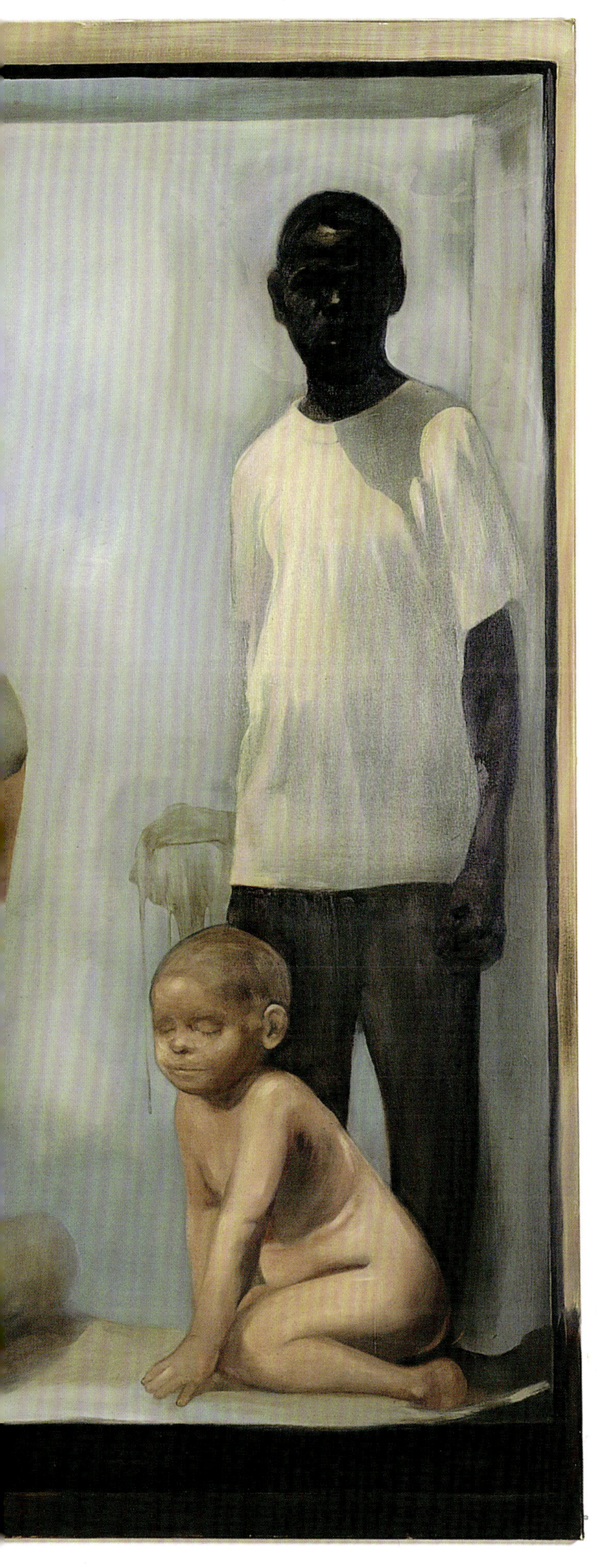

Untitled, Oil on canvas, 2004, 200 × 280 cm

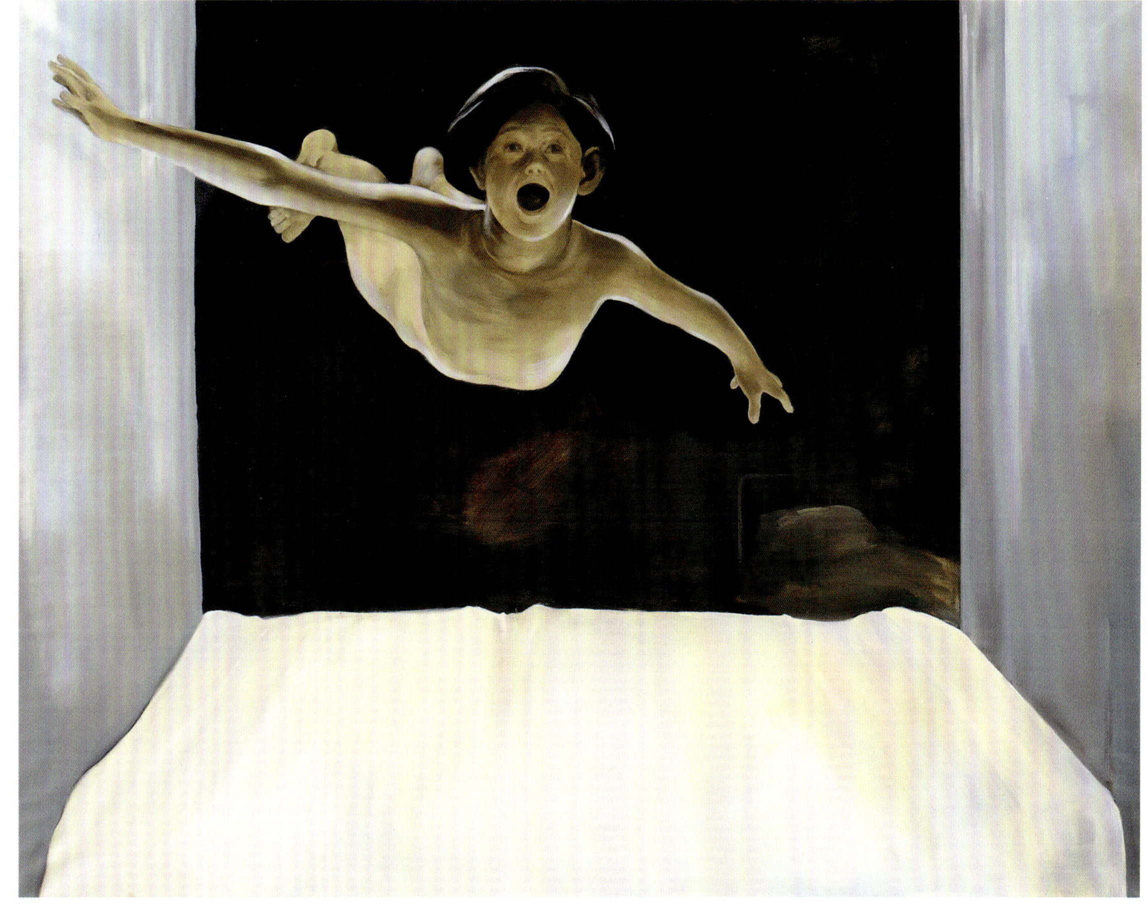

Untitled, Oil on canvas, 2003, 140 × 180 cm

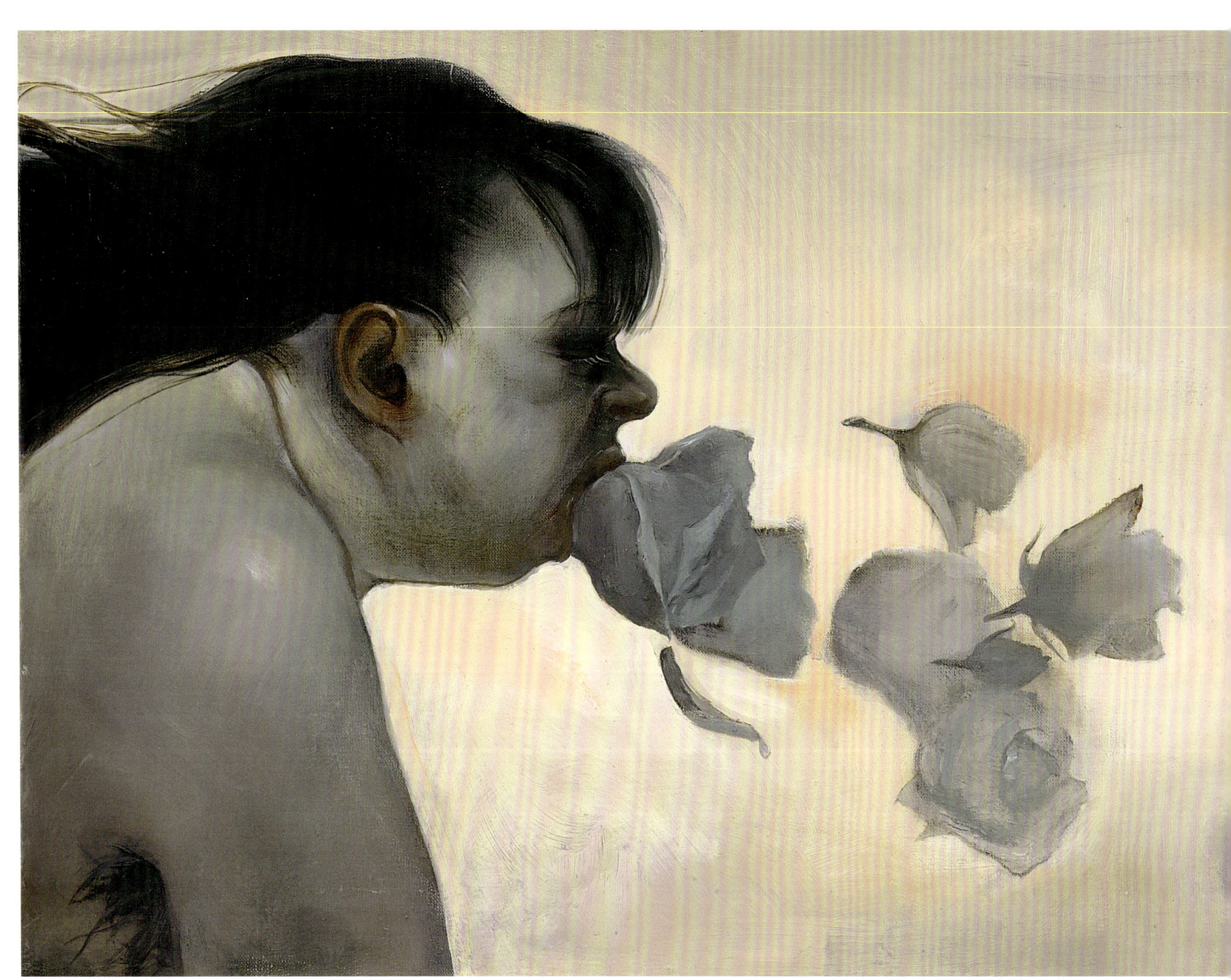

Untitled, Oil on canvas, 2001, 50 × 80 cm

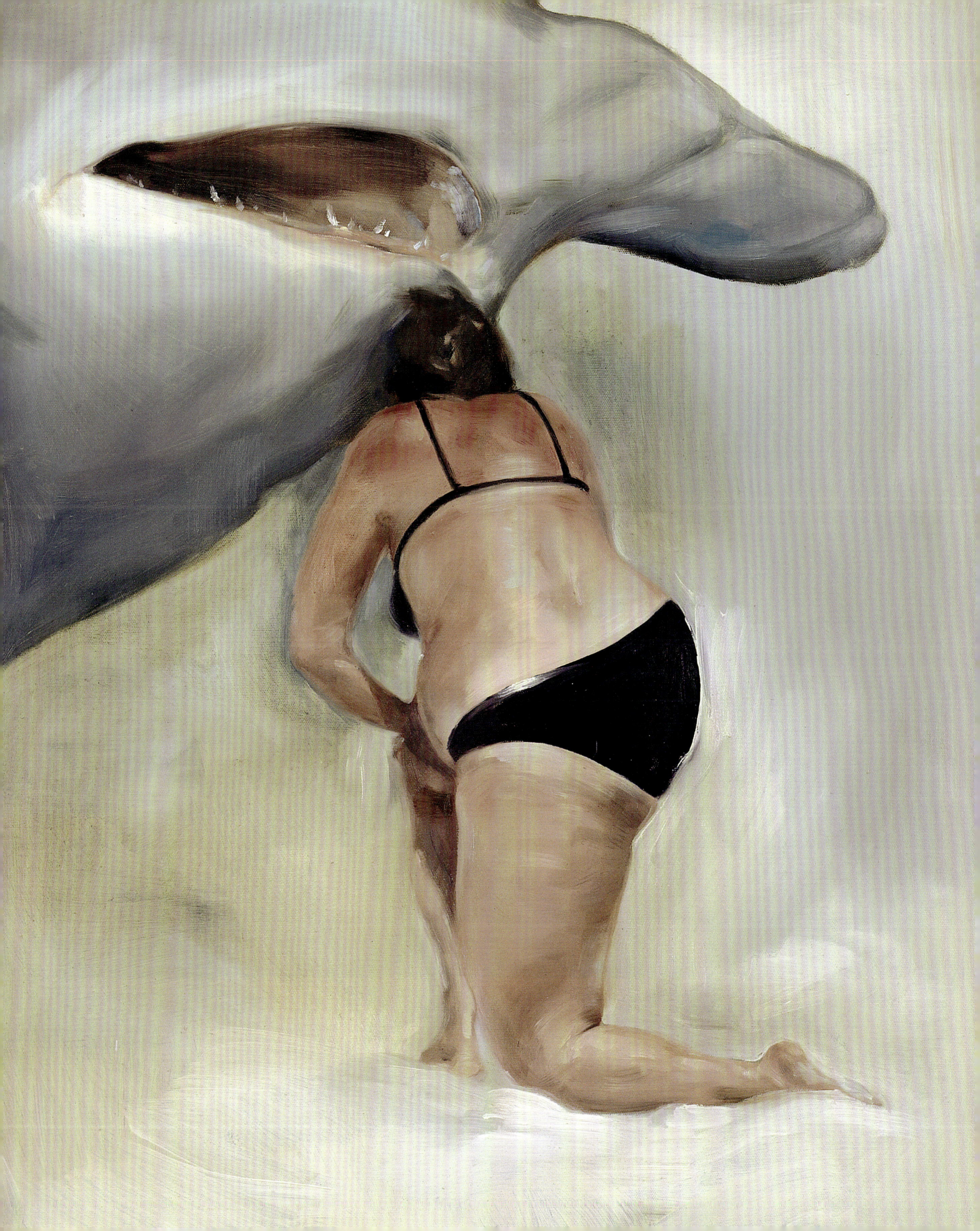

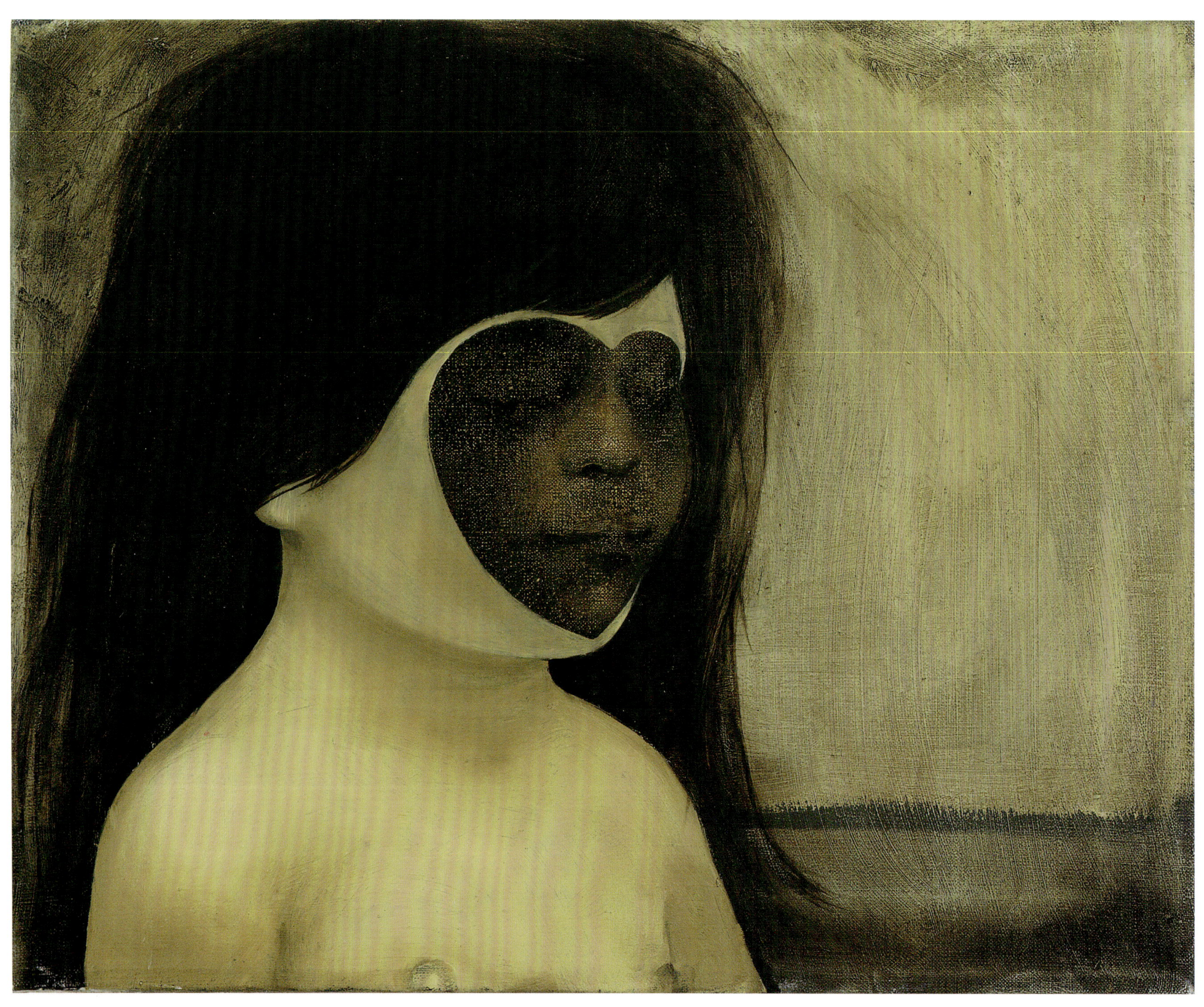

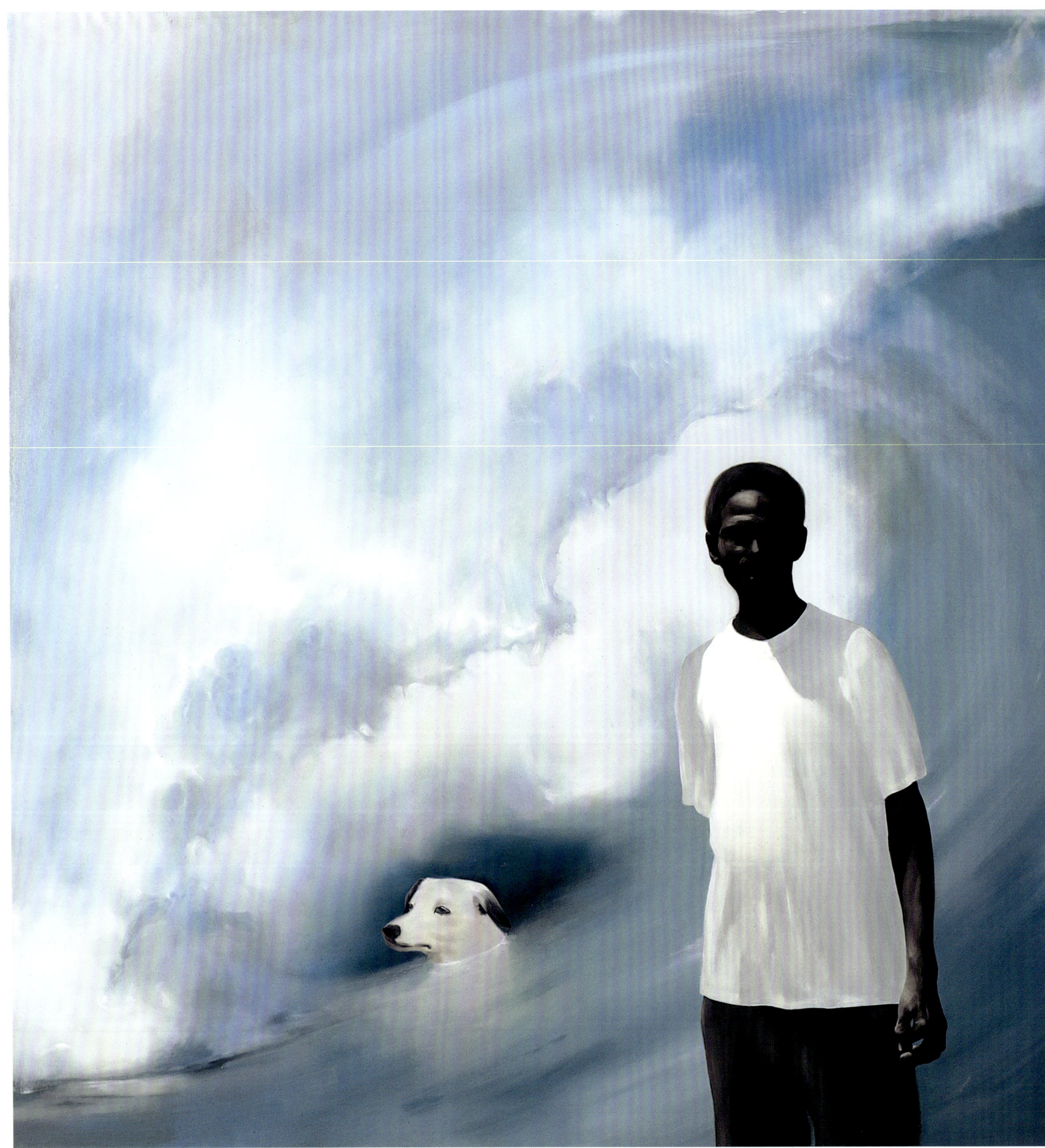

Untitled, Oil on canvas, 2004, 200 × 250 cm

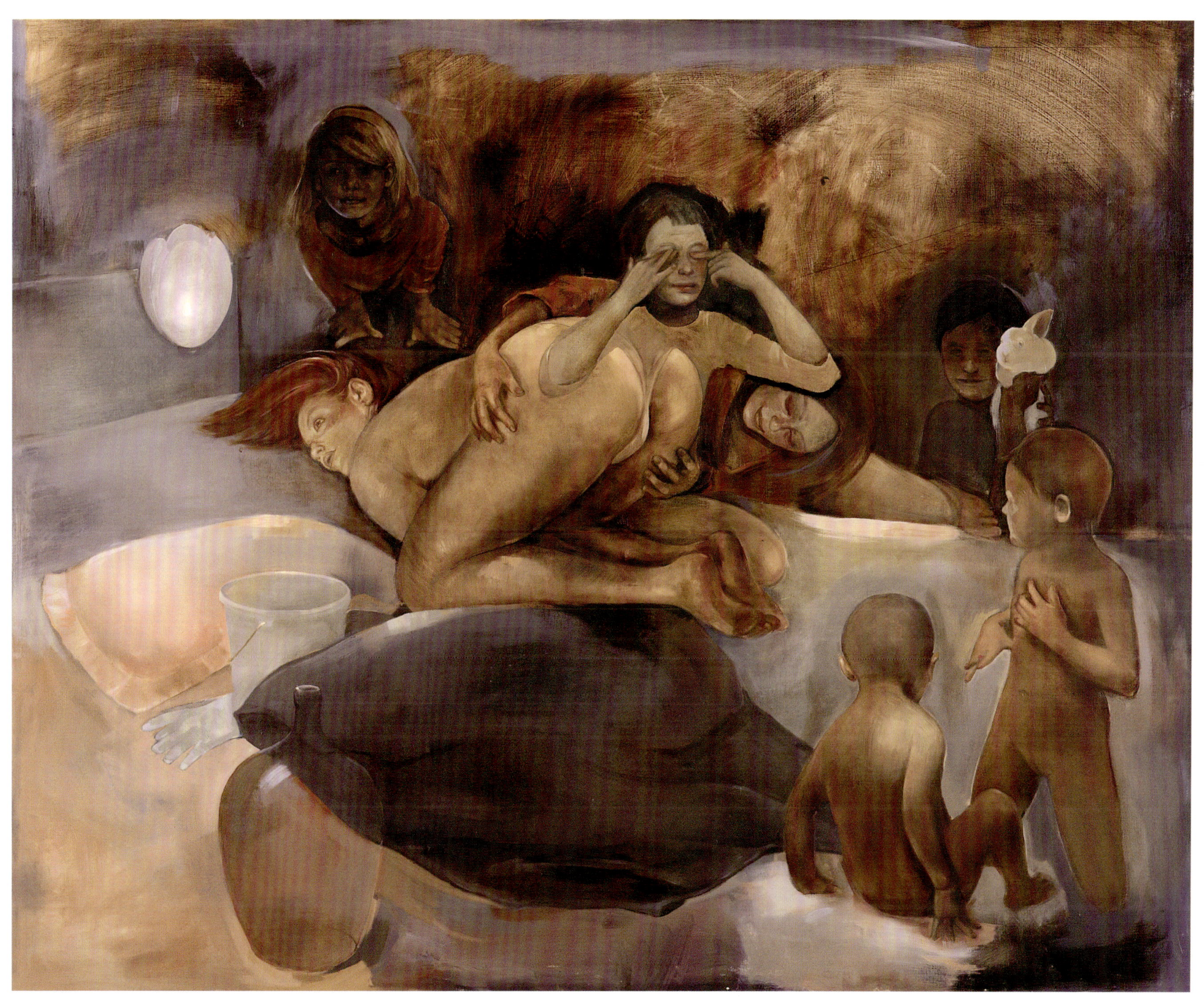

Untitled, Oil on canvas, 2002, 200 × 250 cm

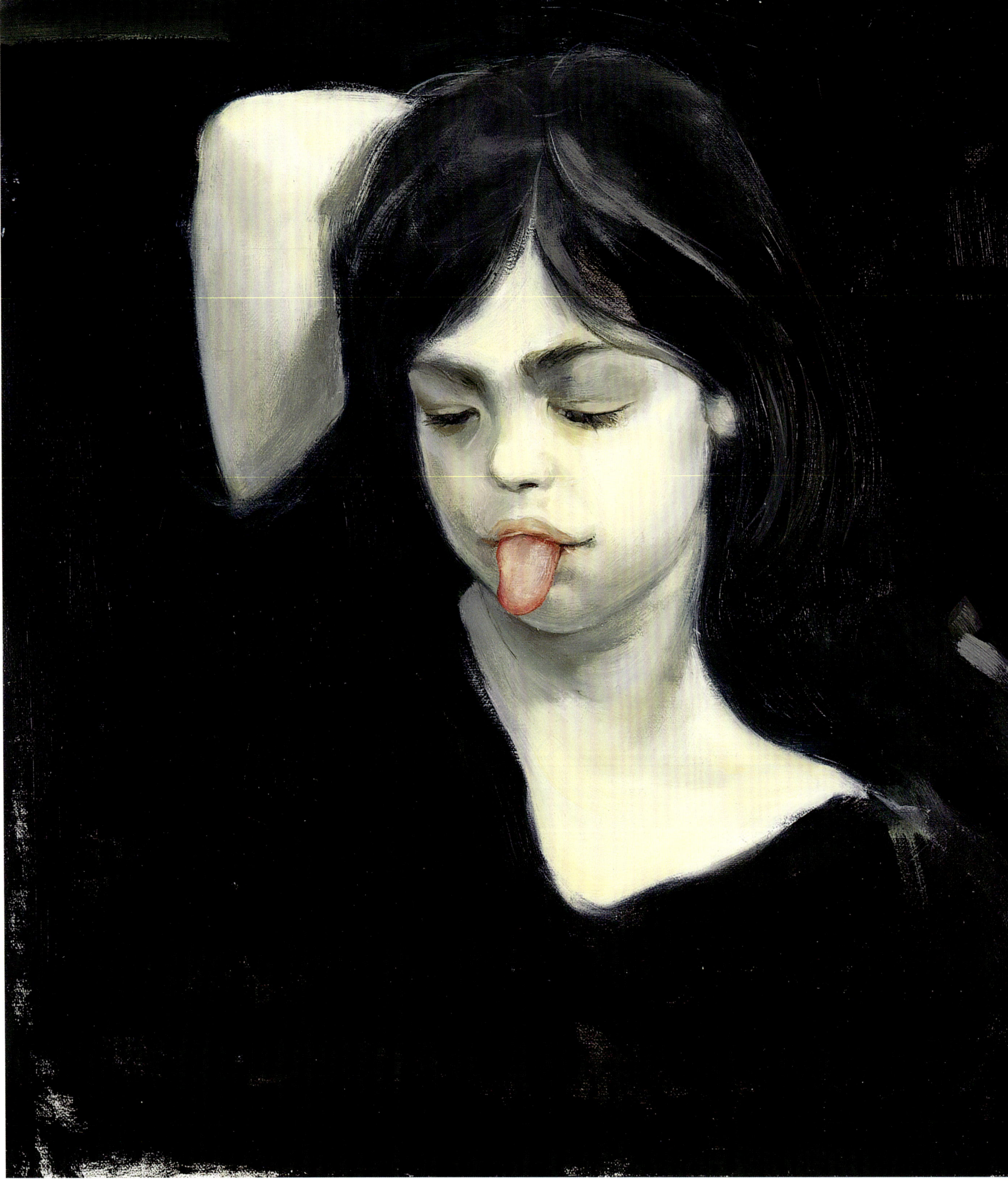

Untitled, Oil on canvas, 2001, 60 × 70 cm

The more I paint,
the fewer words I have.

The more I paint,
no words.

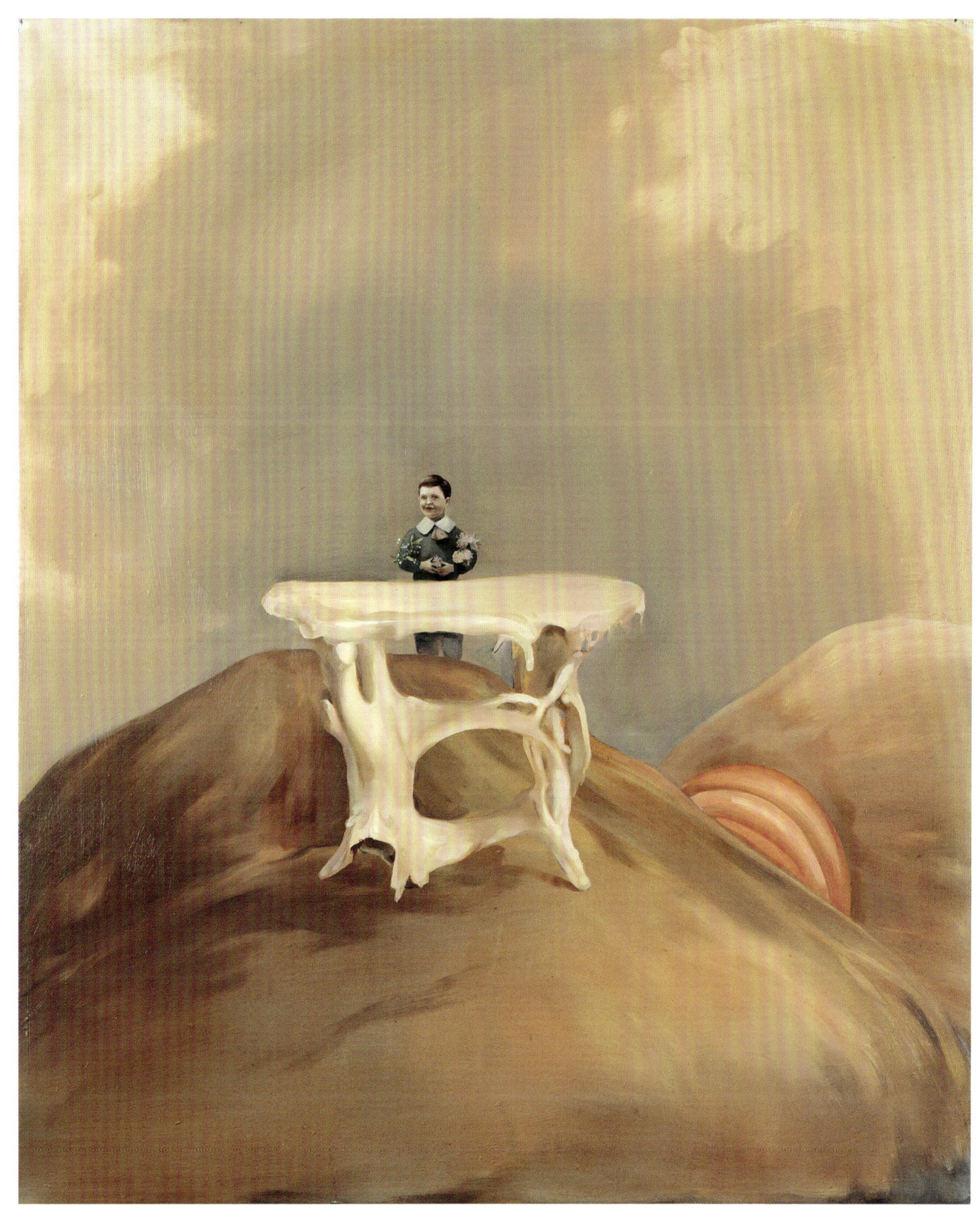

Untitled, Oil on canvas, 2006, 120 × 100 cm

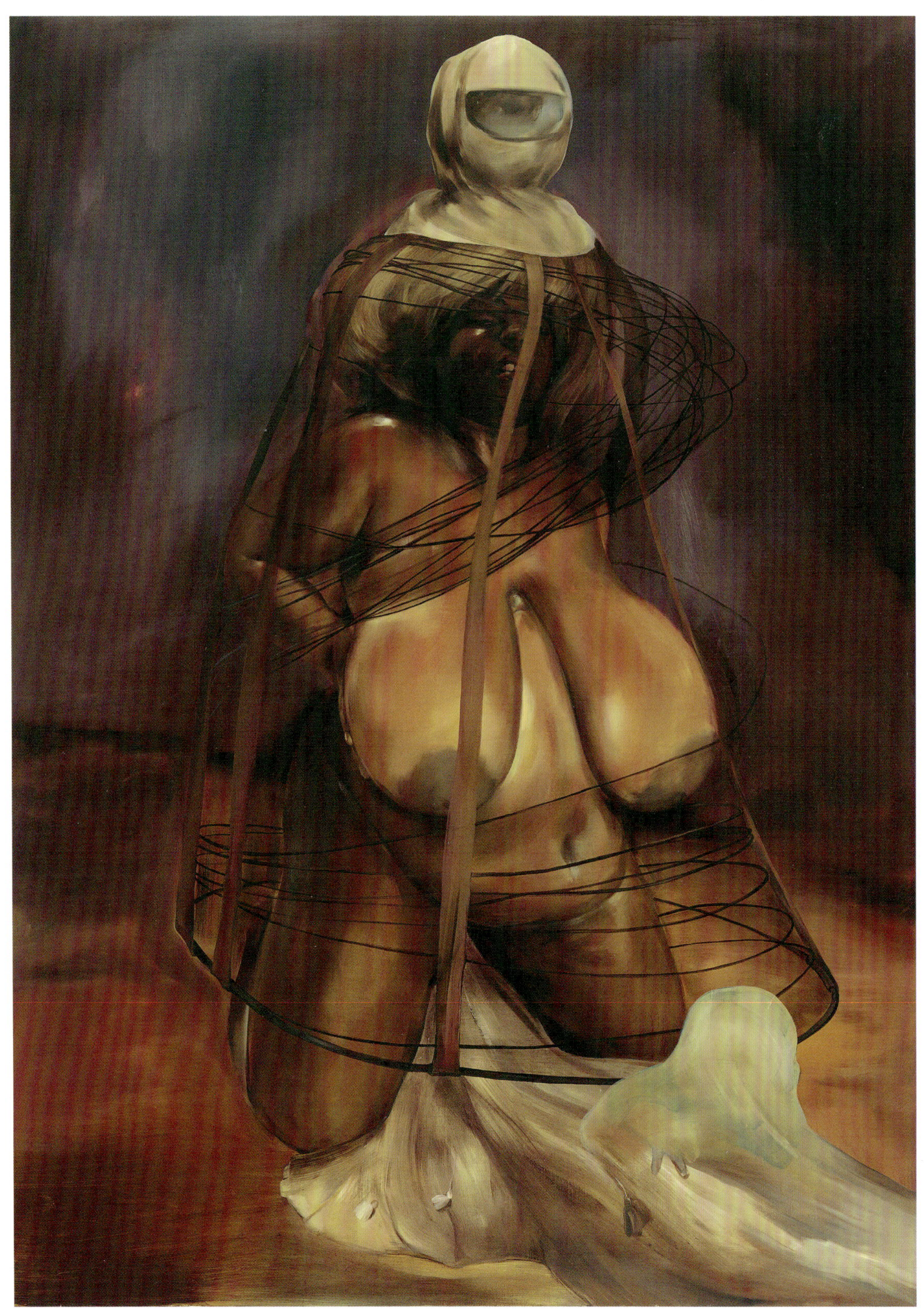

Untitled, Oil on canvas, 2006, 180 × 130 cm

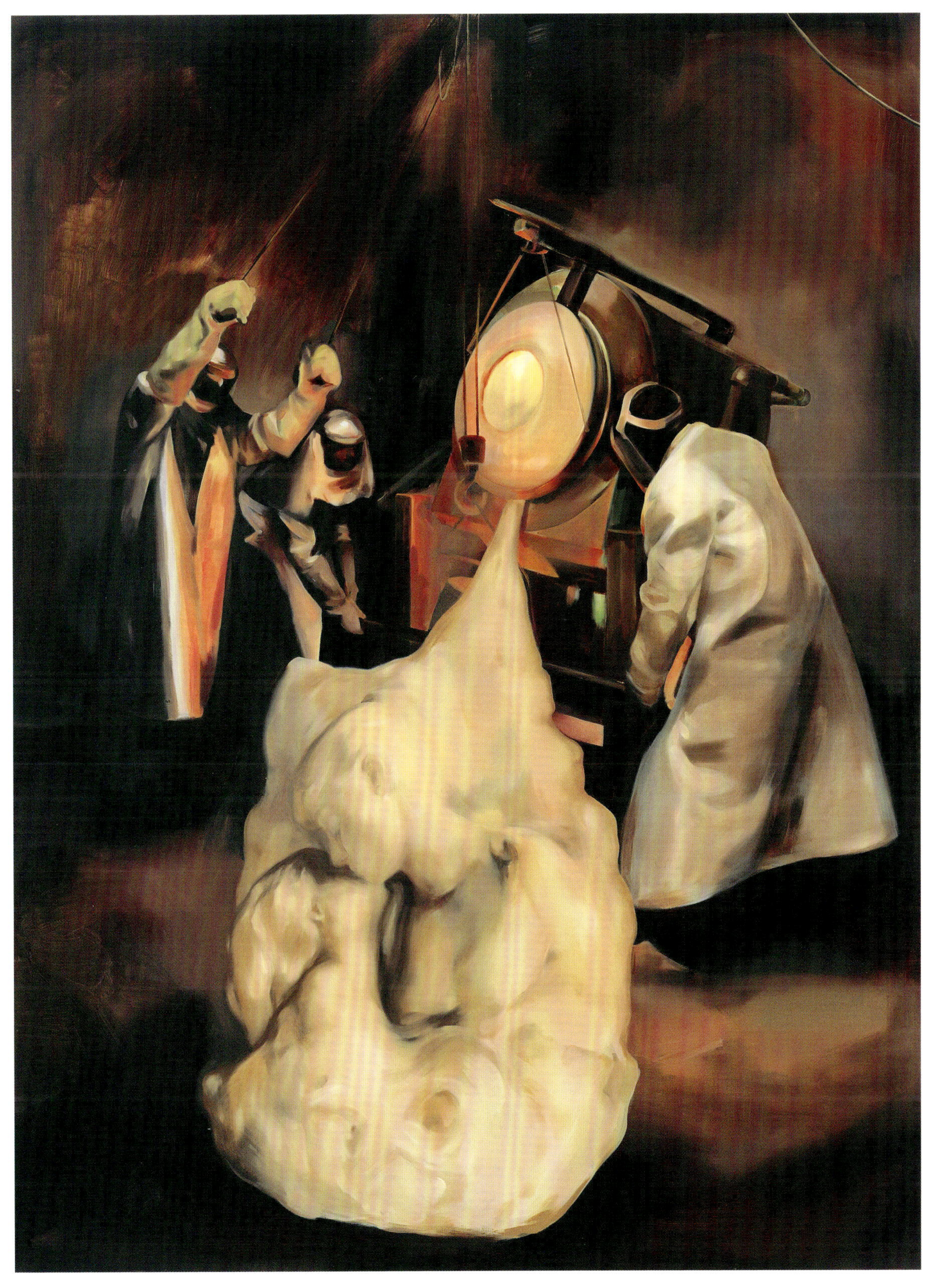

Untitled, Oil on canvas, 2005, 200 × 150 cm

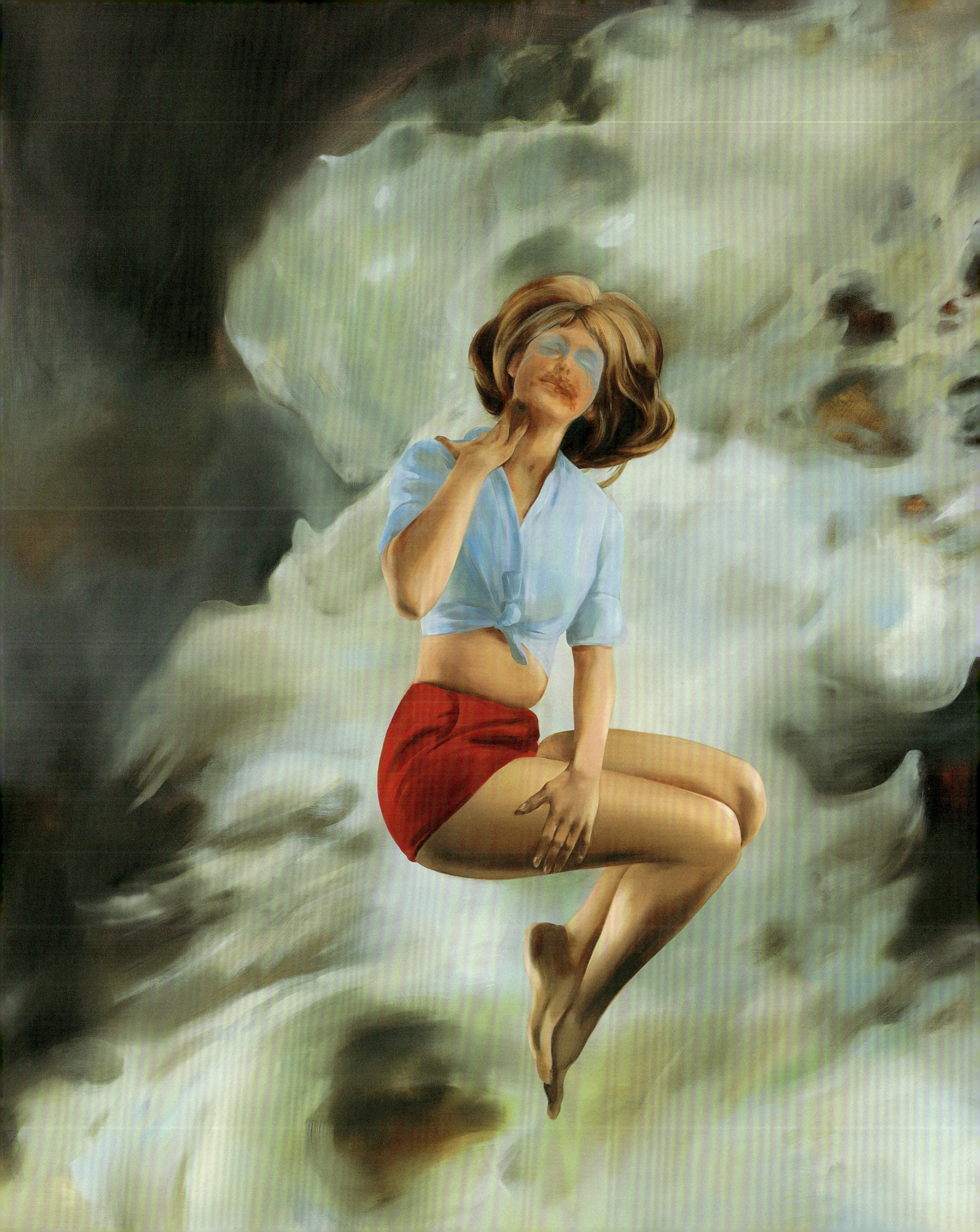

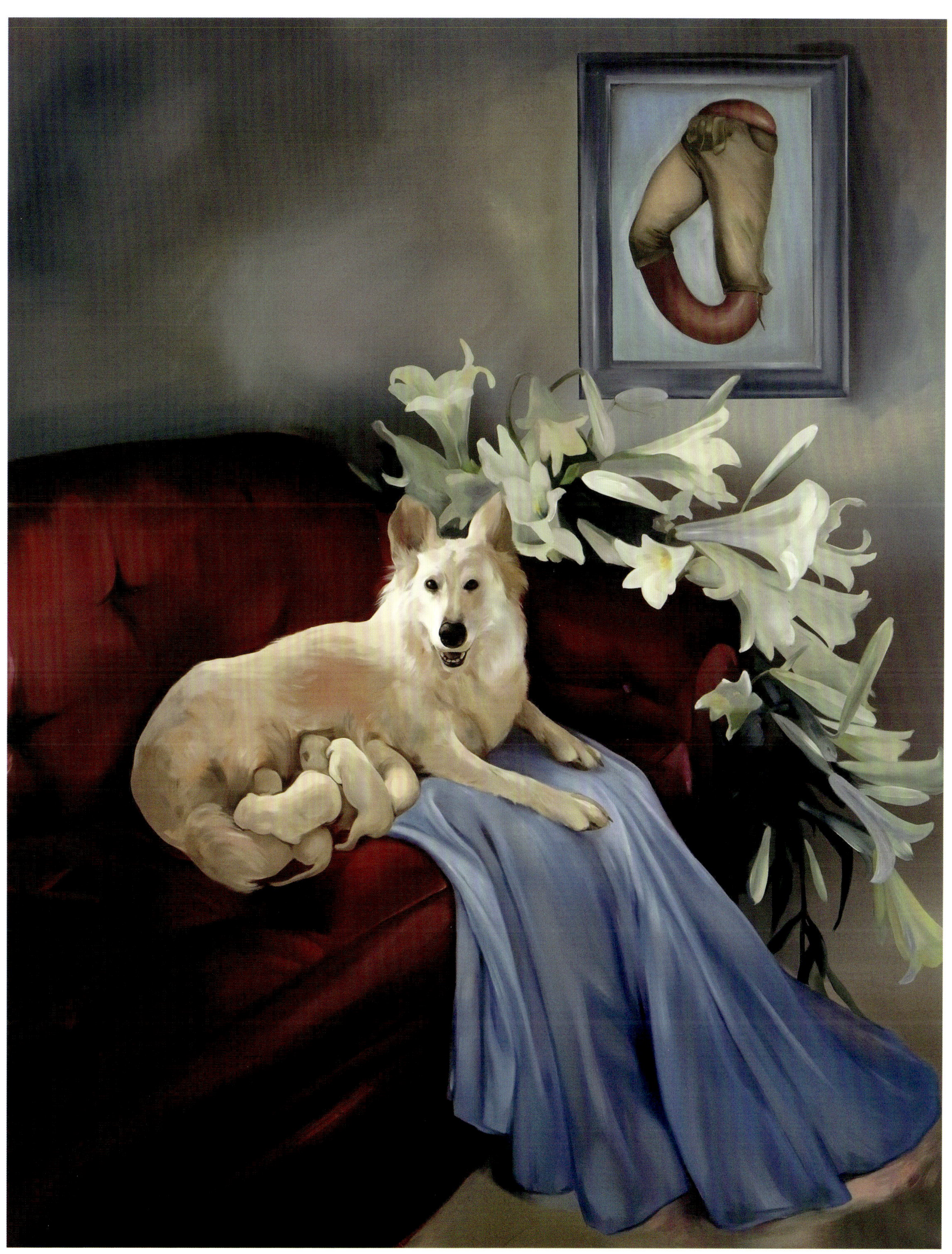

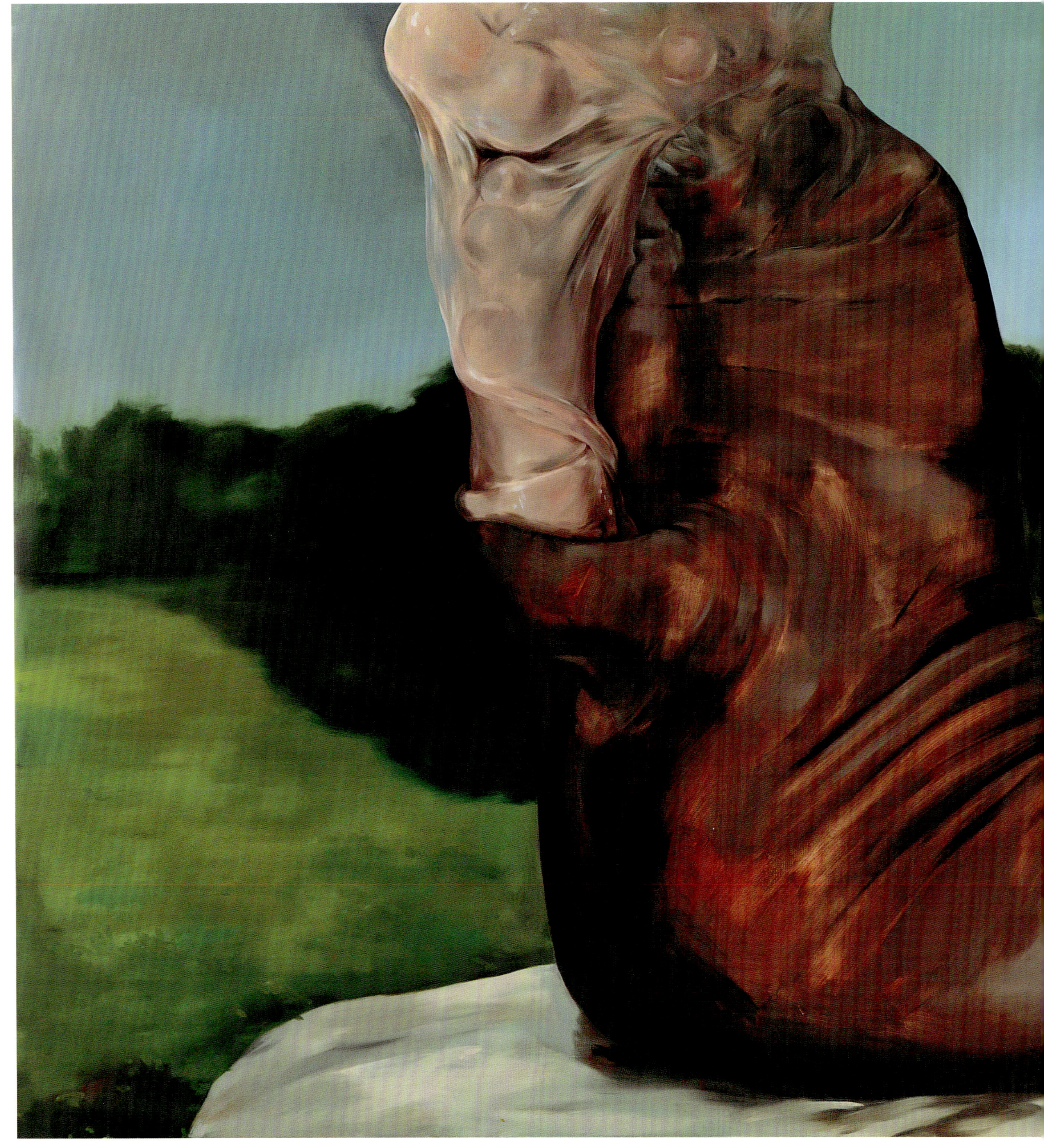

Untitled, Oil on canvas, 2006, 240 × 440 cm

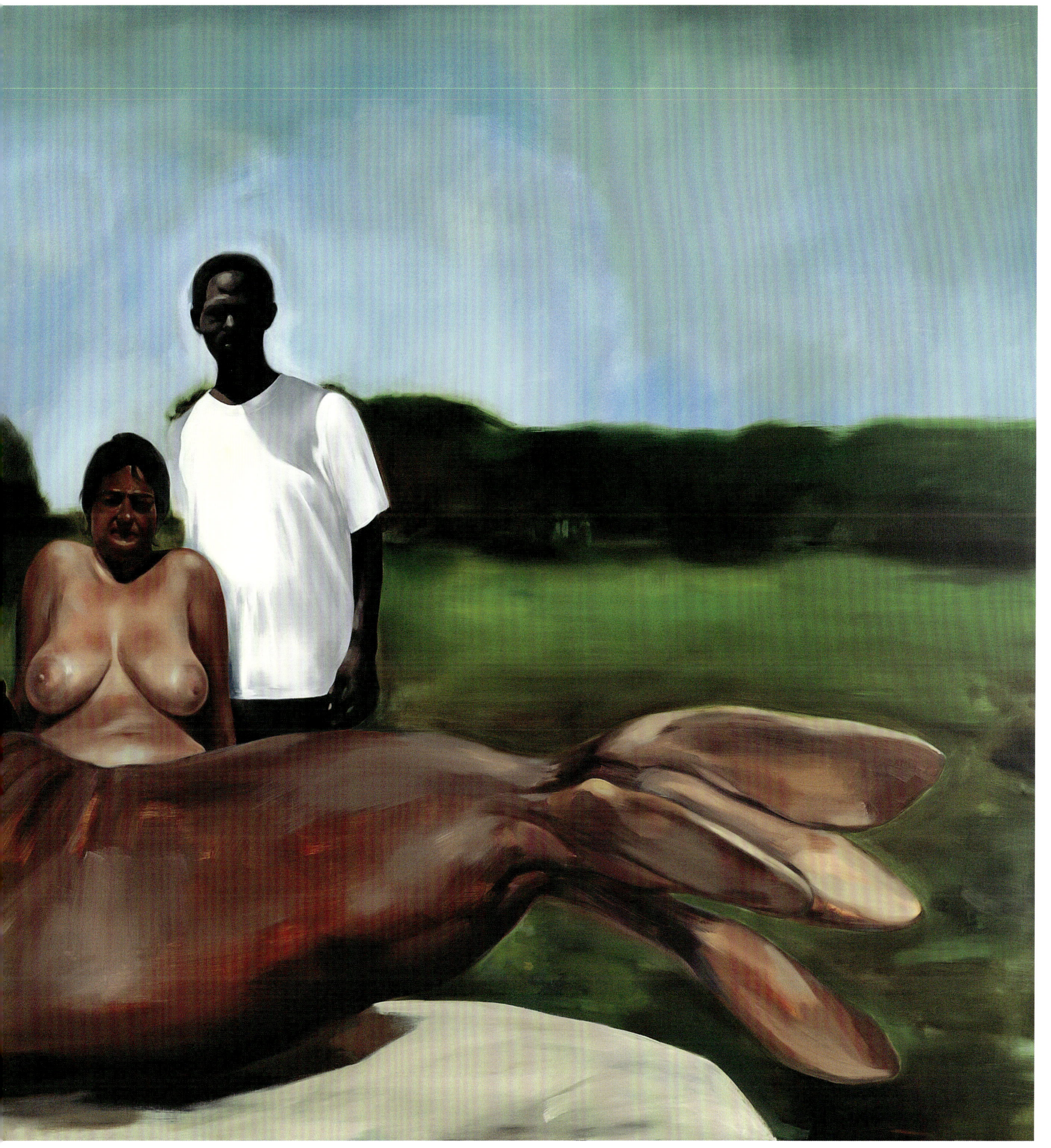

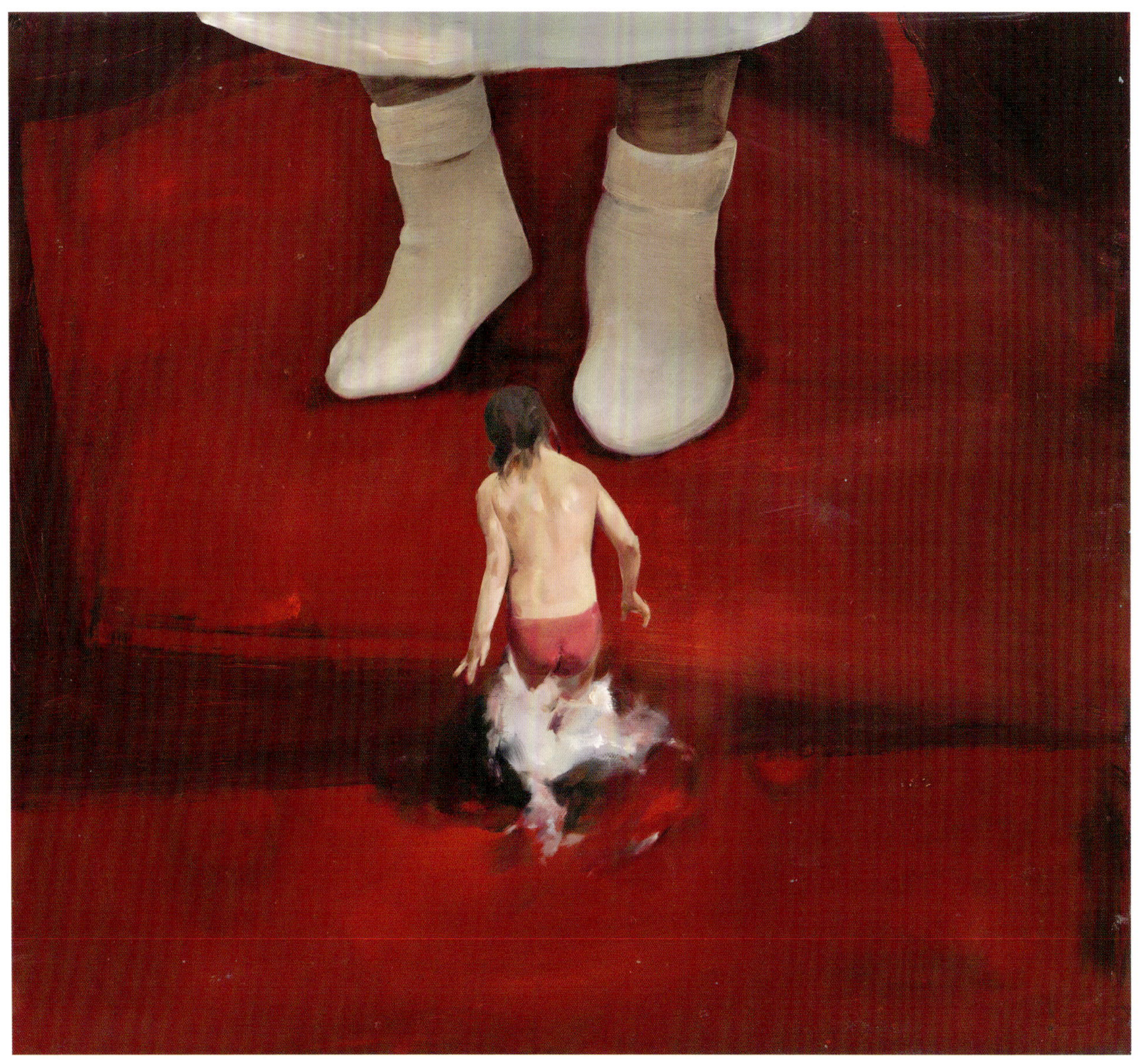

Untitled, Oil on canvas, 2006, 50 × 55 cm

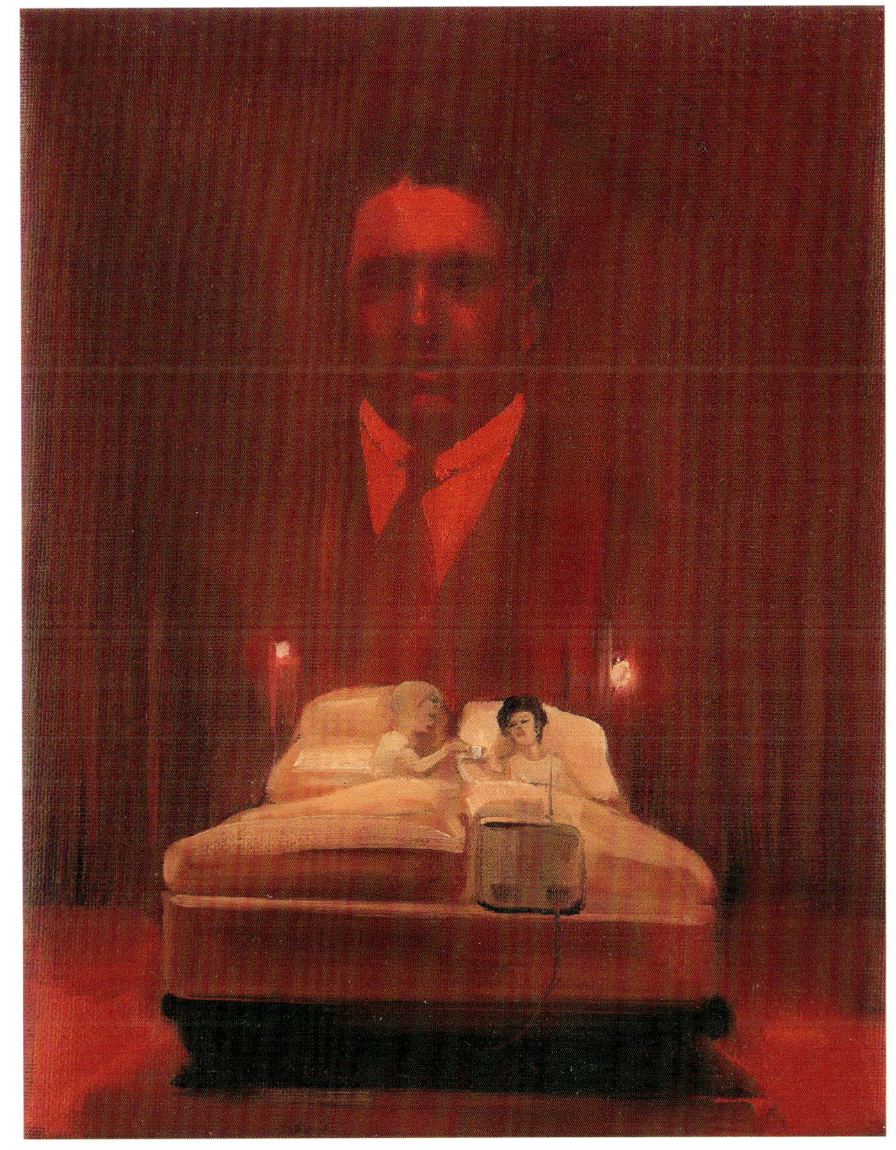

Untitled, Oil on canvas, 2006, 25 × 20 cm

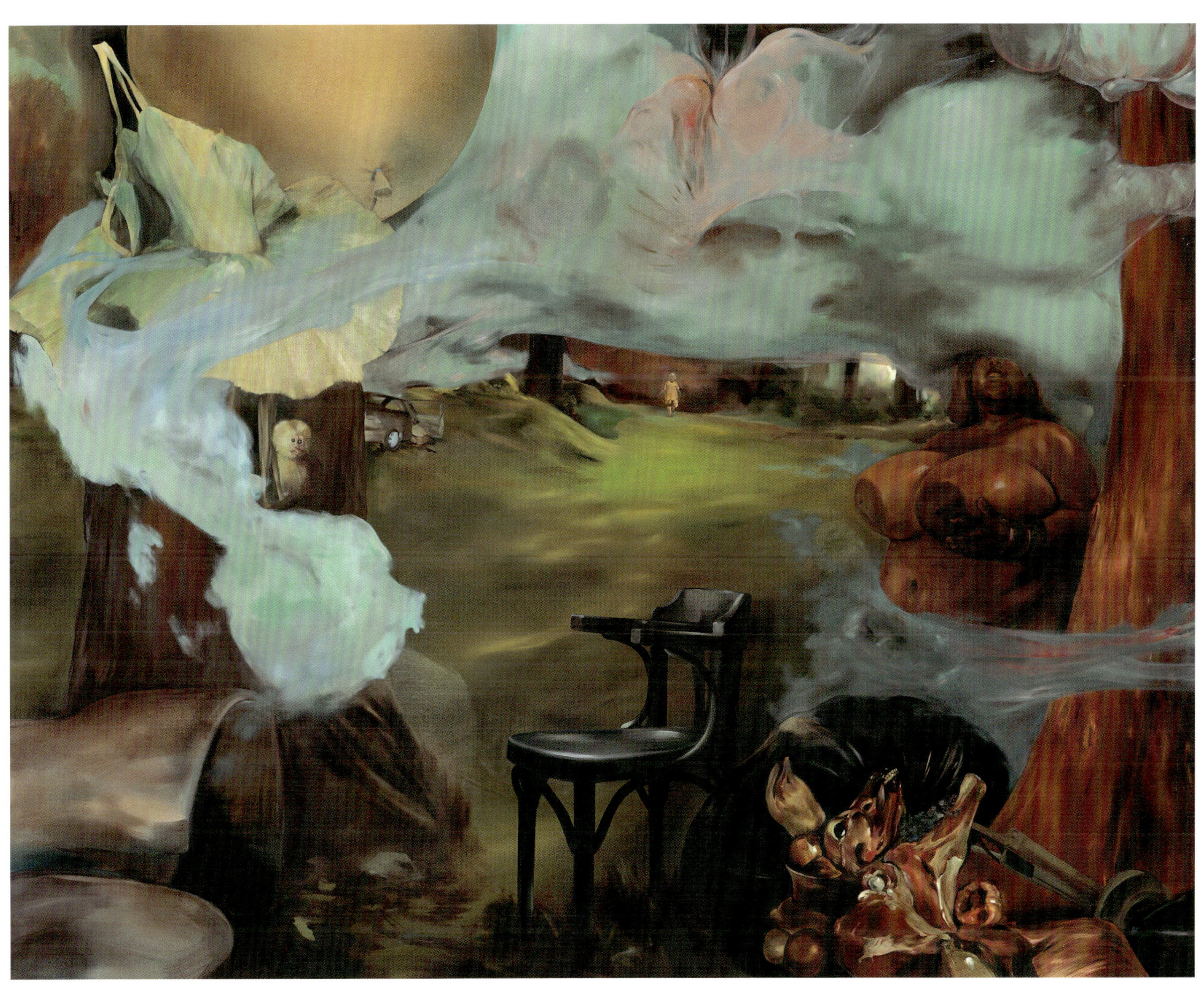

Untitled, Oil on canvas, 2006, 250 × 320 cm

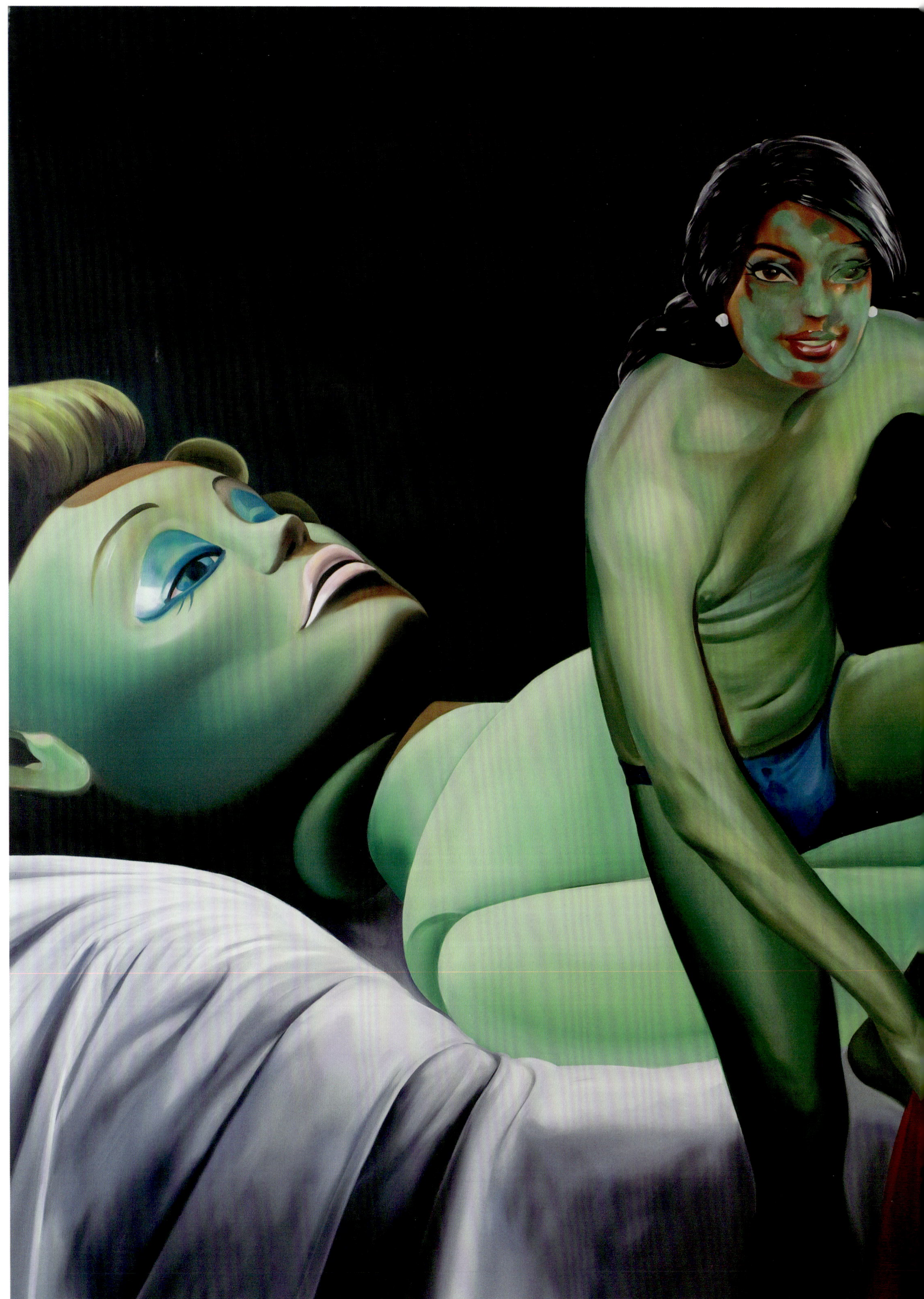

Not Alone, Oil on canvas, 2013, 190 × 280 cm

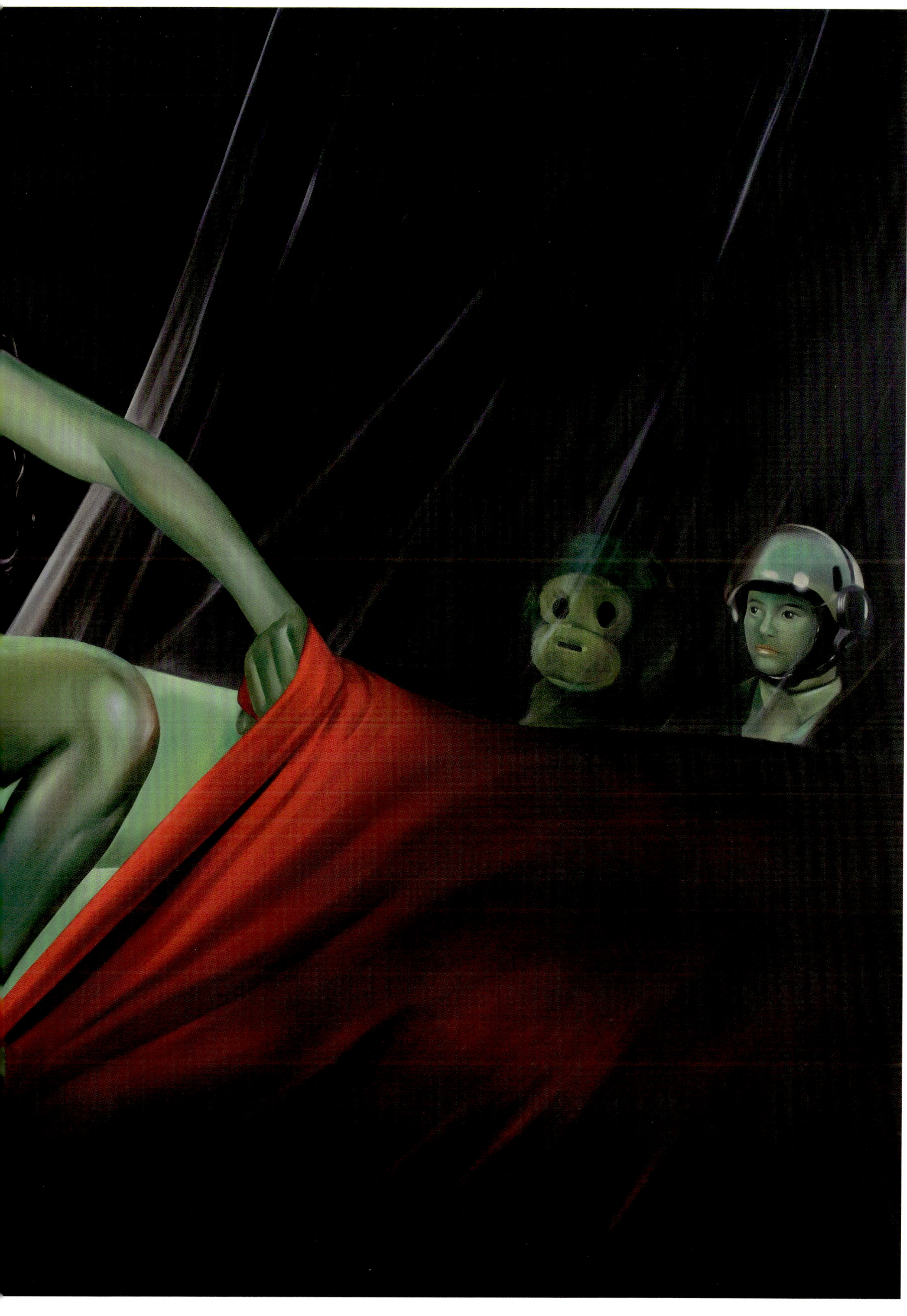

We don't know what the soul looks like.

What does a soul look like?
What is inside?
What is the weight of the soul?
What is the weight of the heart?

How much can a heart bear?

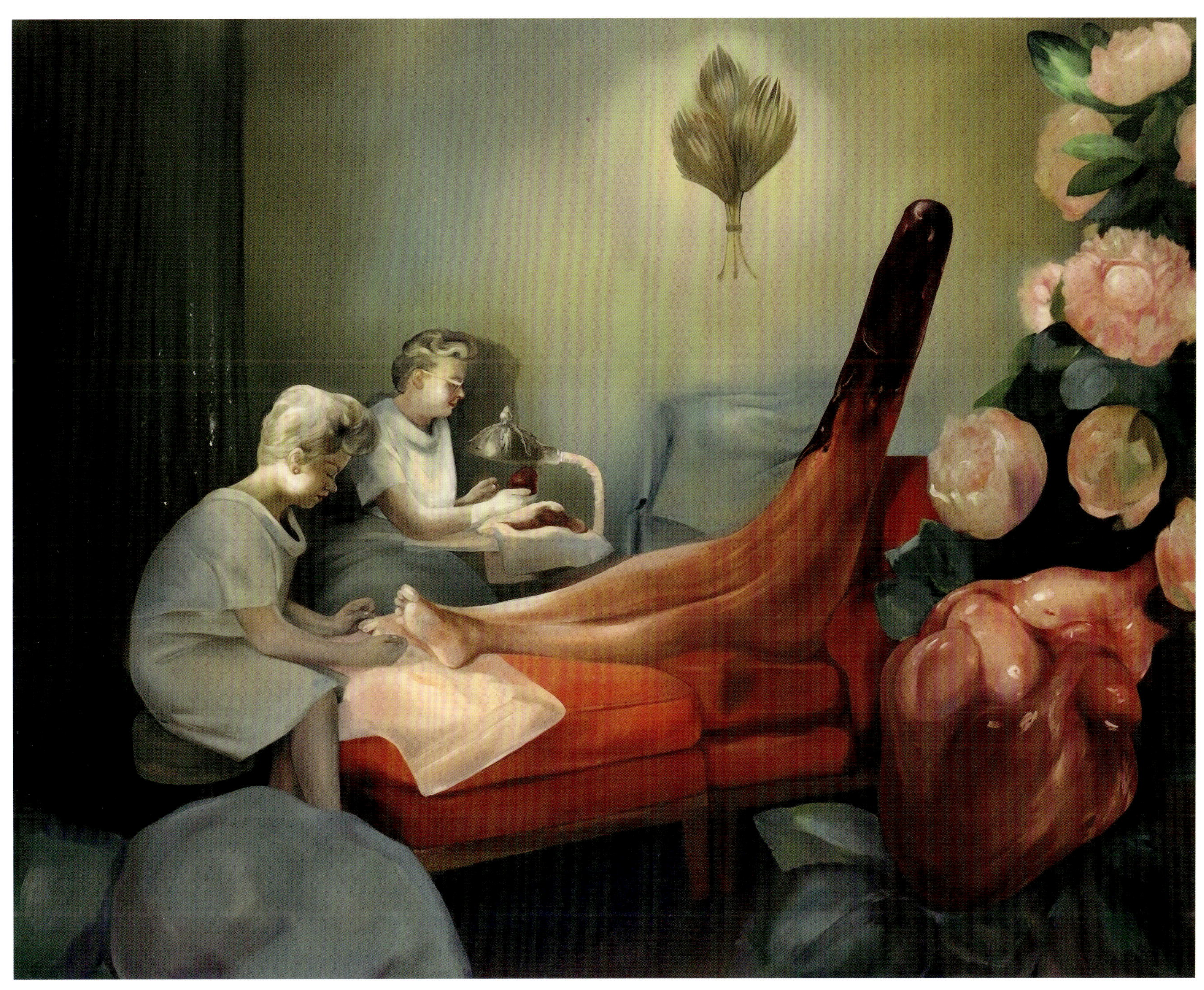

Untitled, Oil on canvas, 2008, 155 × 194 cm

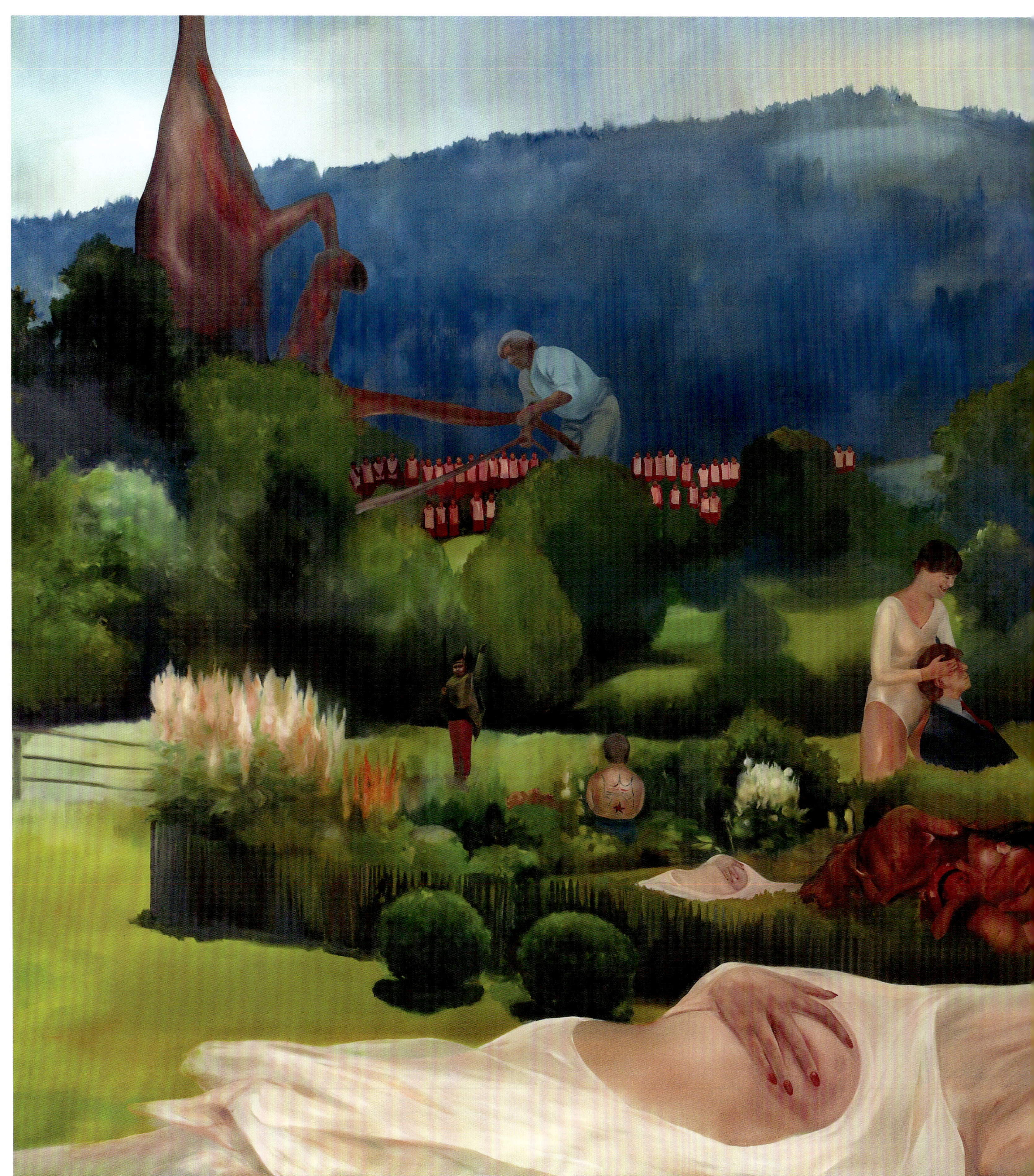

Untitled, Oil on canvas, 2008, 270 × 500 cm

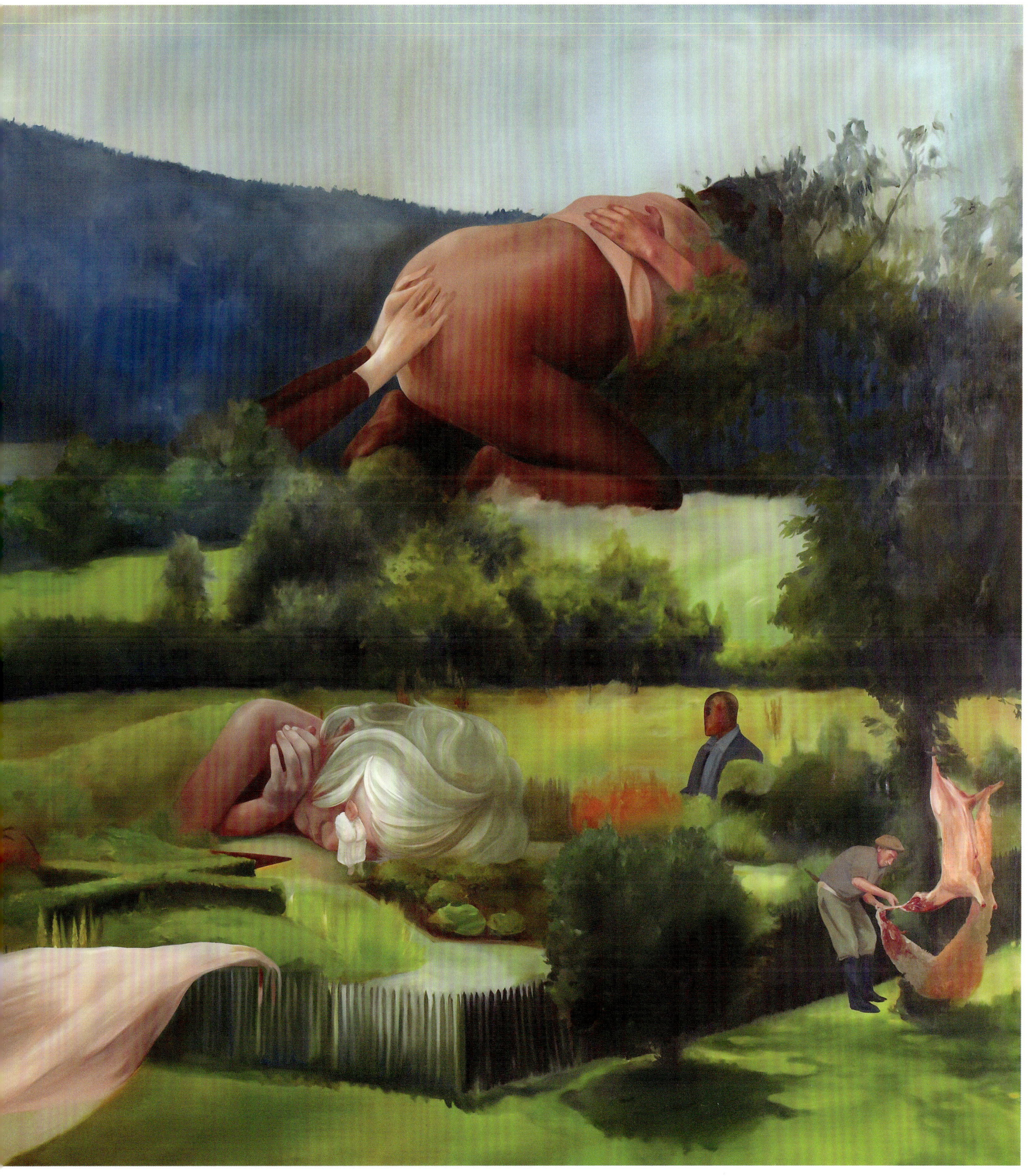

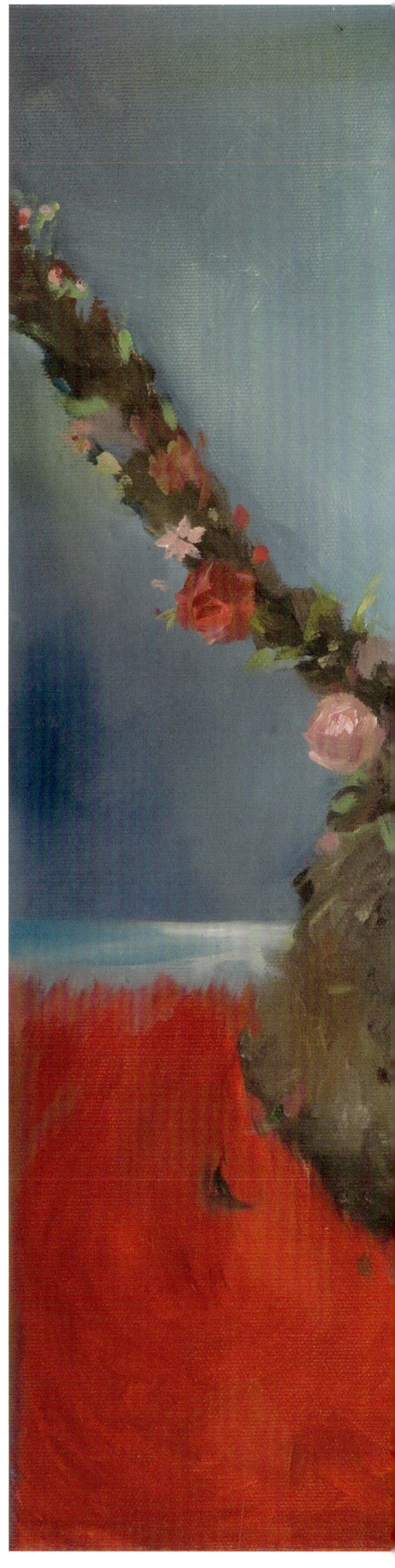

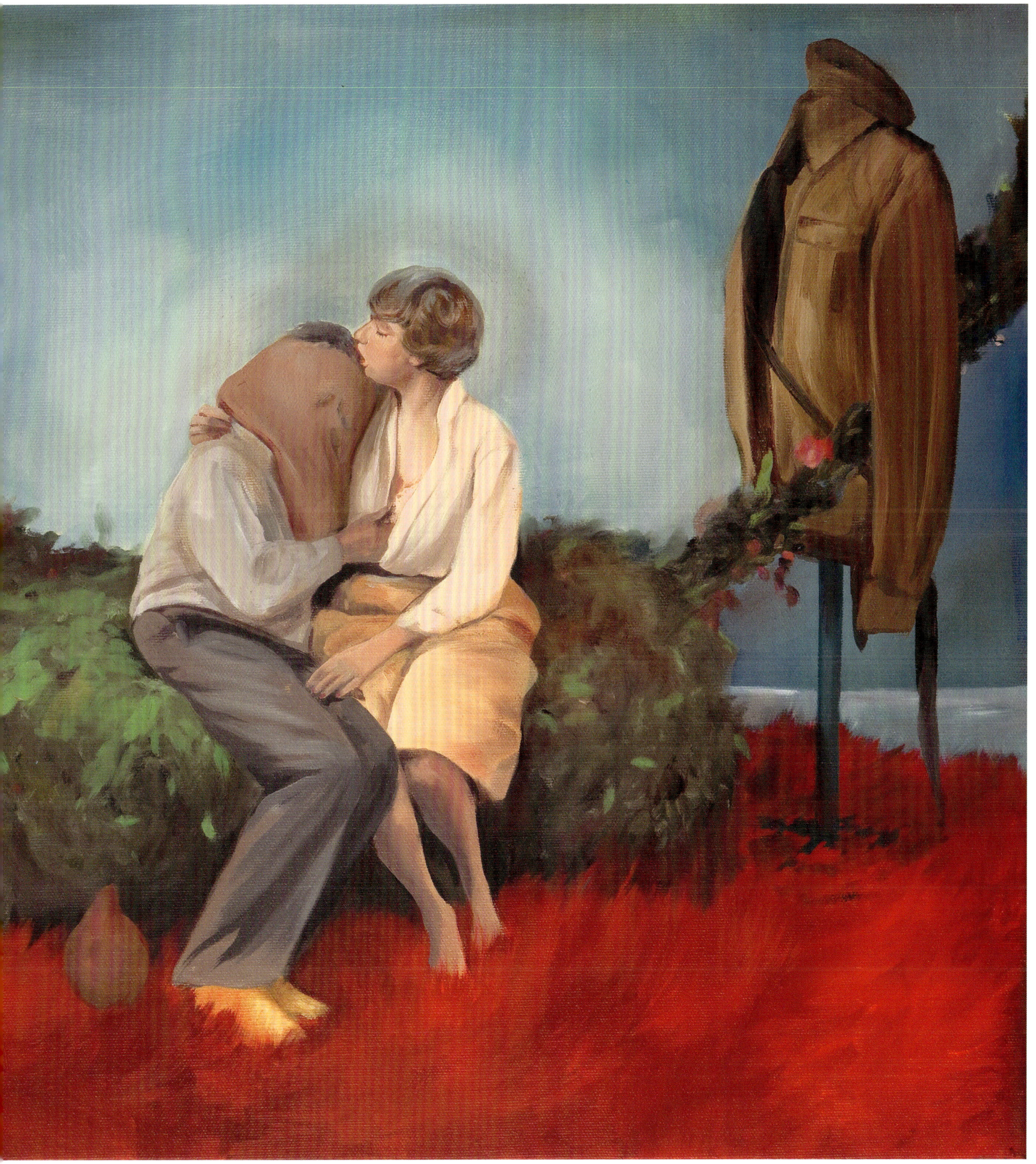

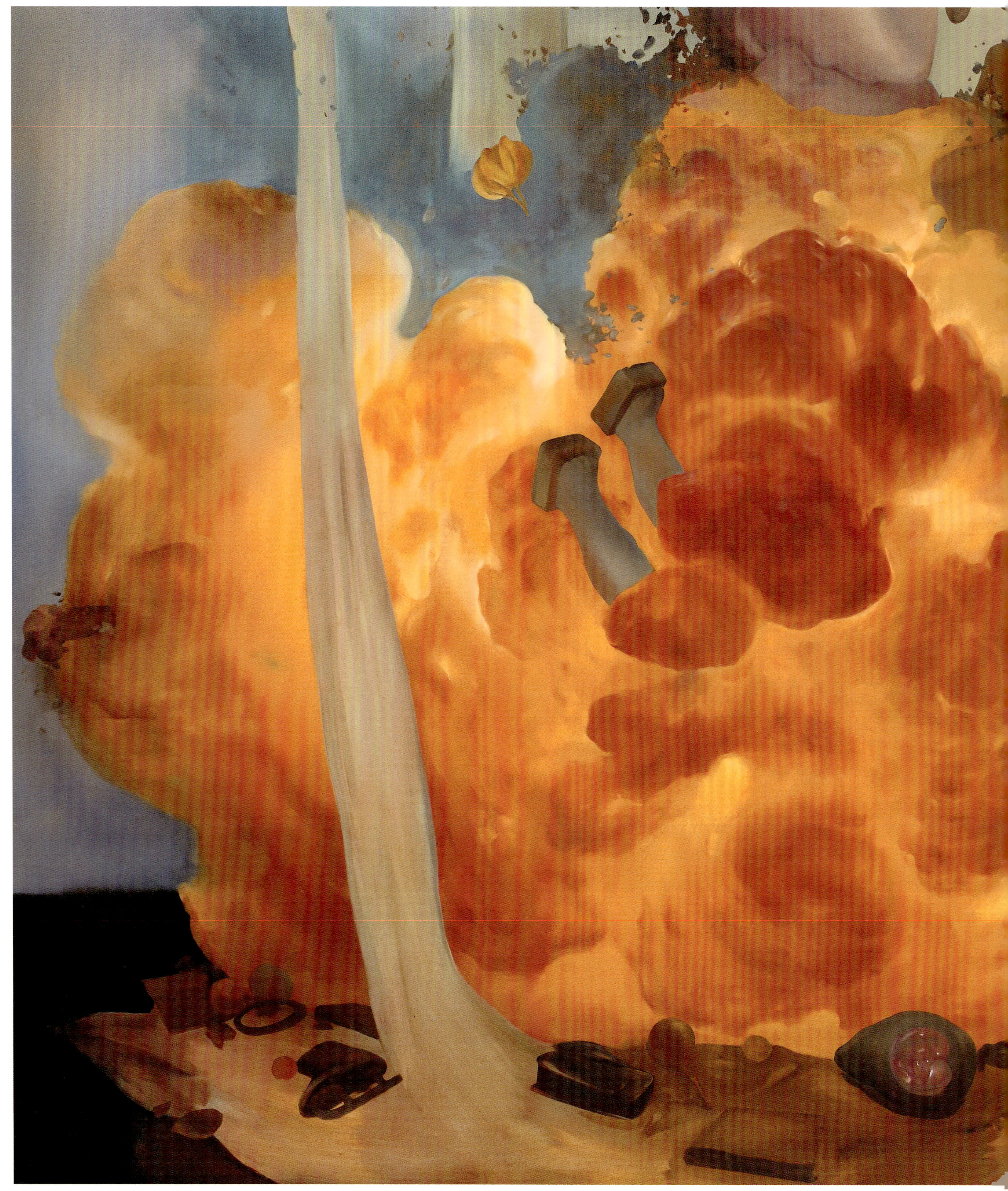

Untitled, Oil on canvas, 2008, 280 × 500 cm

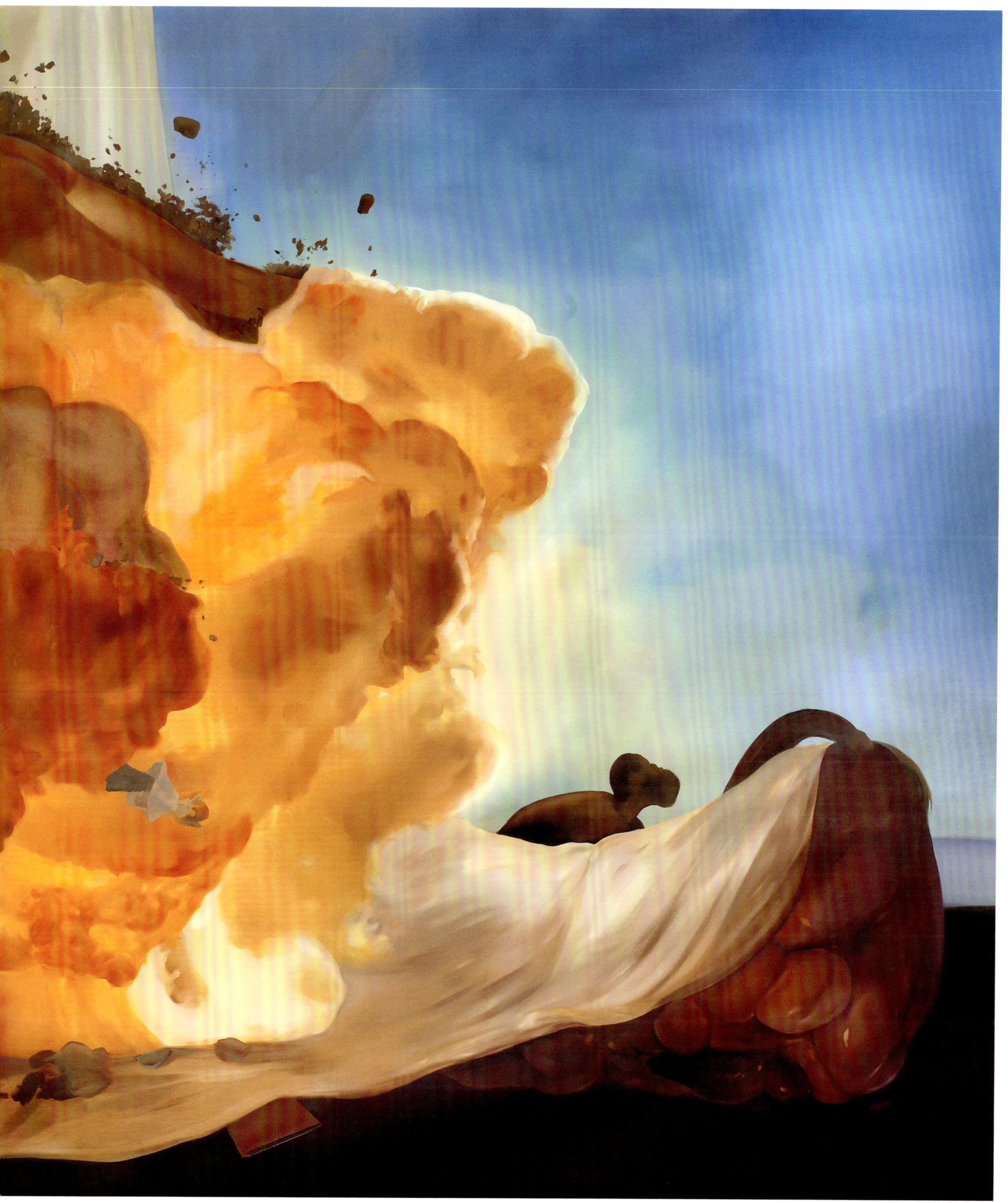

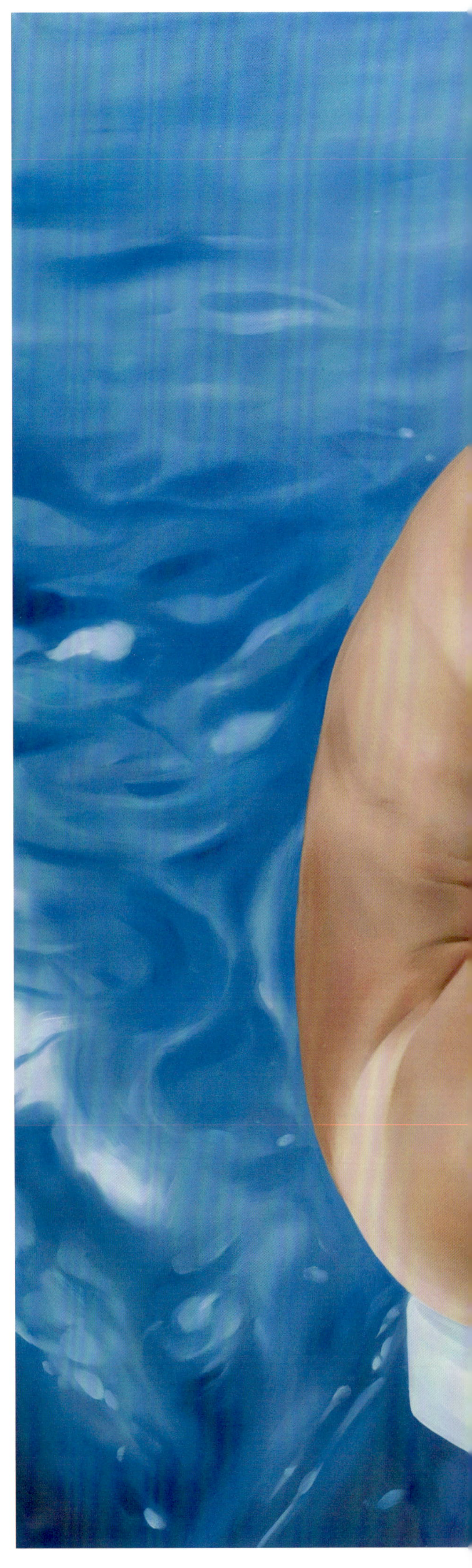

Untitled, Oil on canvas, 2012, 130 × 160 cm

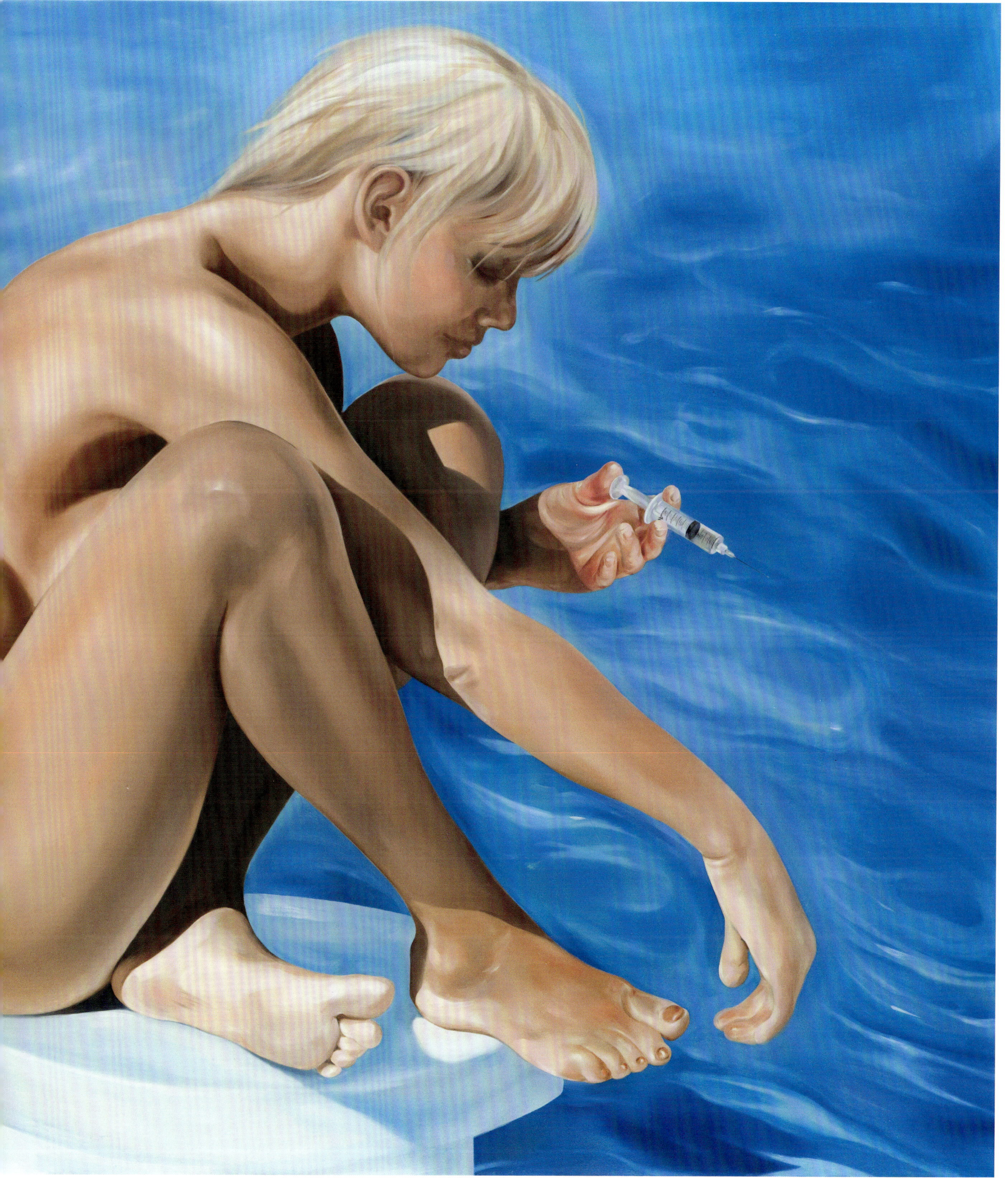

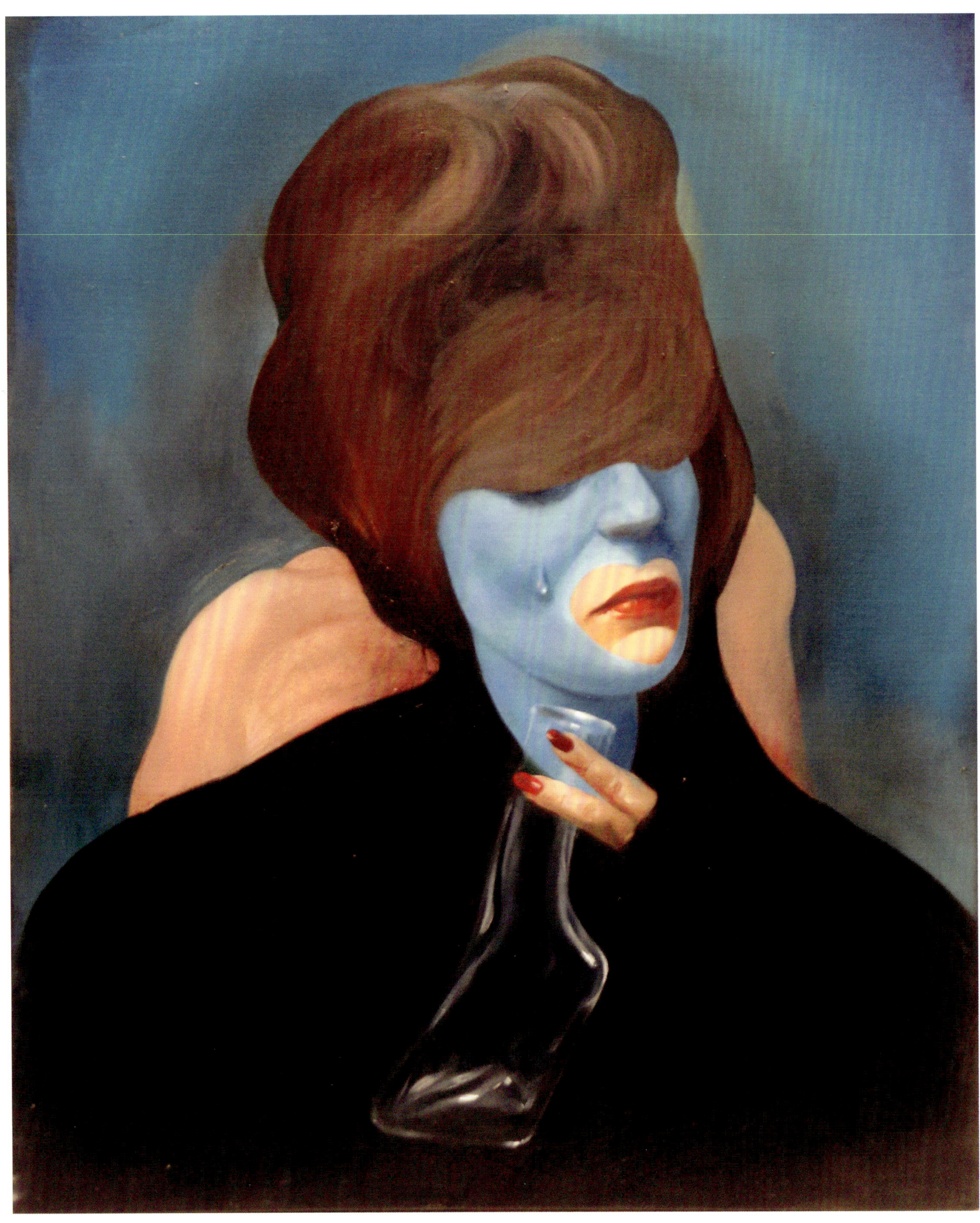

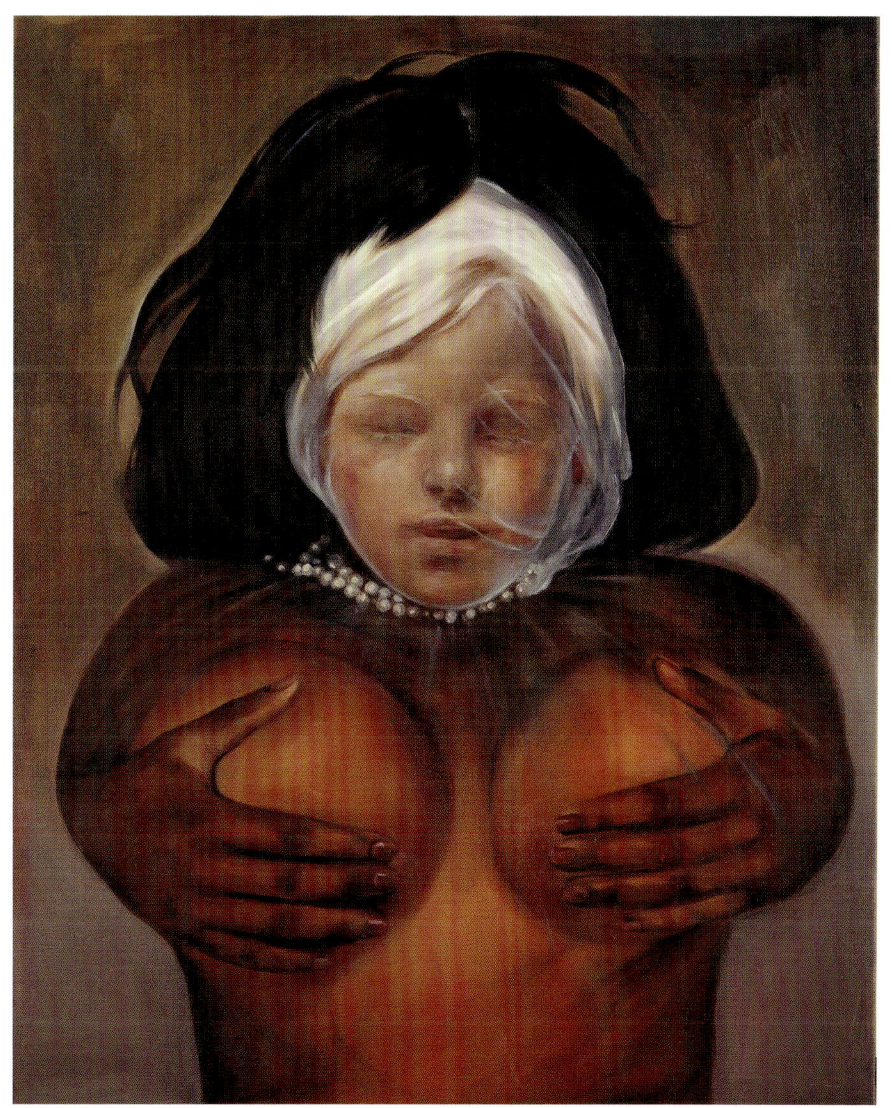

Untitled, Oil on canvas, 2008, 60 × 50 cm

Untitled, Oil on canvas, 2009, 61.5 × 50 cm

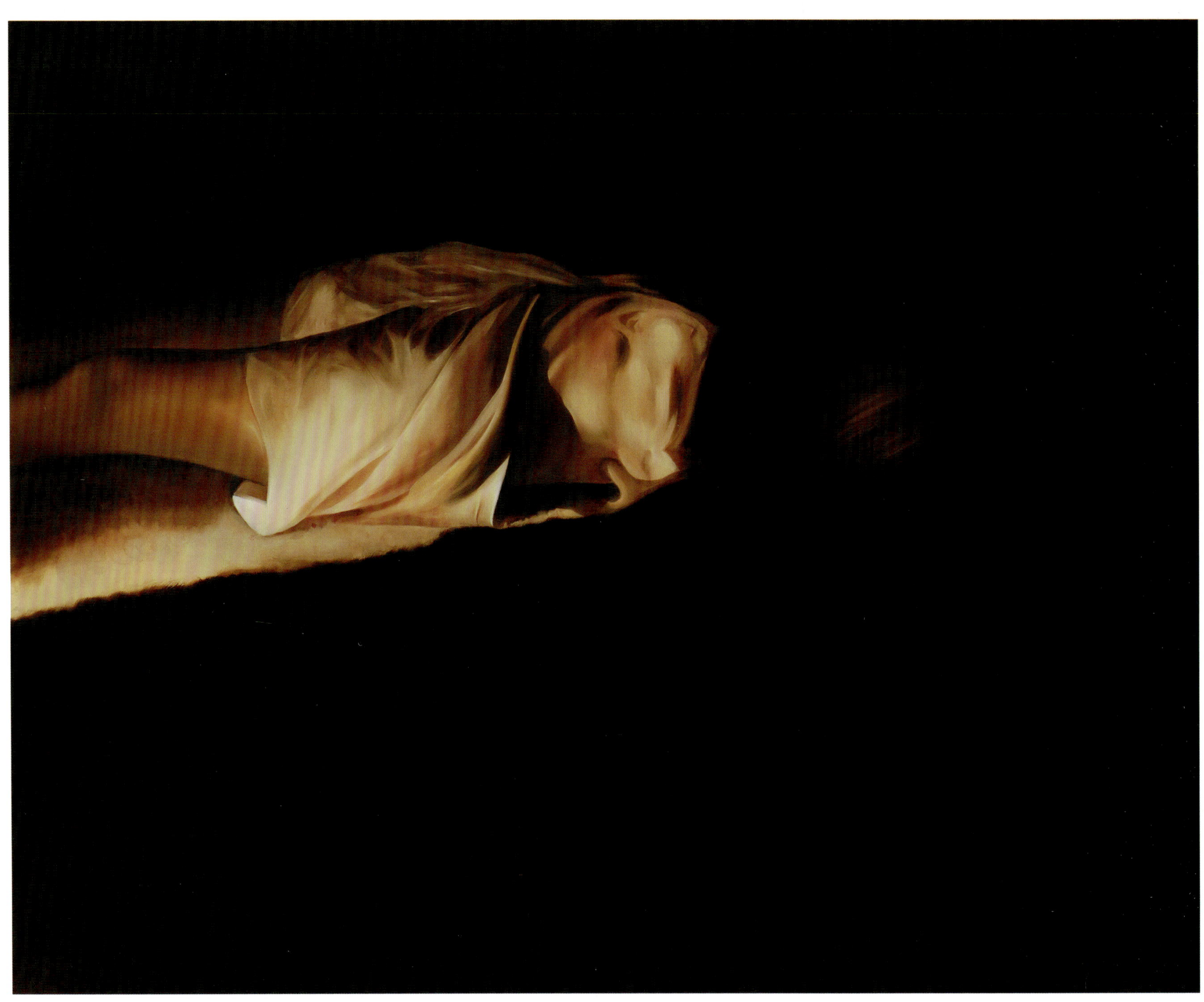

So Quiet, oil on canvas, 2009, 130 × 162 cm

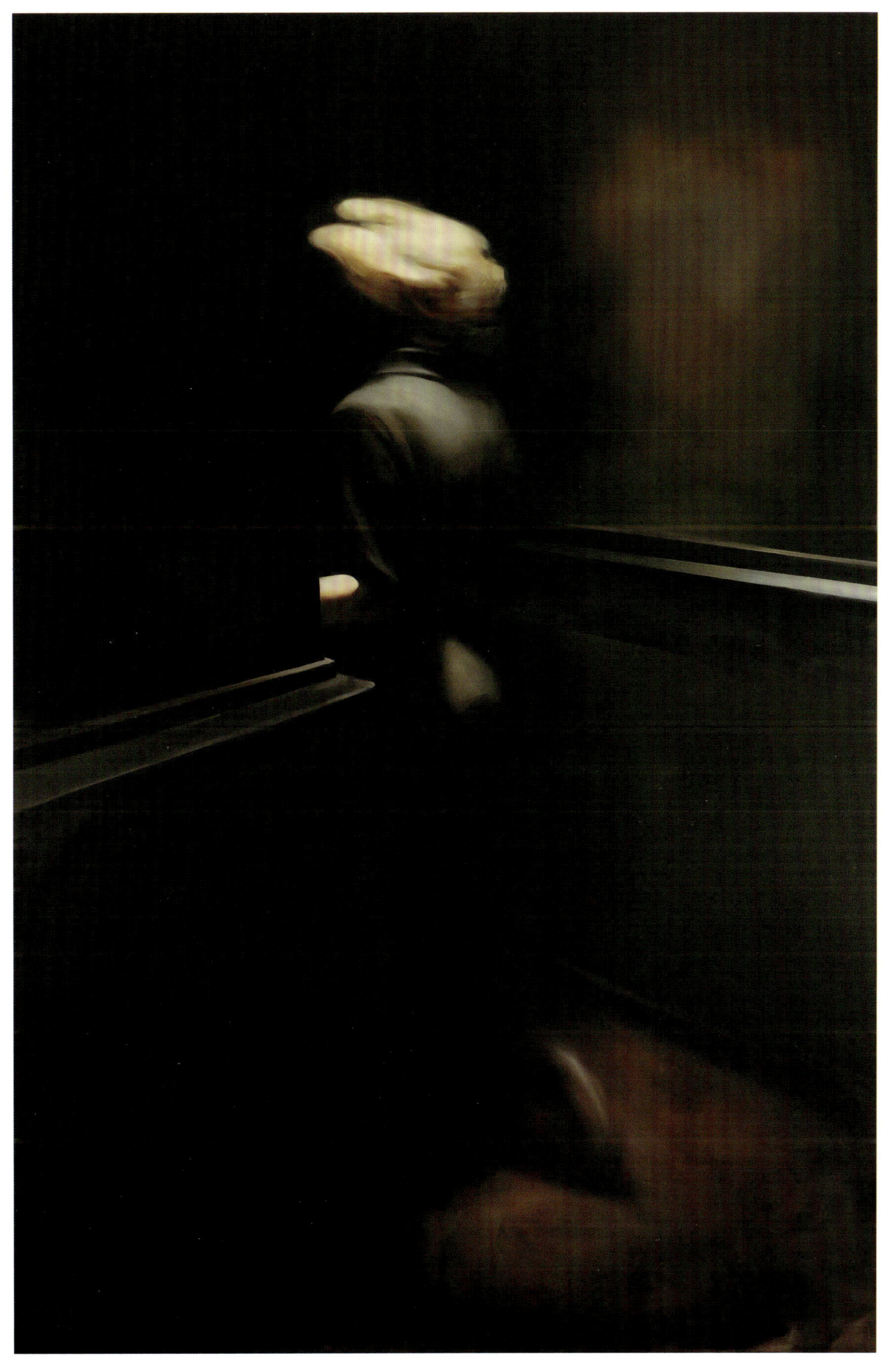

Away, Oil on canvas, 2009, 195 × 130 cm

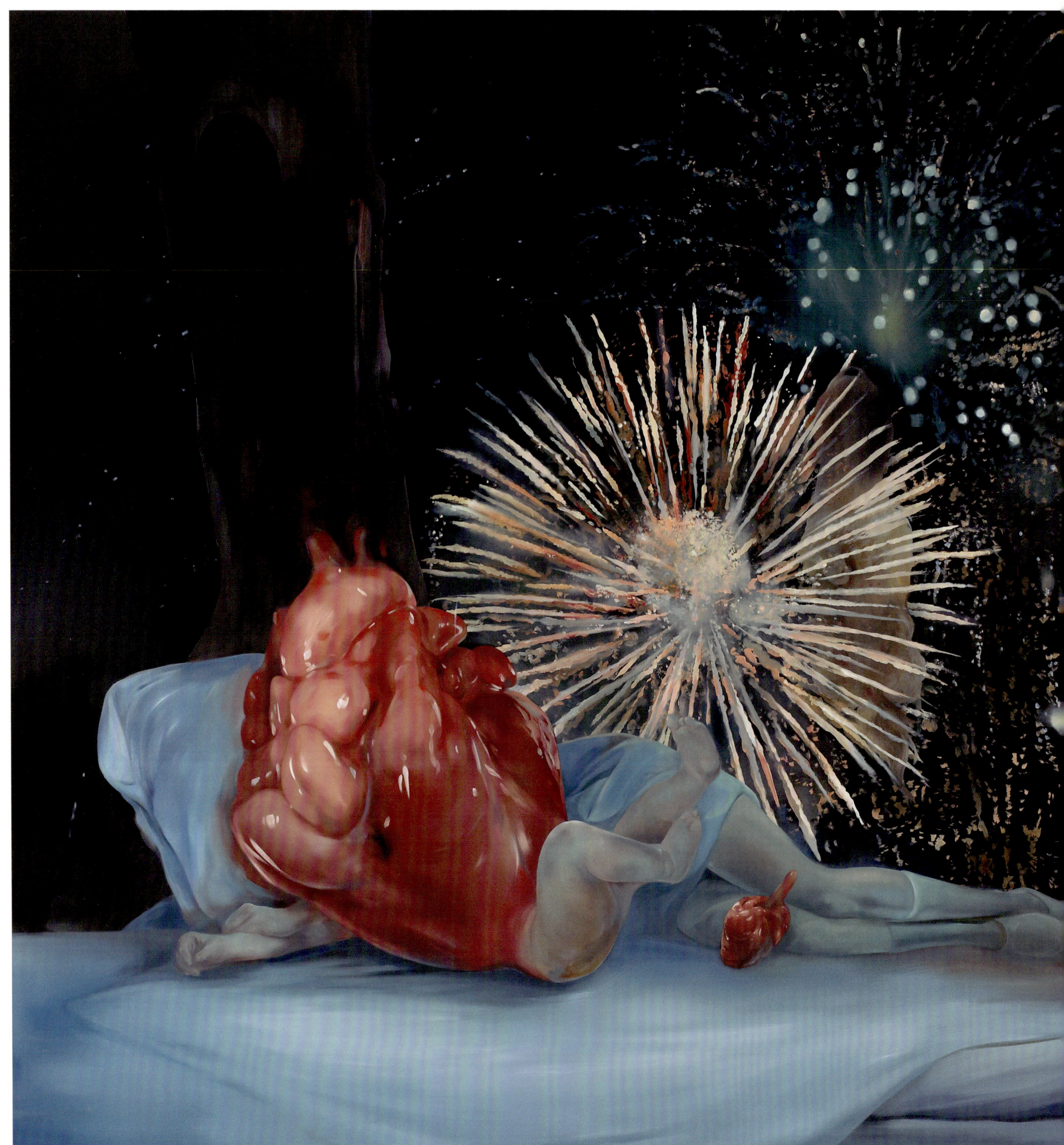

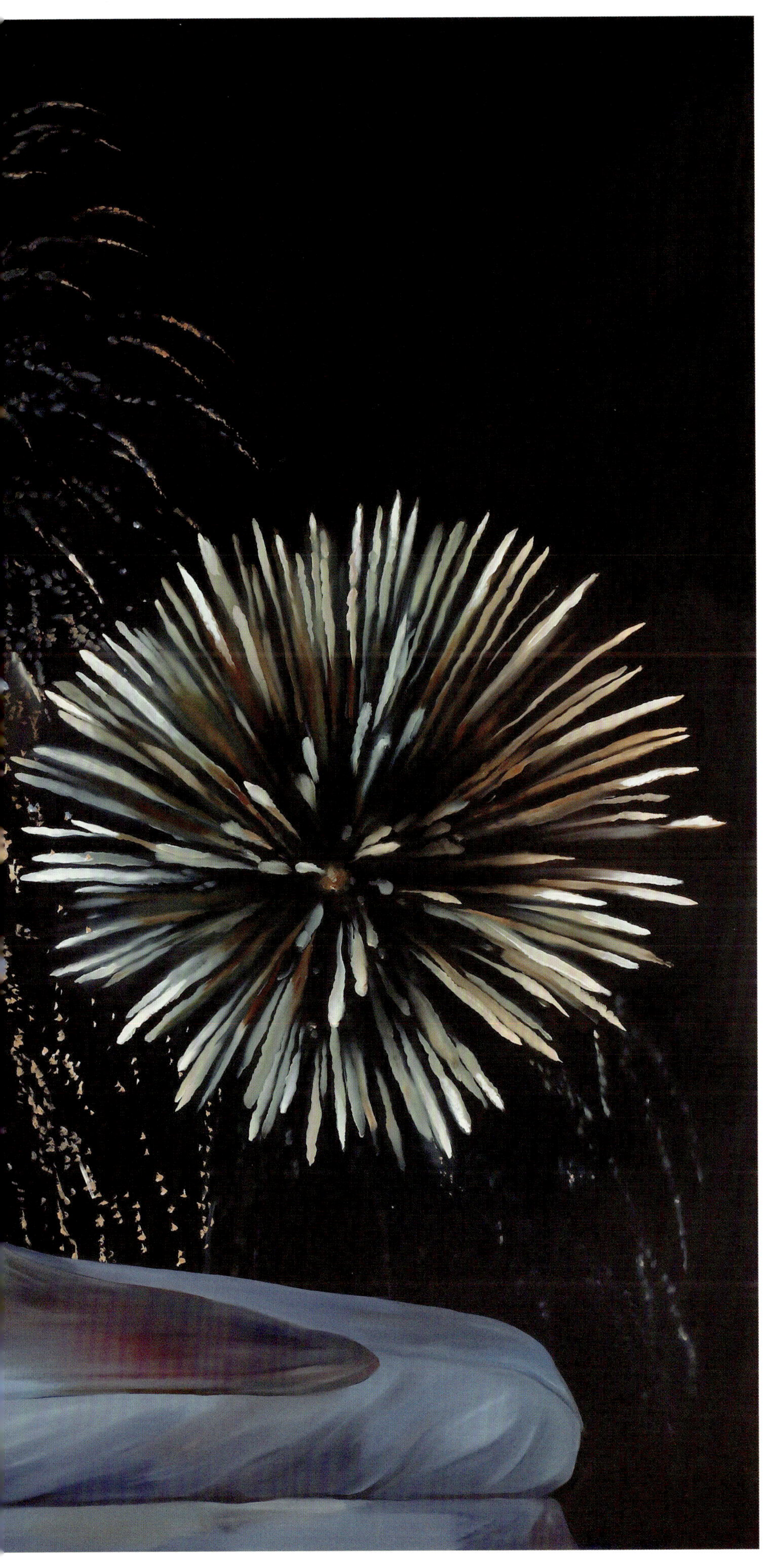

Untitled, Oil on canvas, 2008, 270 × 400 cm

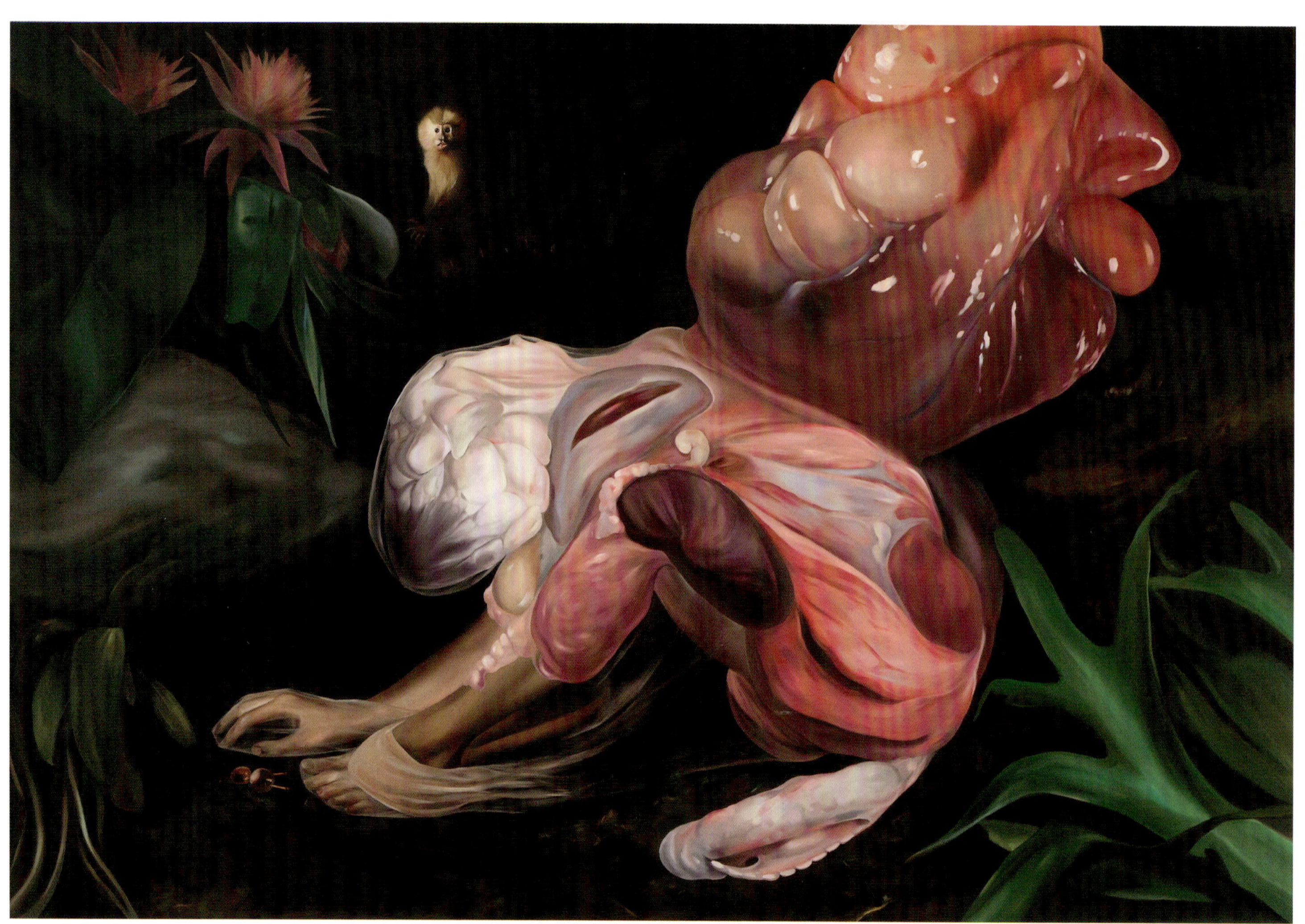

Twosome, Oil on canvas, 2012, 190 × 280 cm

Lonesome Tonight, Oil on canvas, 2009, 46 × 38 cm

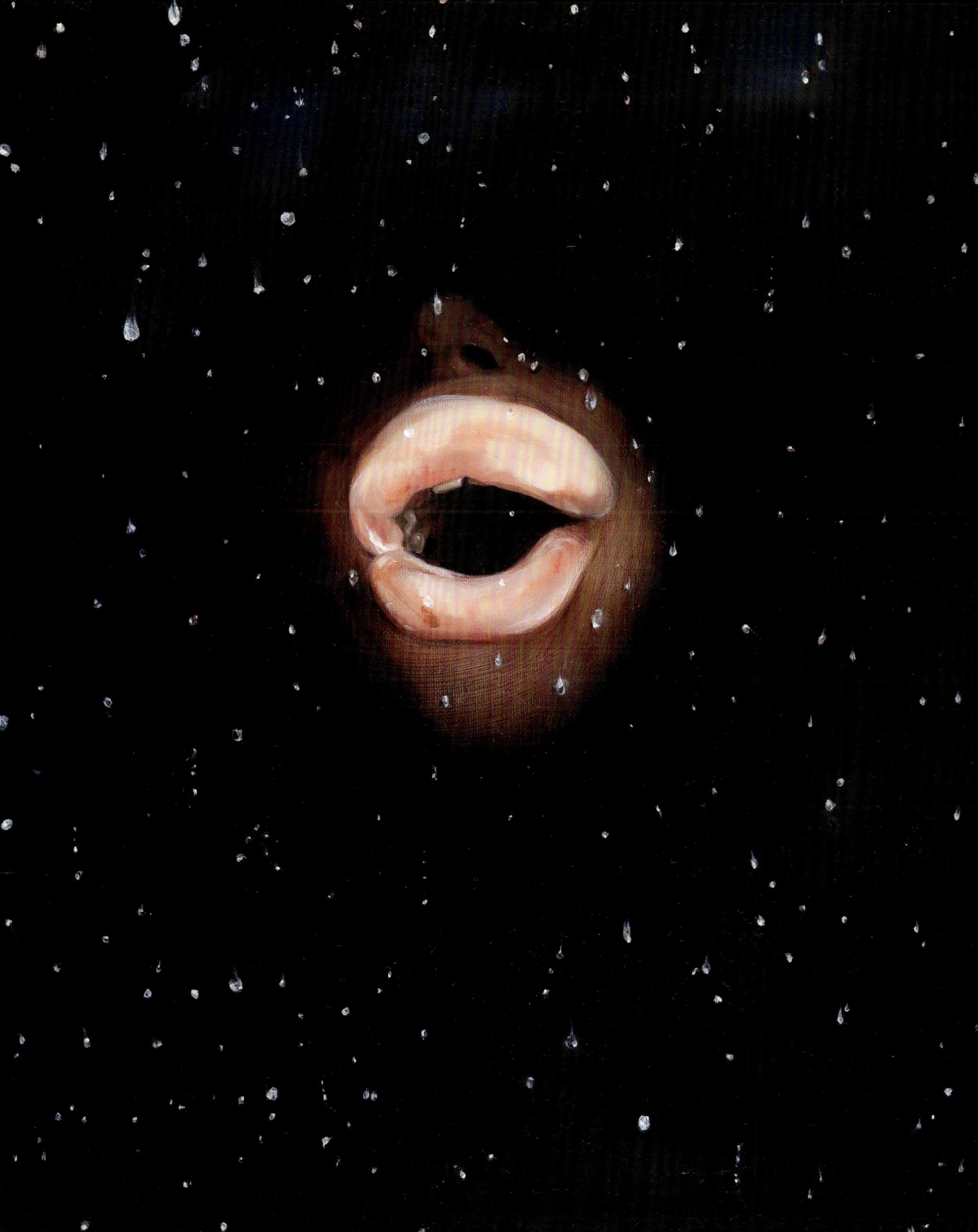

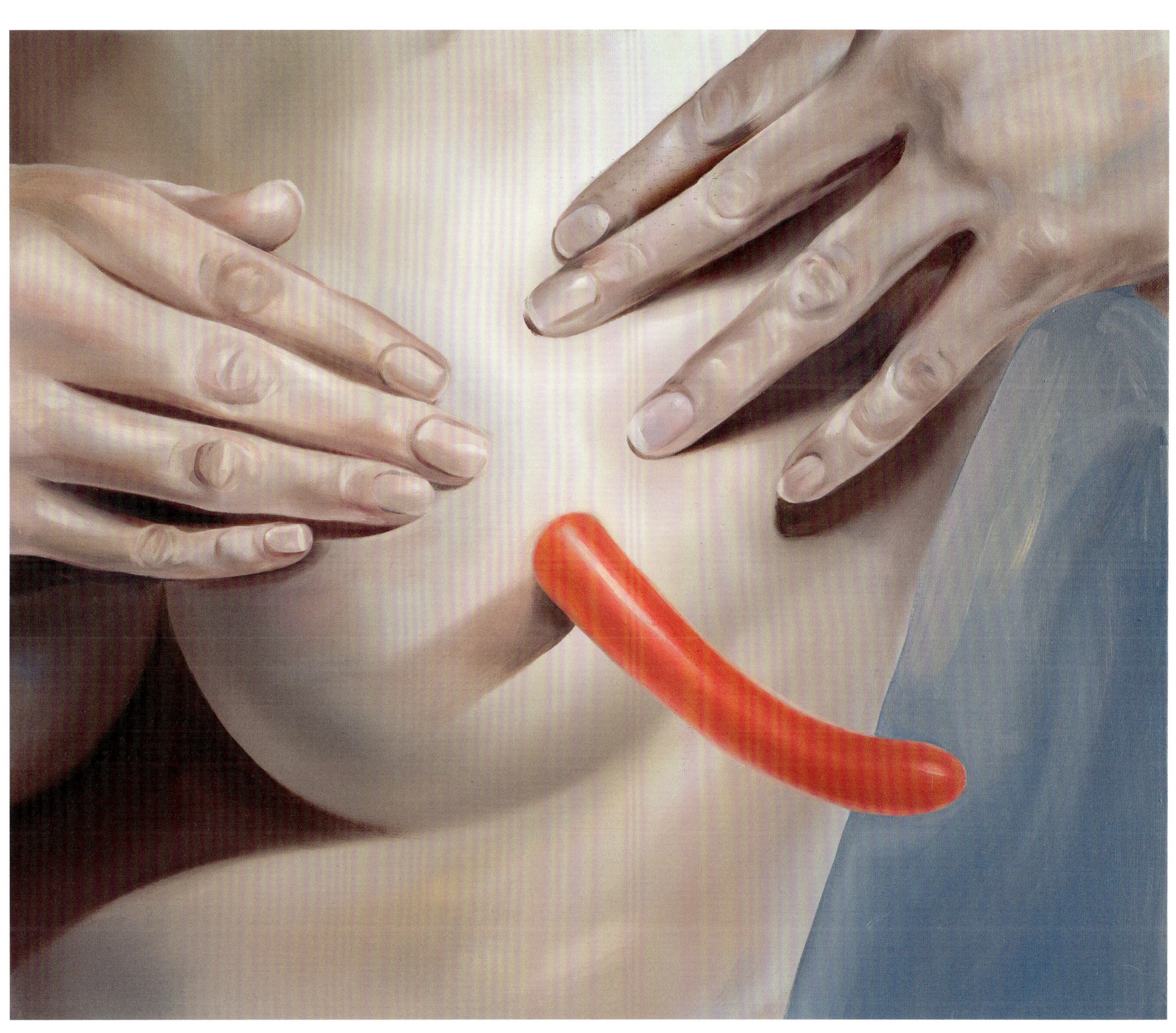

Lucky, Oil on canvas, 2013, 46 × 55 cm

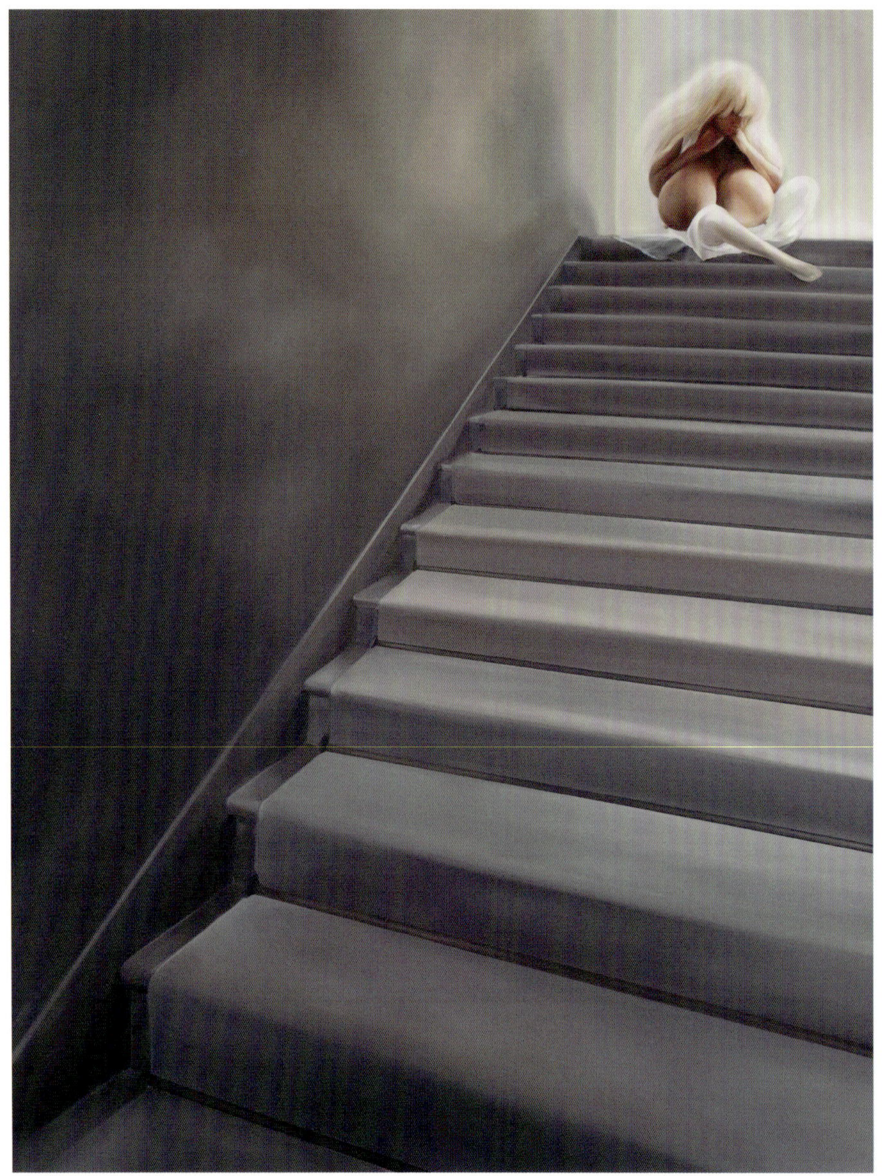

High, Oil on canvas, 2013, 180 × 140 cm

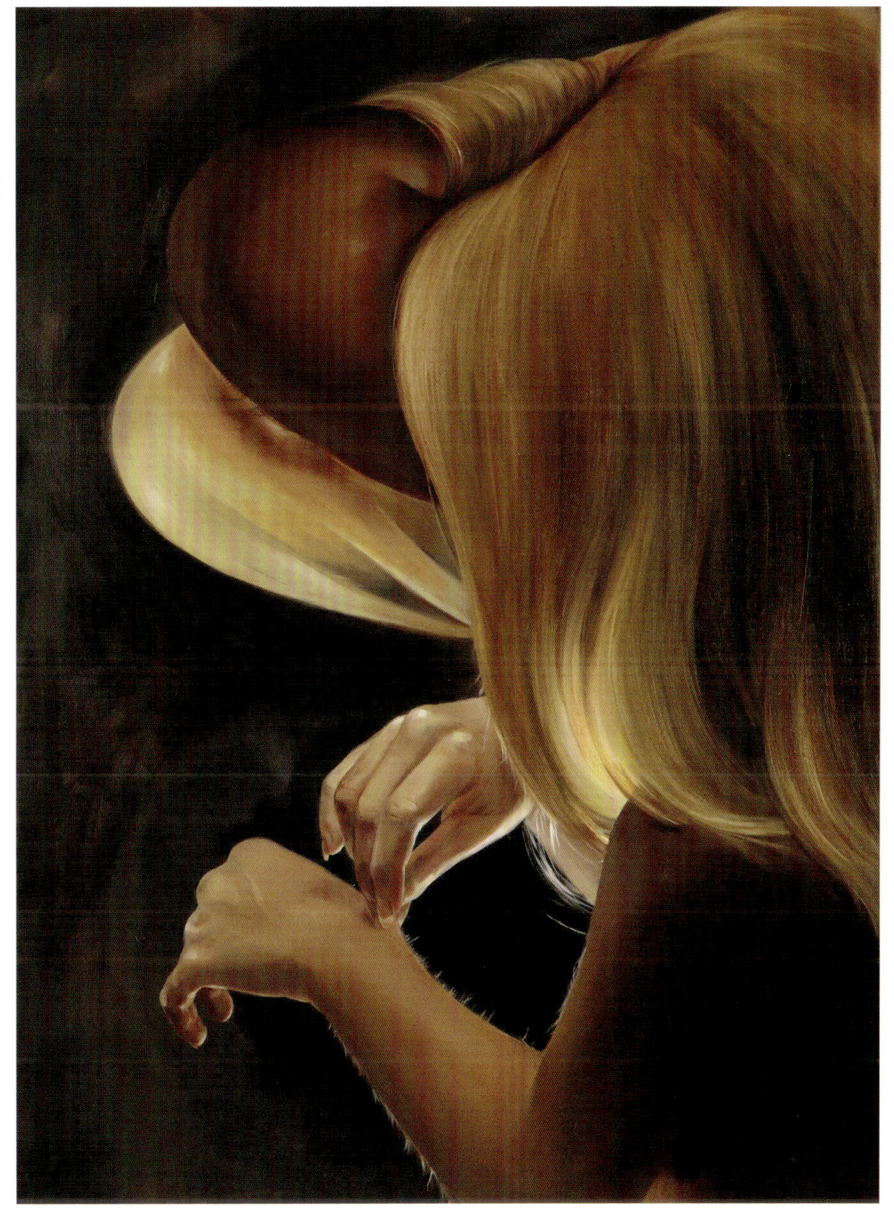

Sparkle, Oil on canvas, 2009, 80 × 60 cm

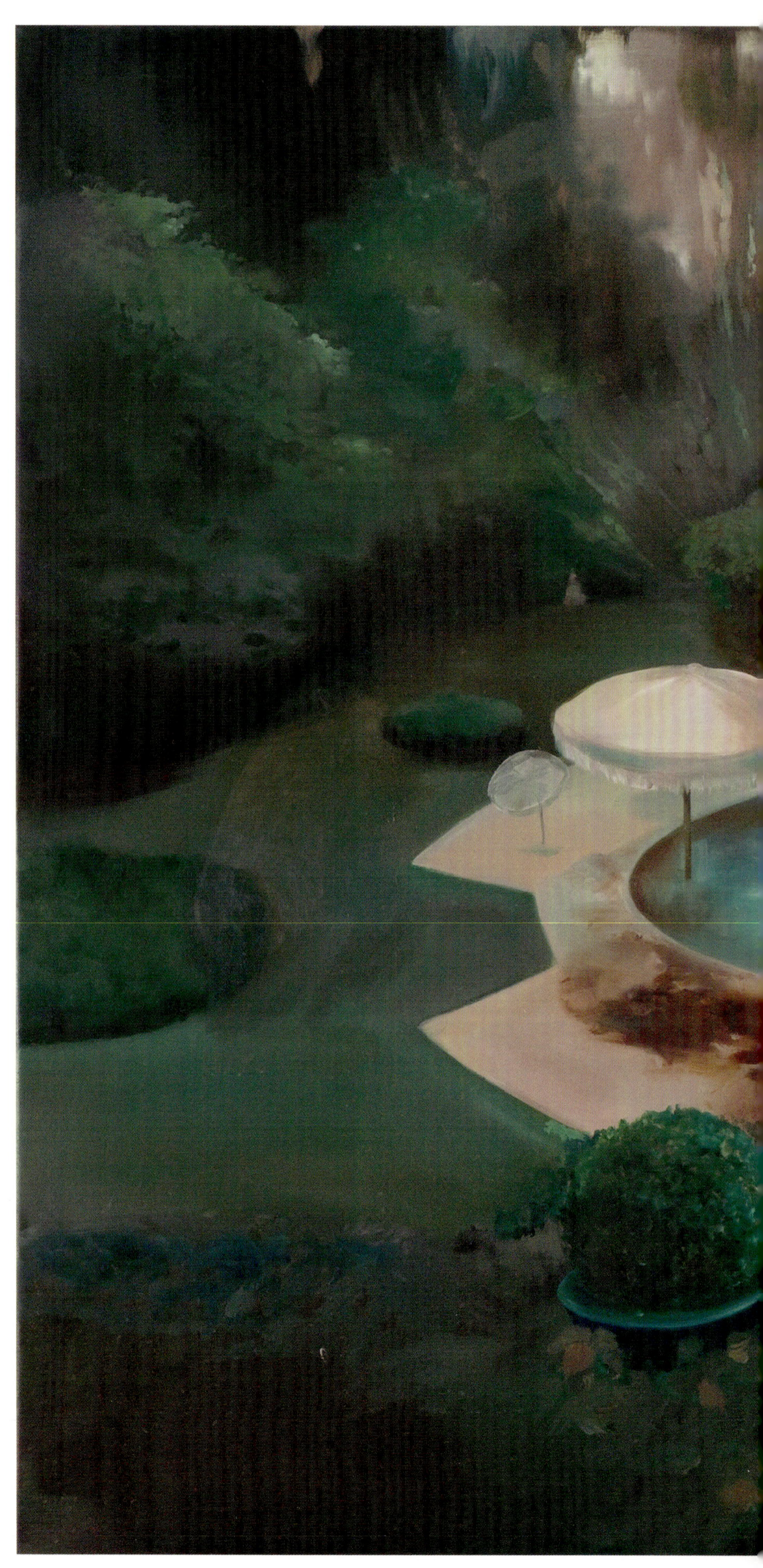

Untitled, oil on canvas, 2008, 60 × 70 cm

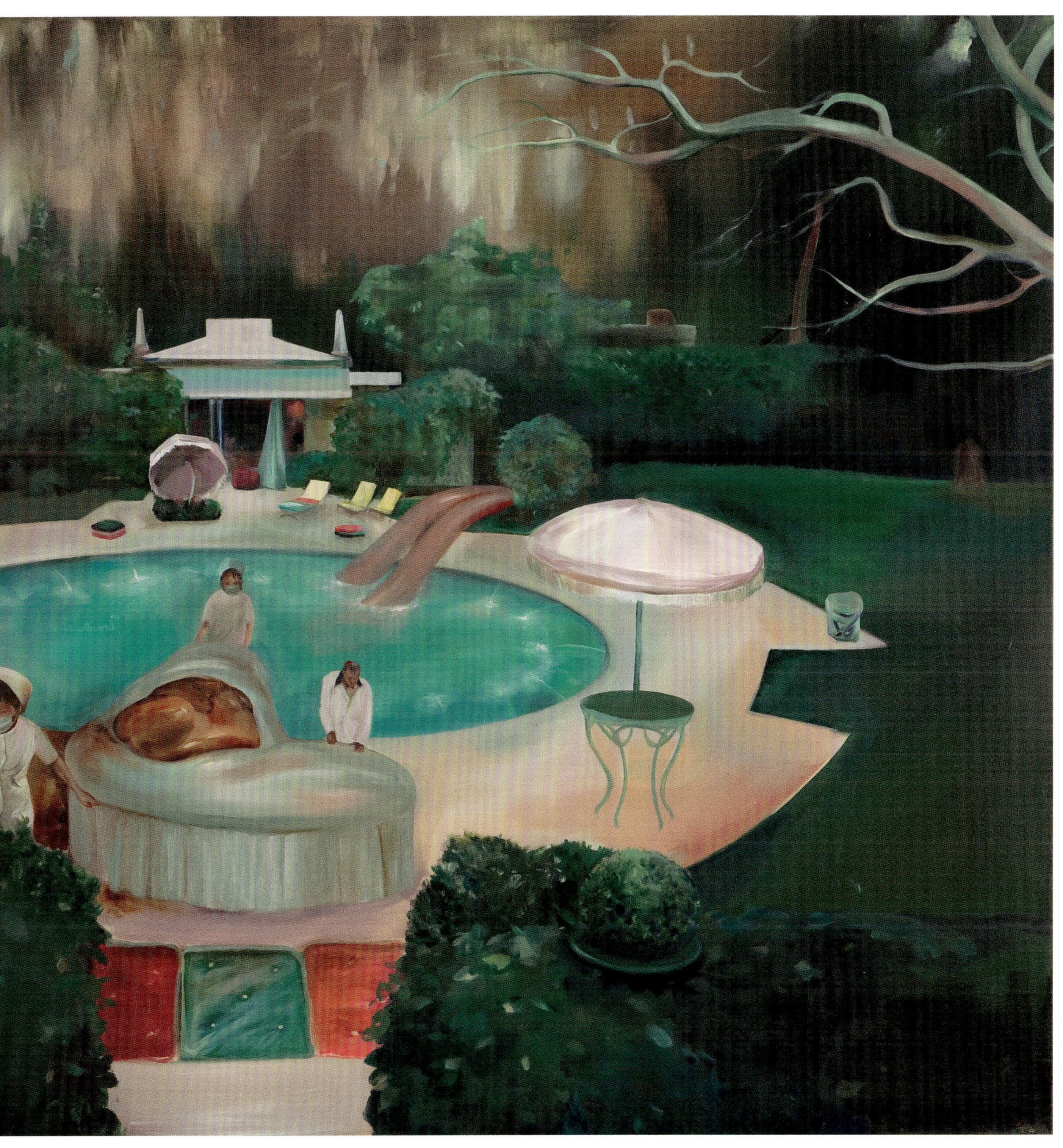

Never interested in the surface of a painting.

What is important is behind the painting.

How deep?
No borders.
No rules.

Blue Moon, Oil on canvas, 2010, 92 × 73 cm

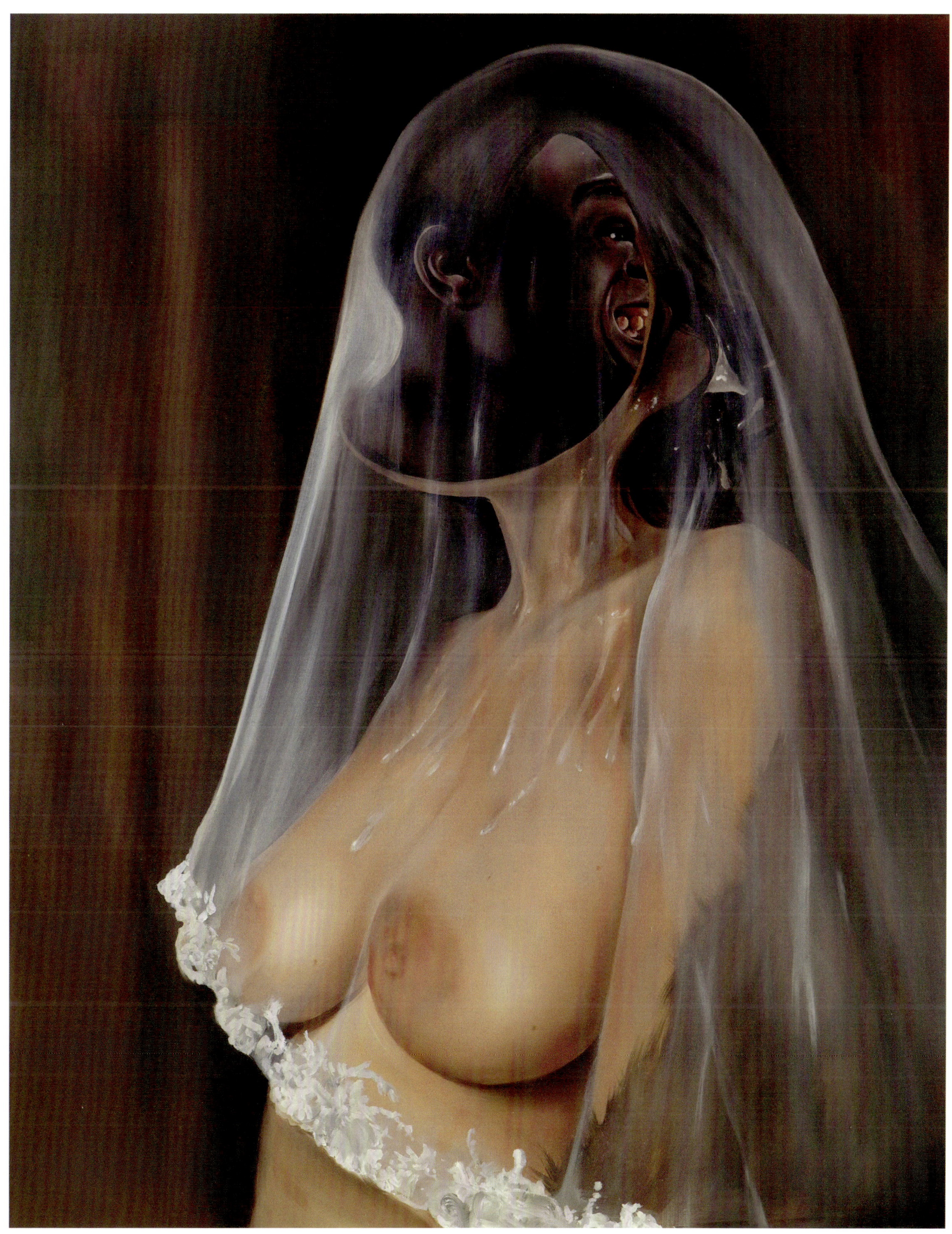

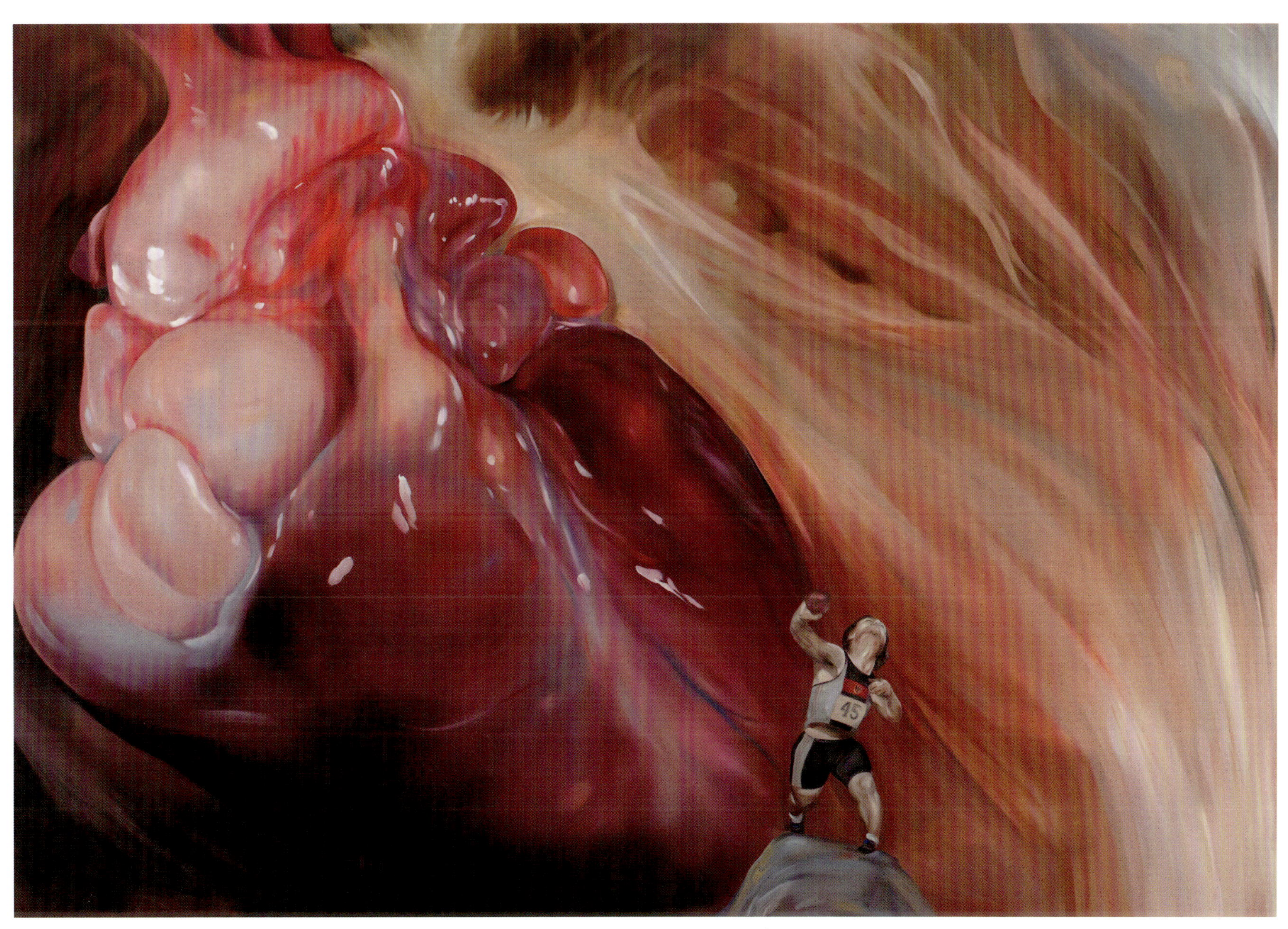

But The Heart, Oil on canvas, 2013, 190 × 280 cm

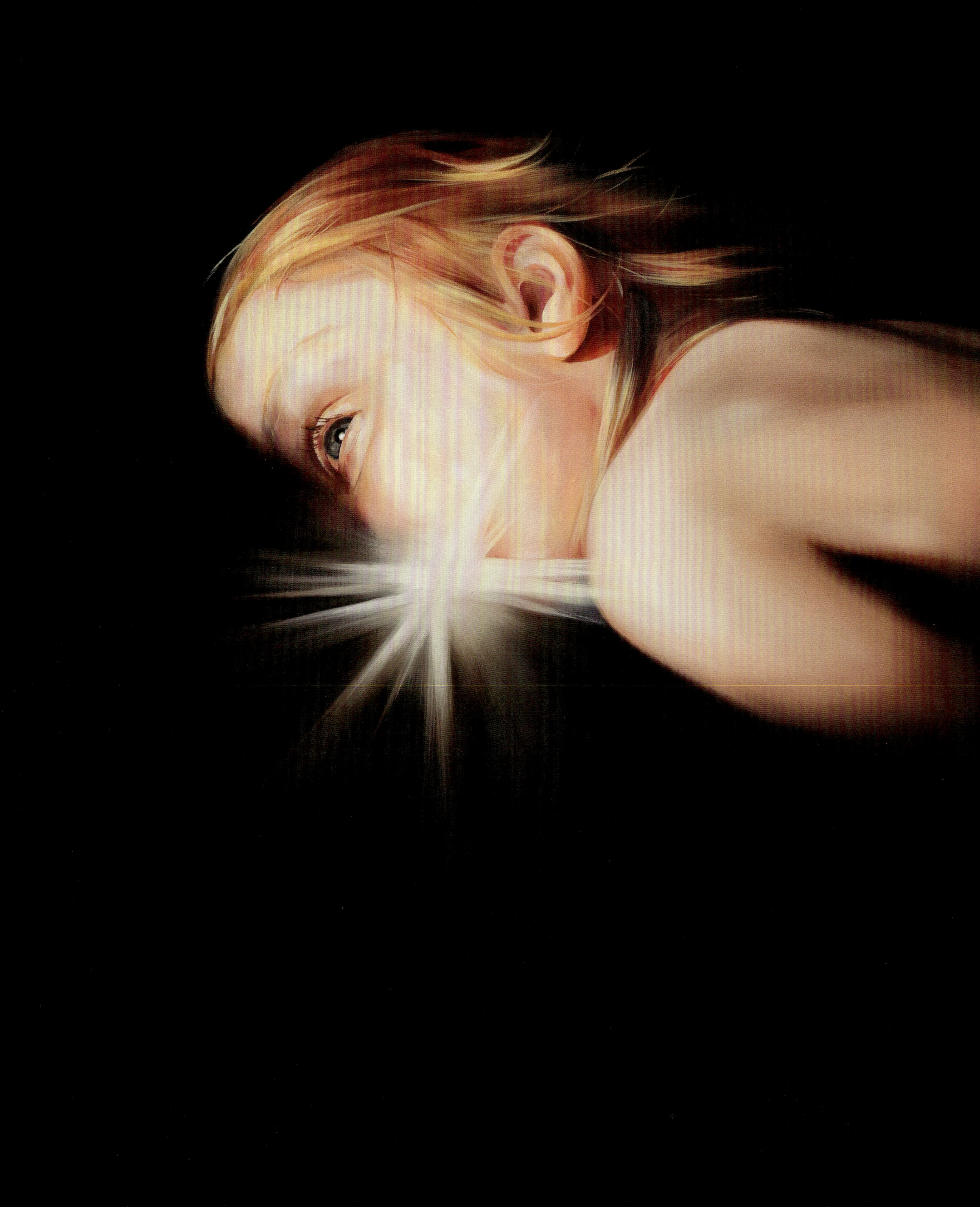

Everybody's Darling, oil on canvas, 2010, 65 × 81 cm

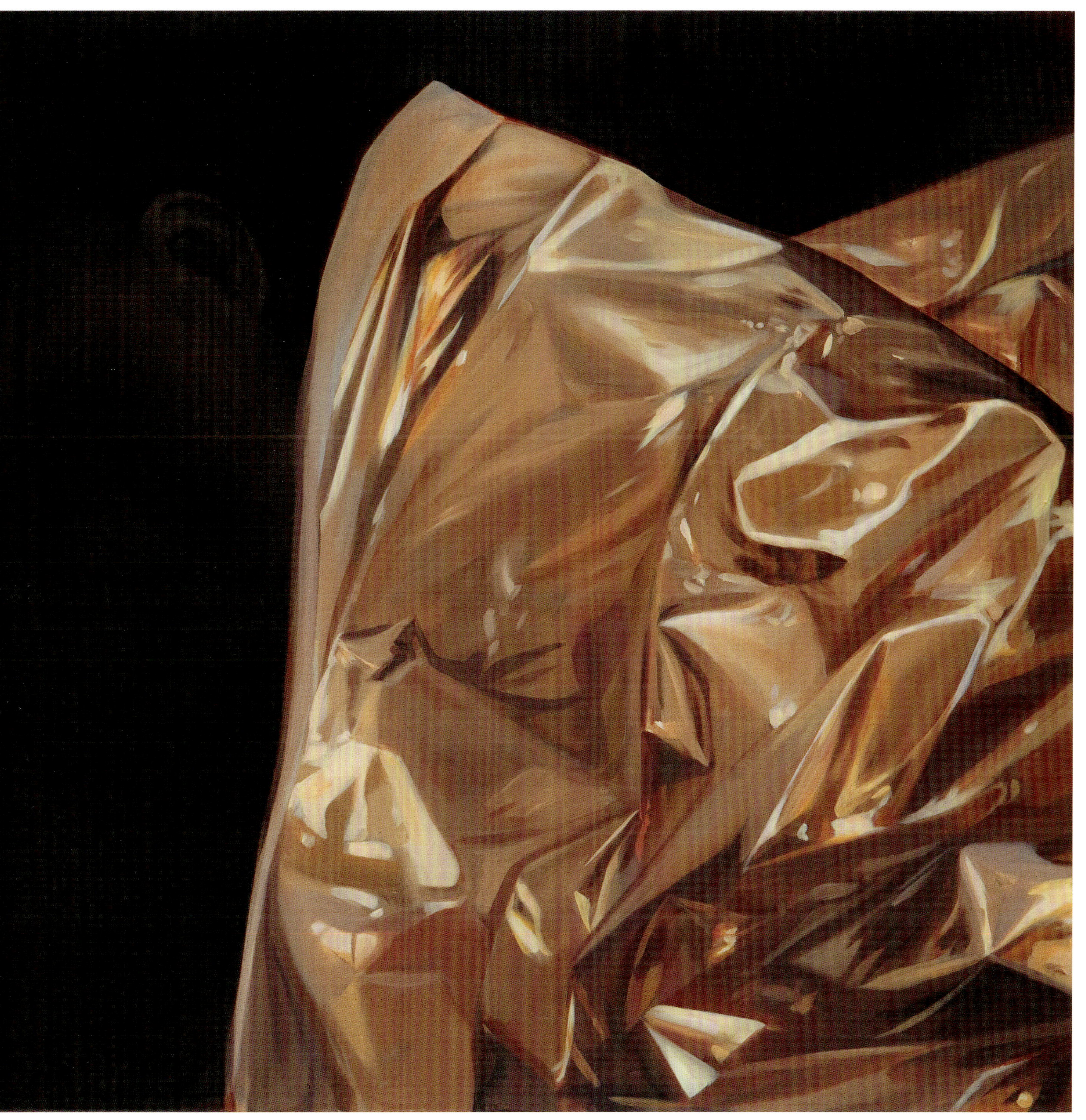

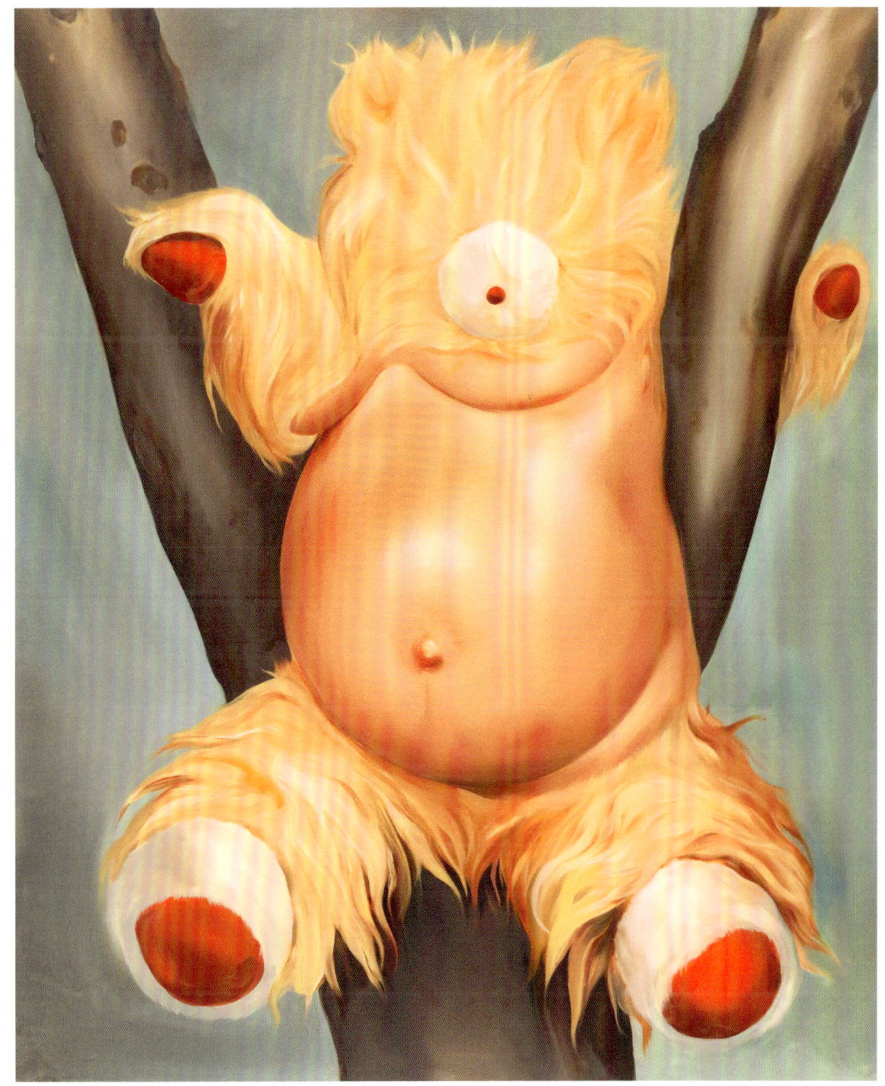

Expecting, Oil on canvas, 2010, 120 × 100 cm

Horseback, Oil on canvas, 2010, 200 × 170 cm

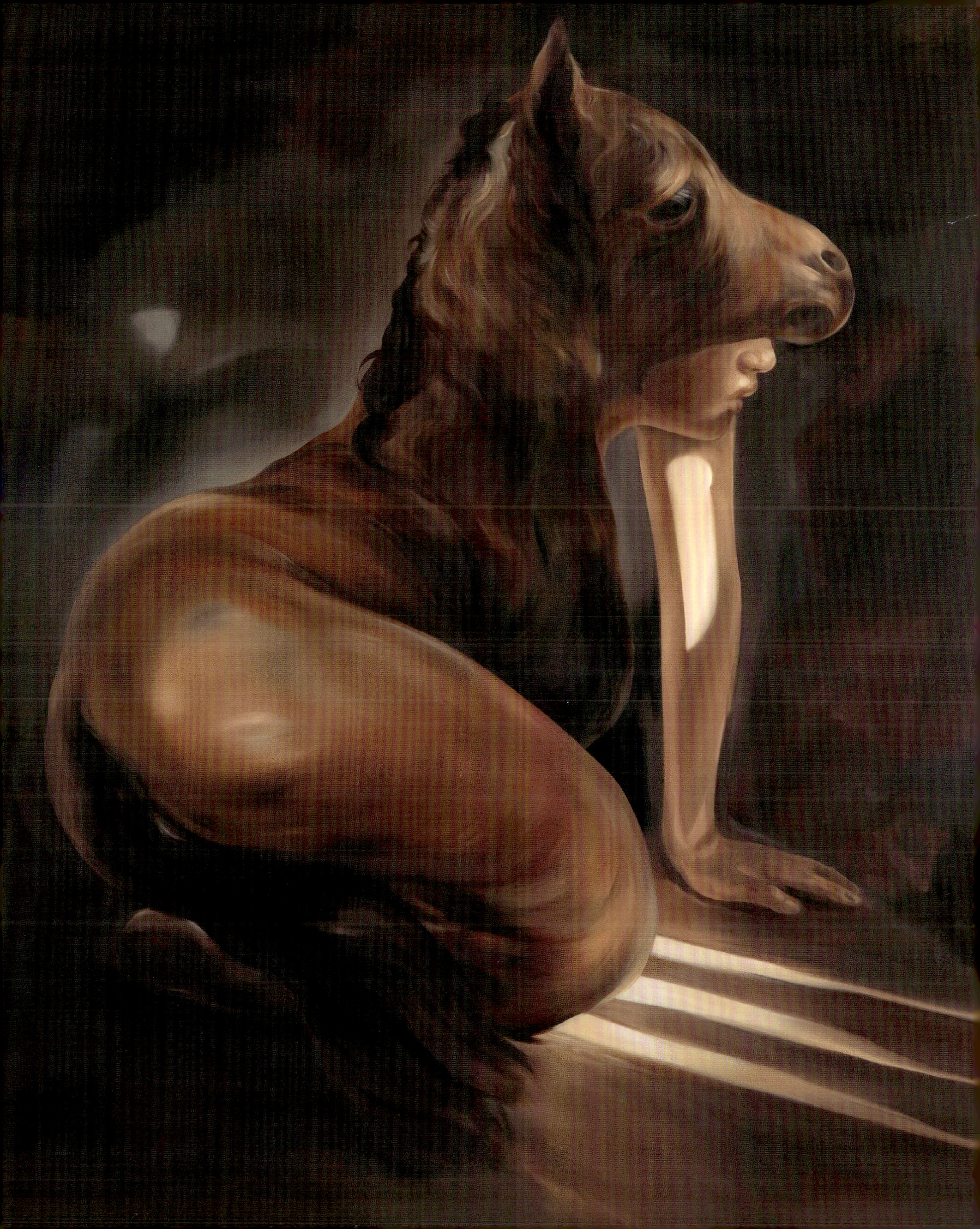

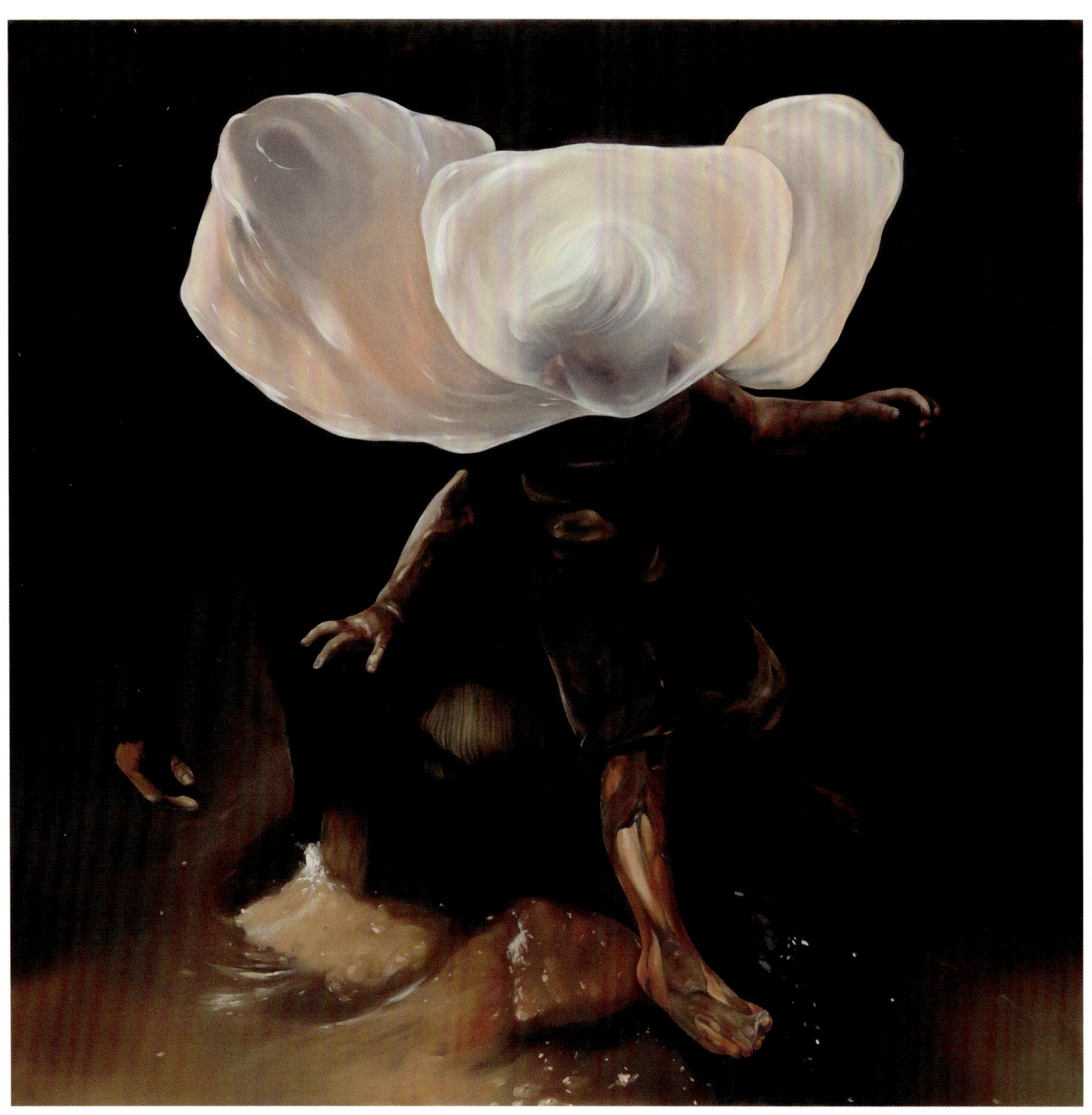

Bubblegun, Oil on canvas, 2010, 185 × 180 cm

For All to See, Oil on canvas, 2010, 170 × 160 cm

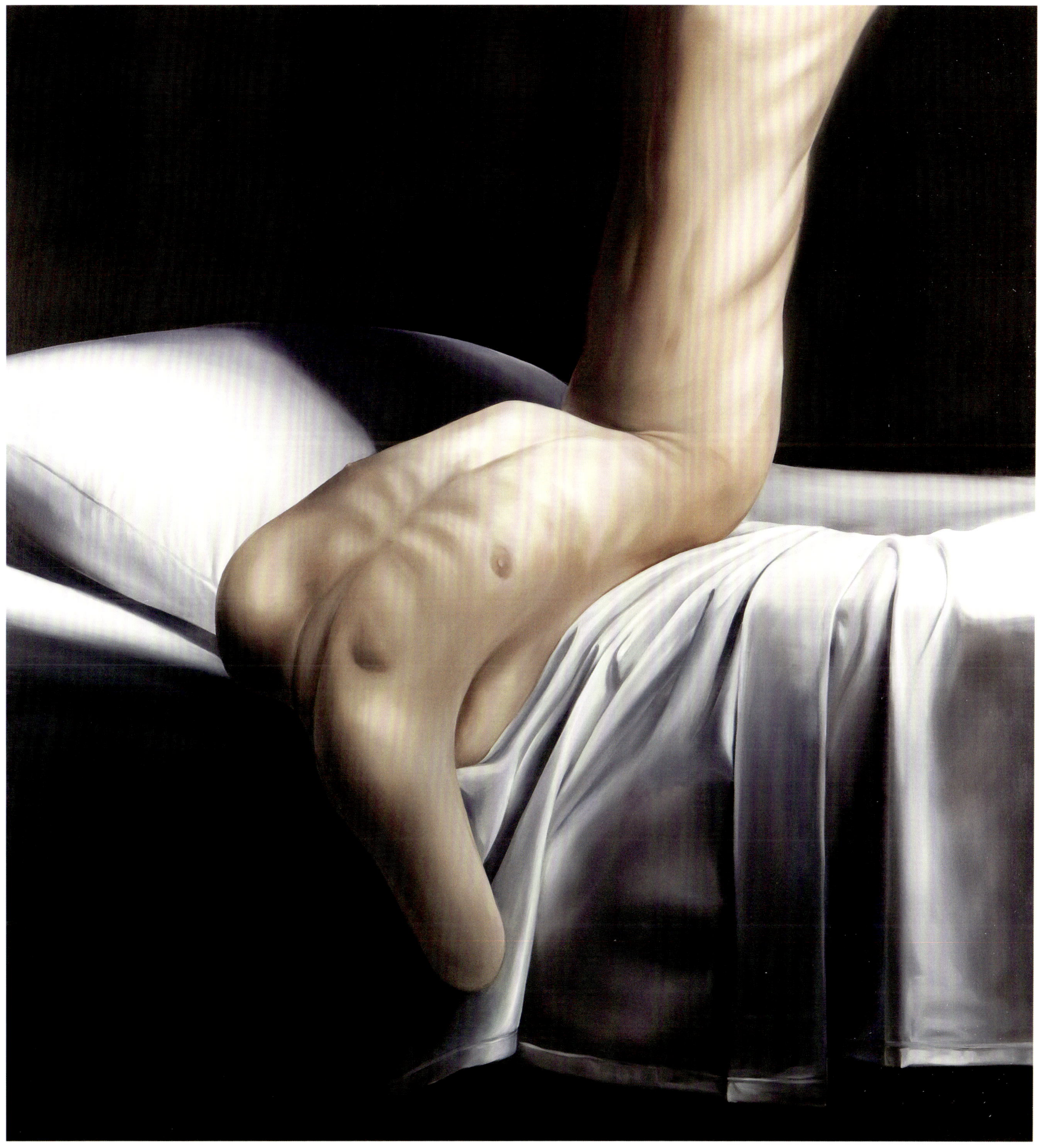

Untitled, Oil on canvas, 2004, 230 × 180 cm

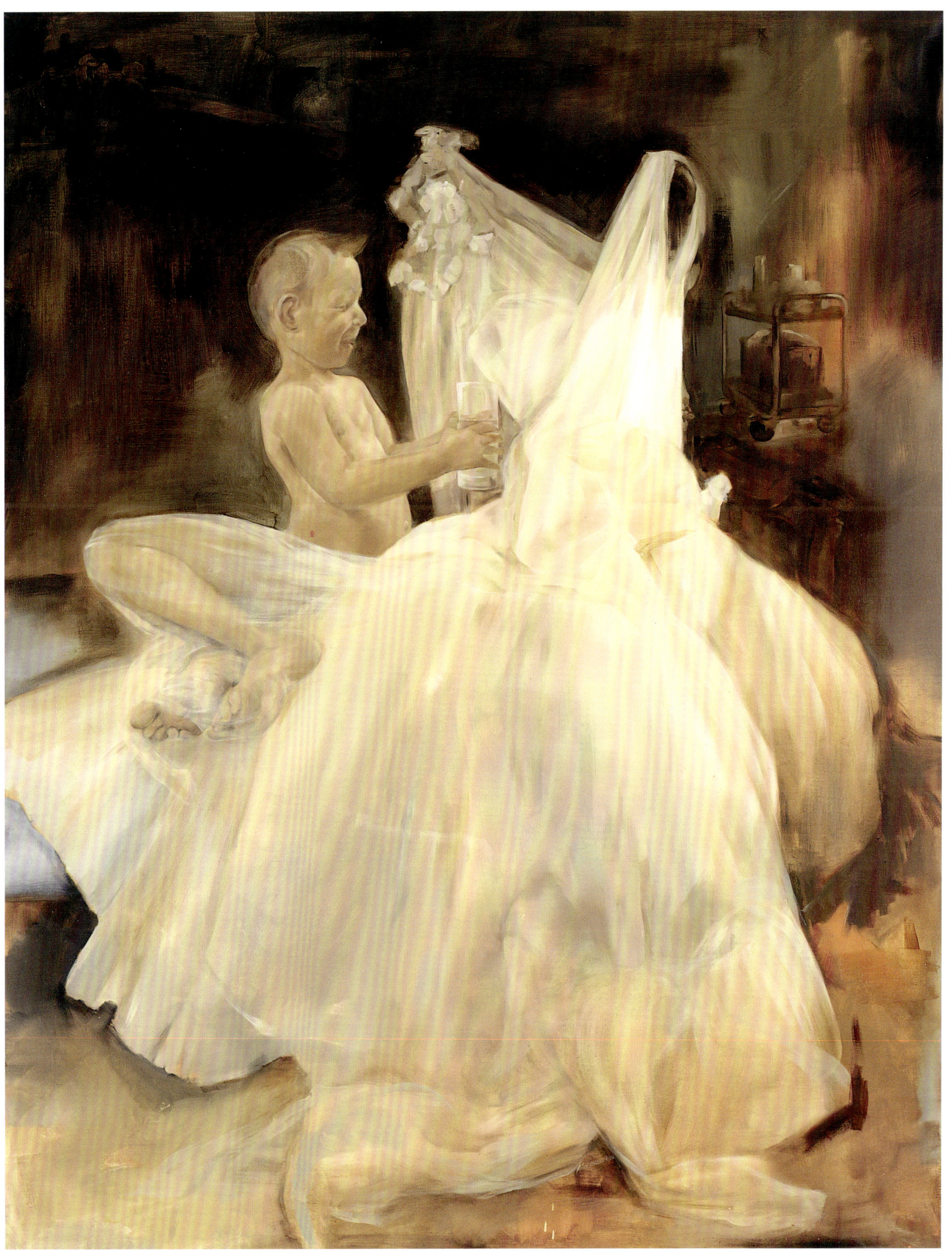

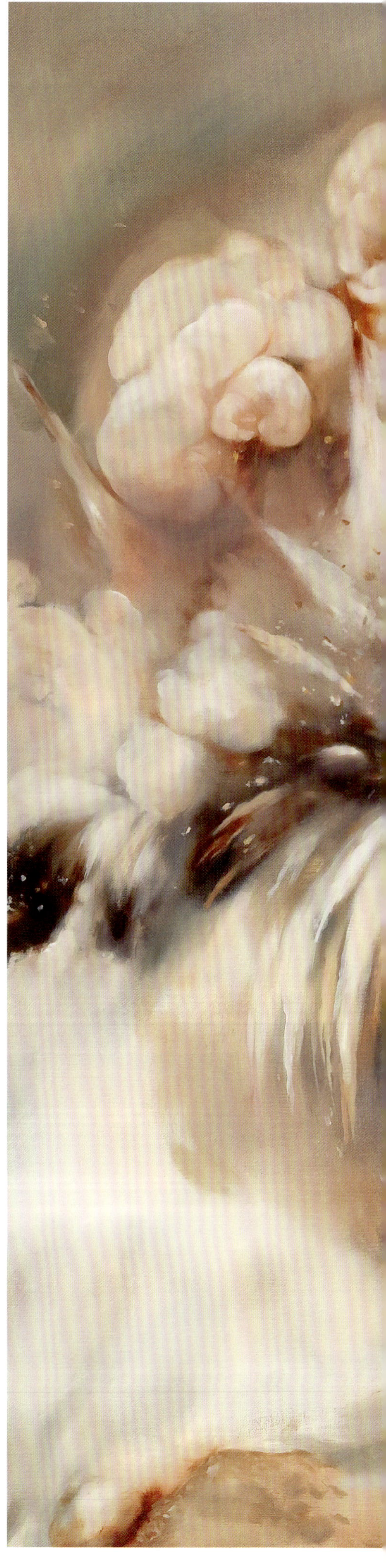

Splendid Isolation. Oil on canvas, 2009, 160 × 190 cm

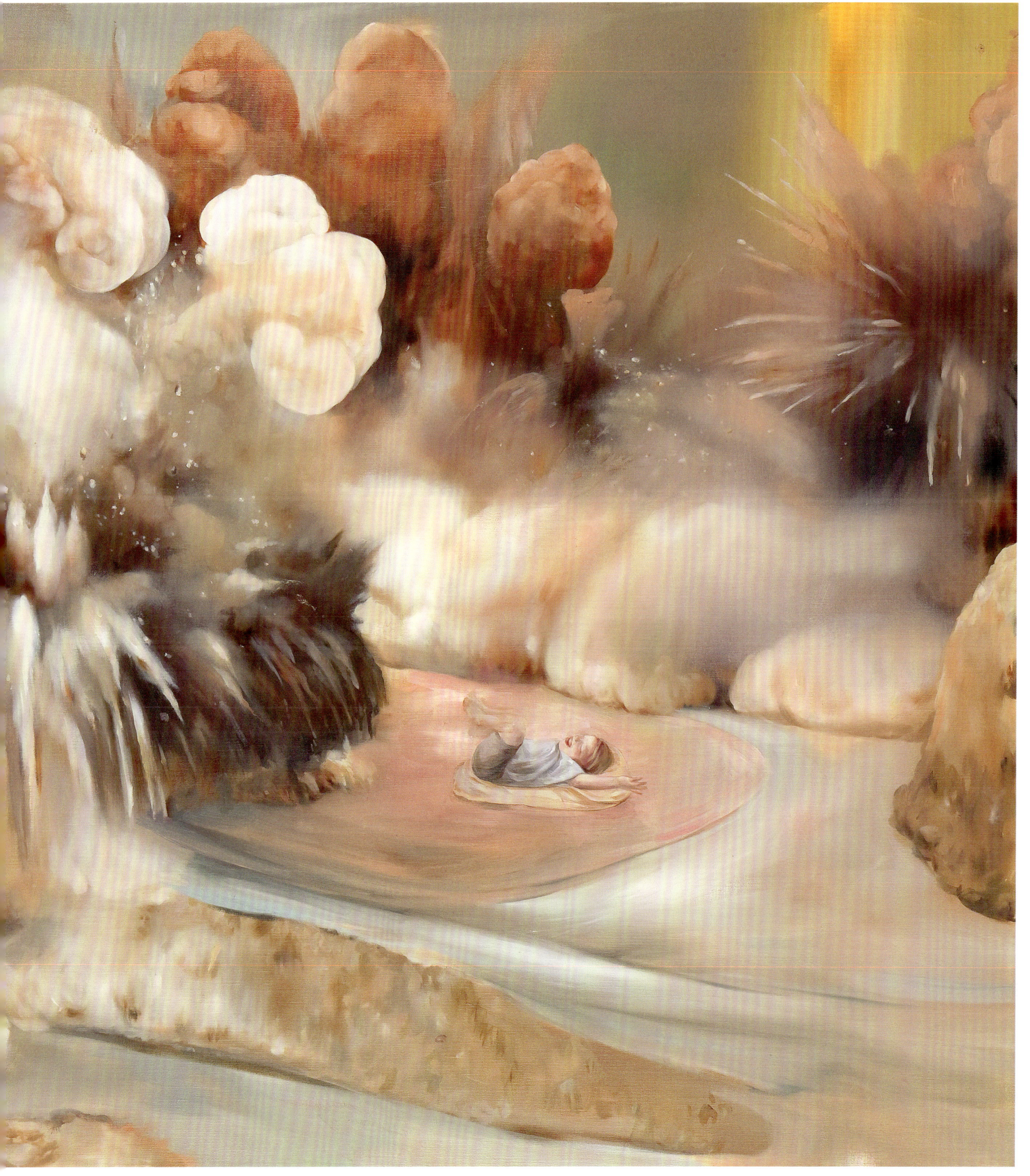

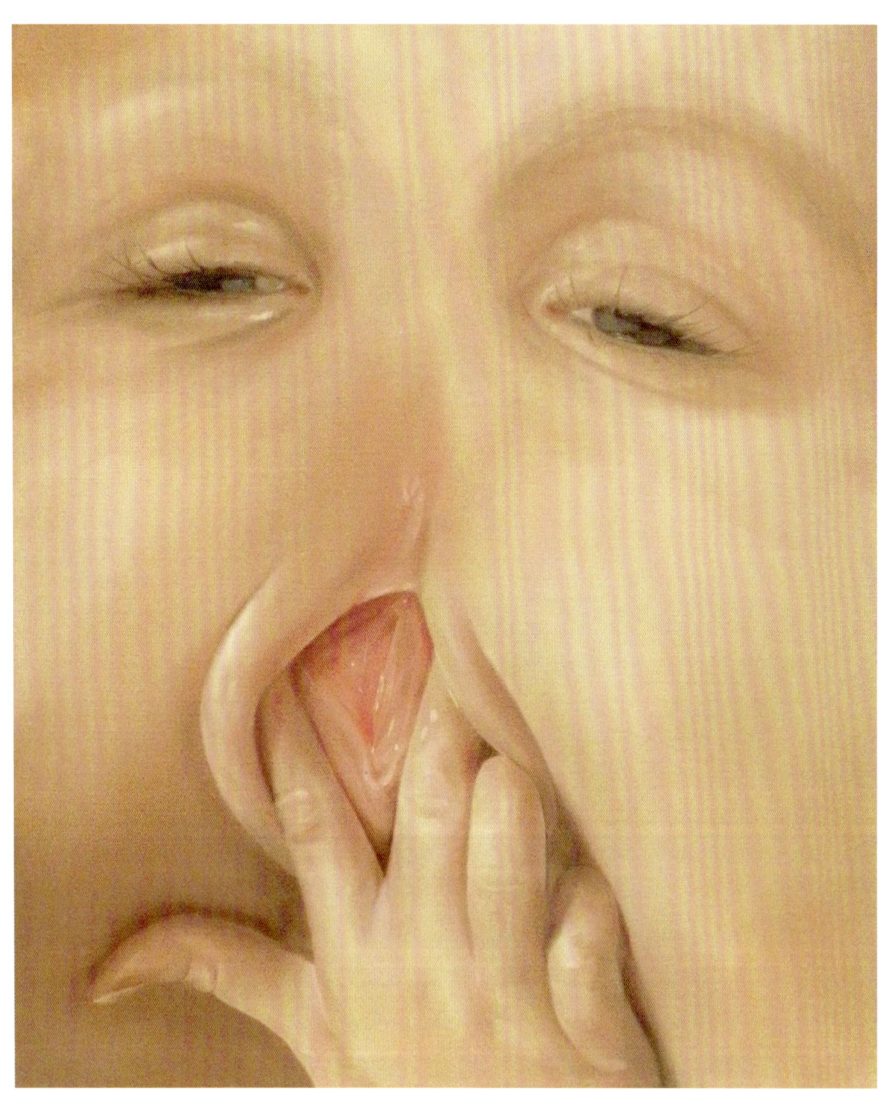

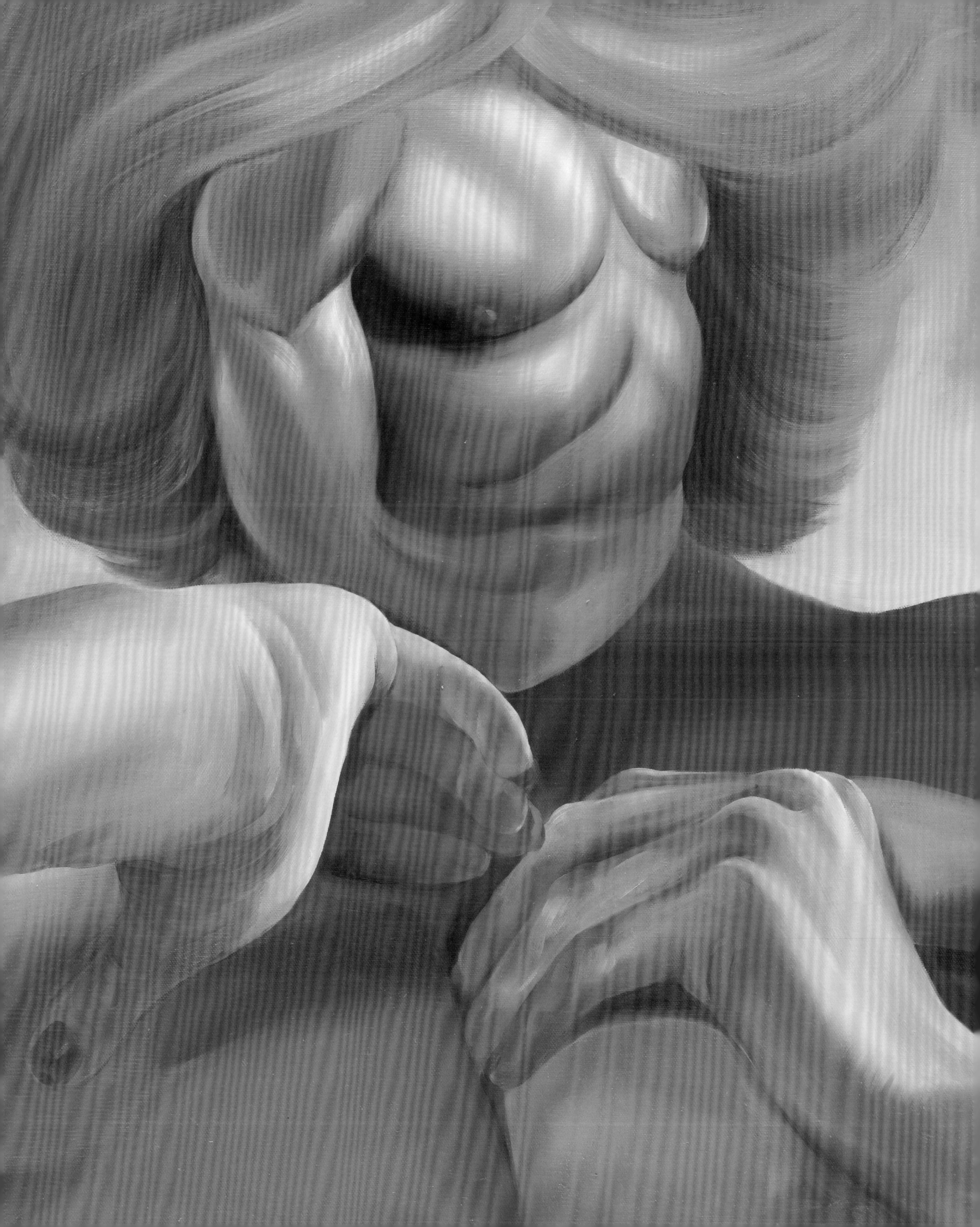

One day,

it was warm;

it was a beautiful day,

white flowers falling from the trees.

Nothing will be the same again.

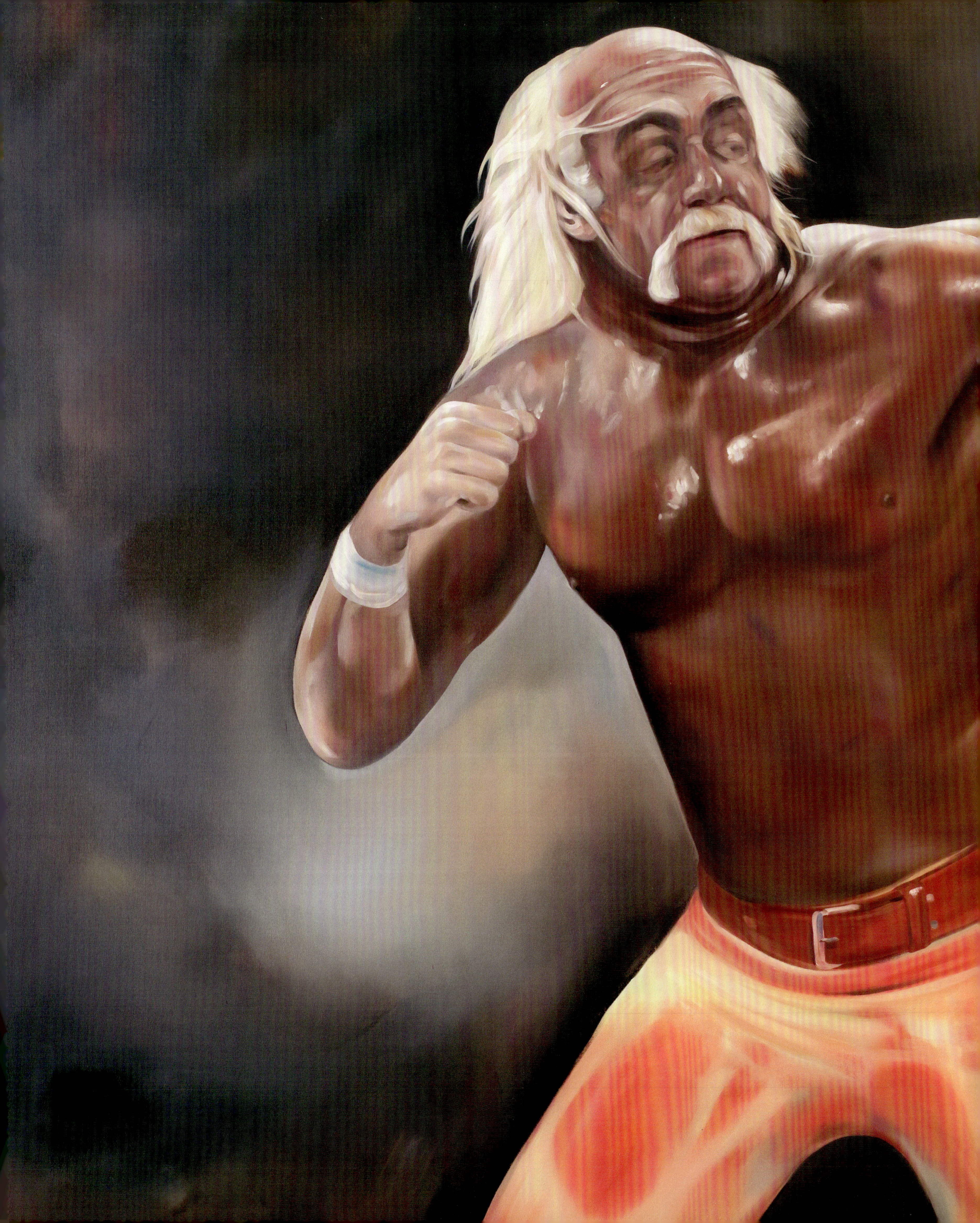

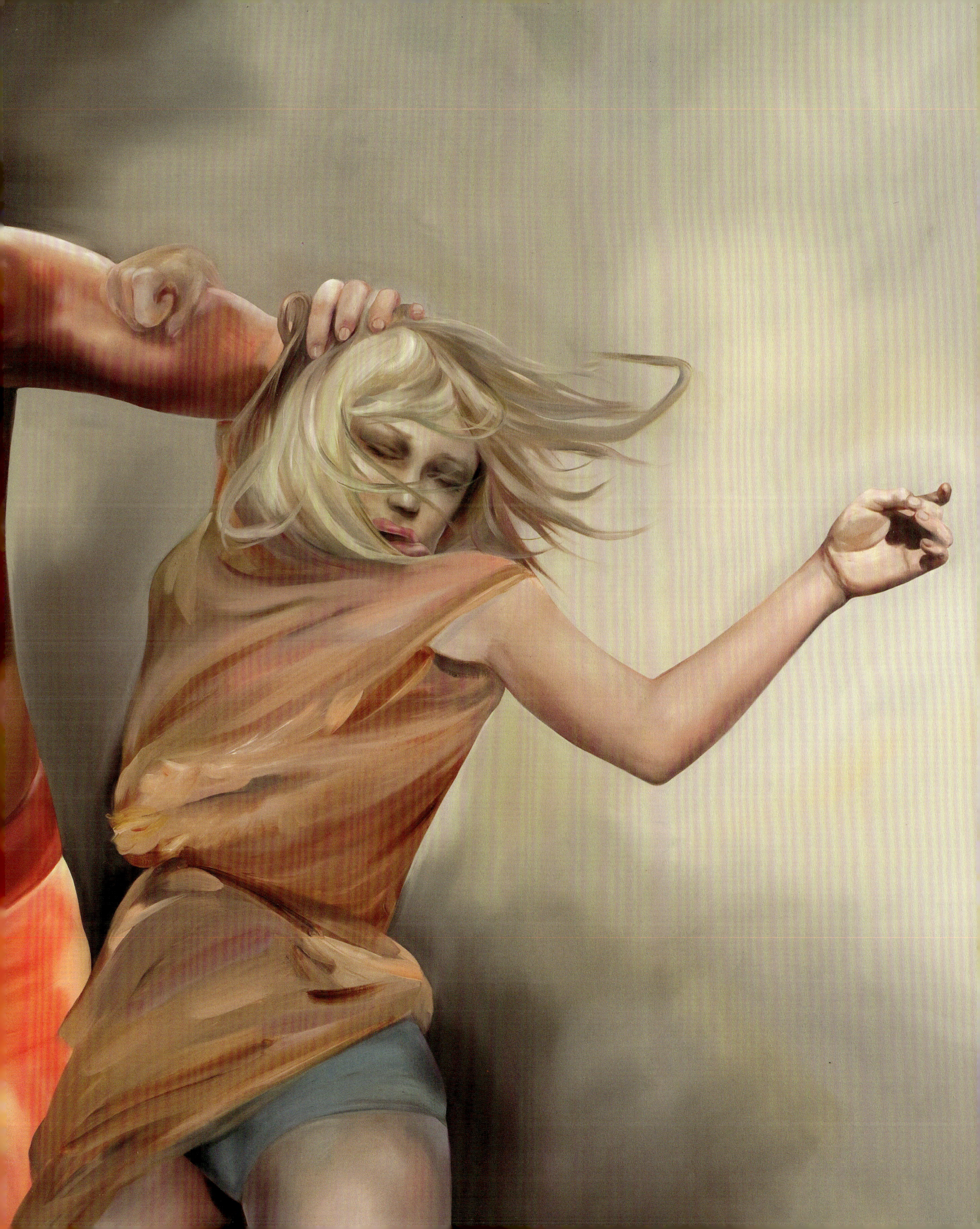

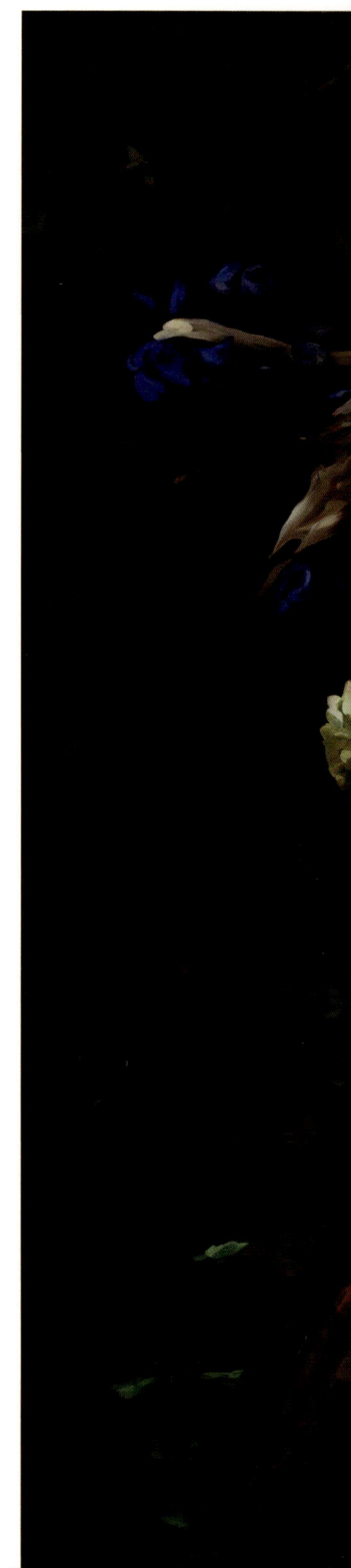

Forever, Oil on canvas, 2013, 190 × 280 cm

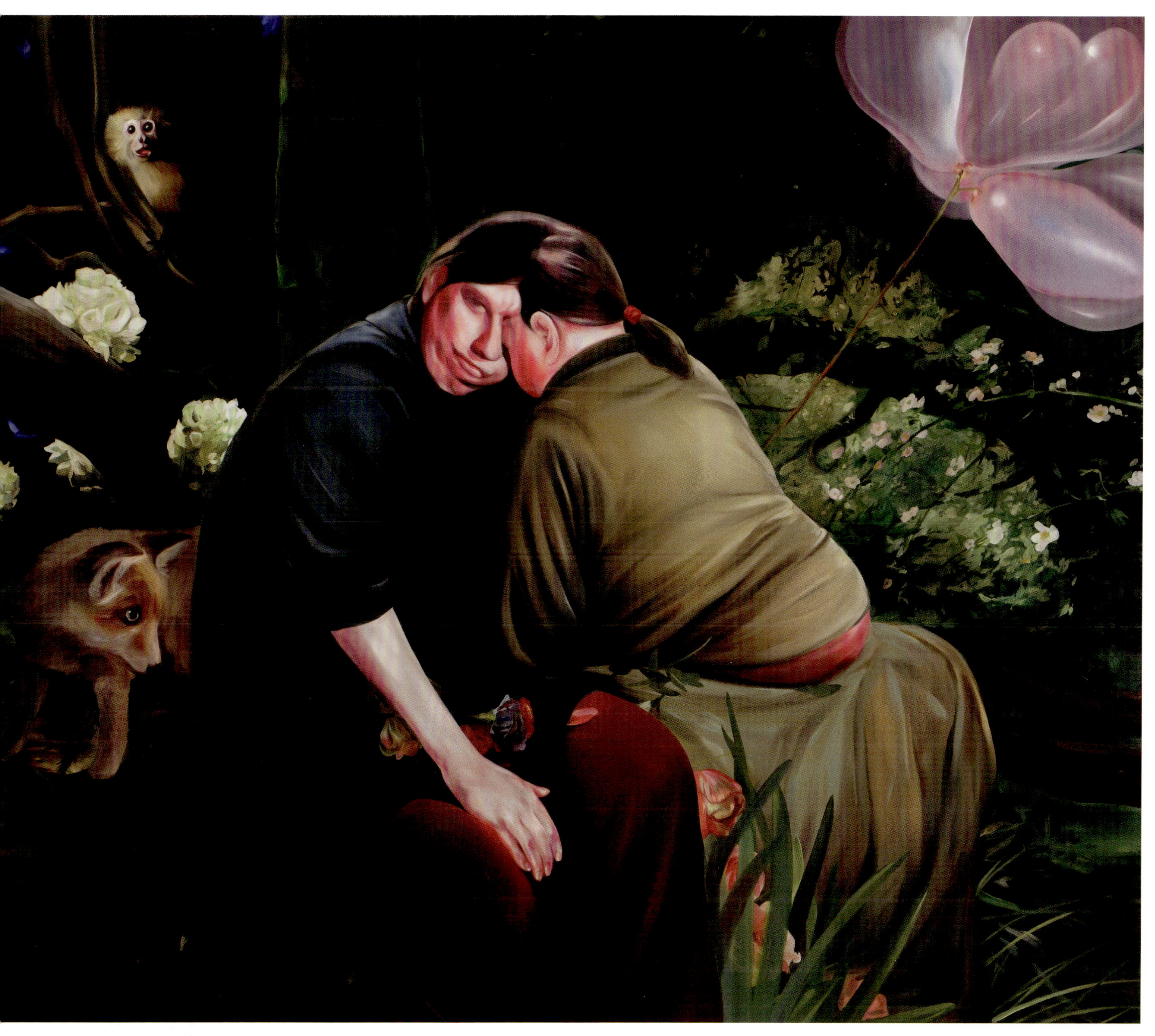

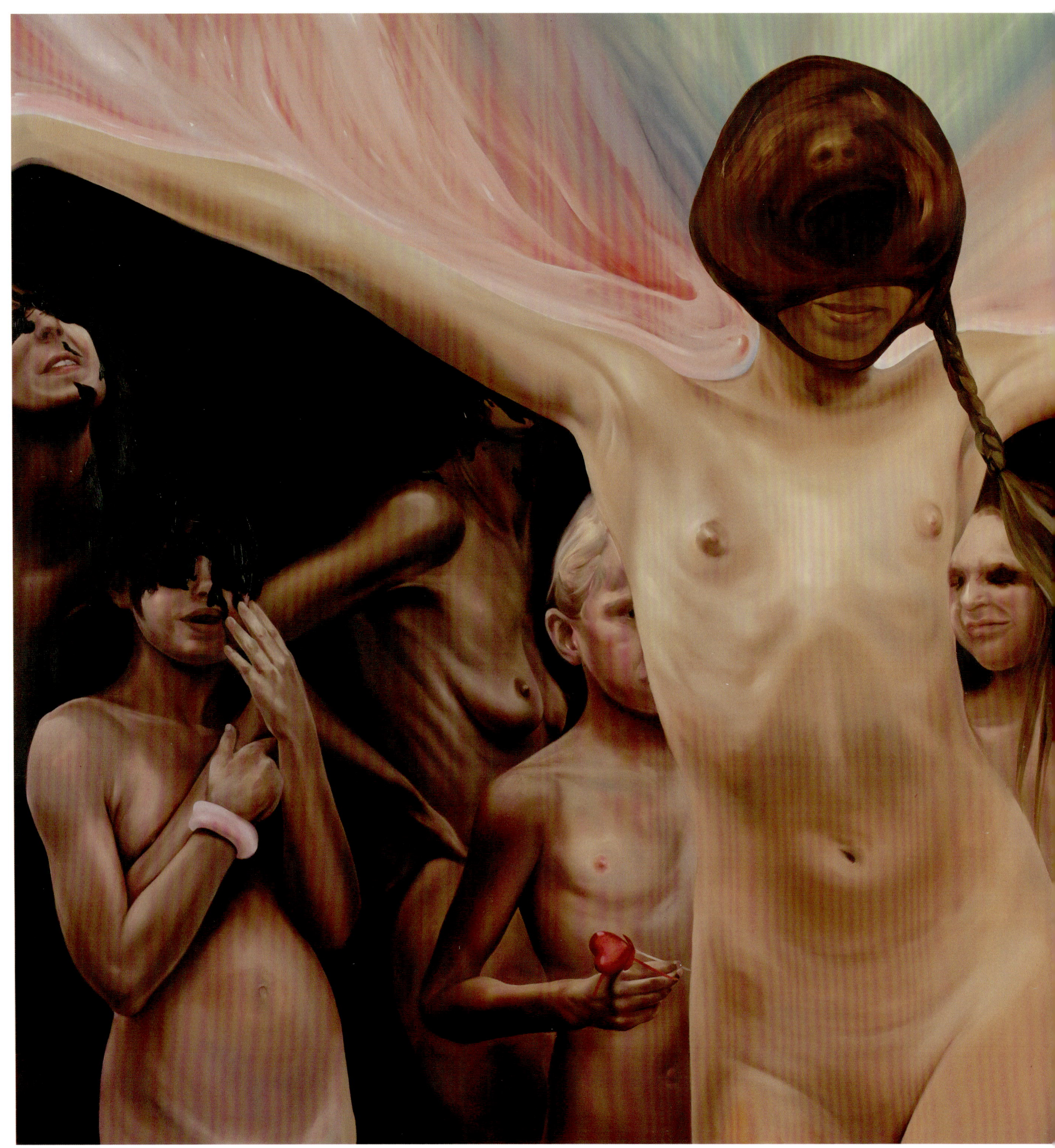

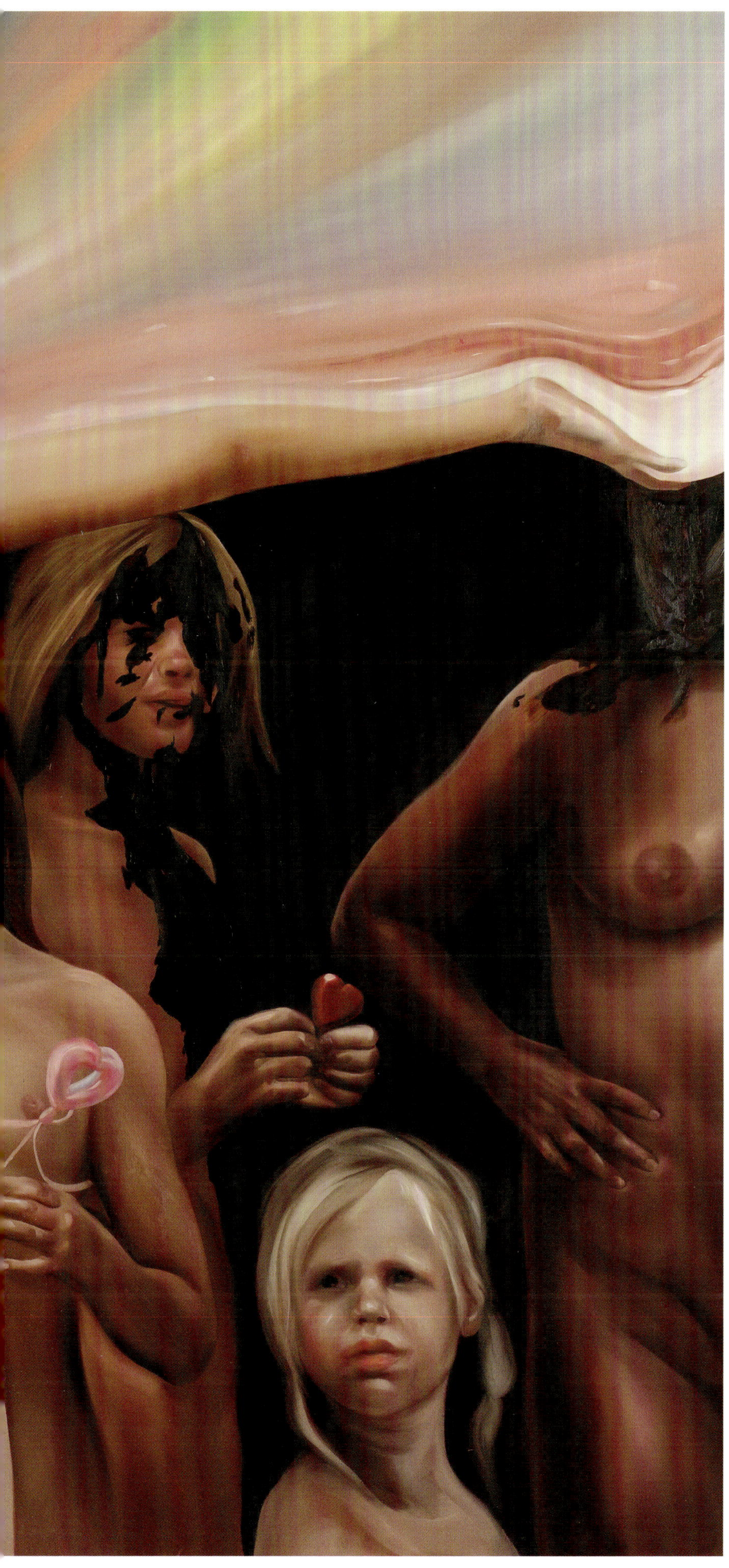

Under the rainbow, Oil on canvas, 2013, 190 × 280 cm

Johnny, Oil on canvas, 2013, 73 × 60 cm

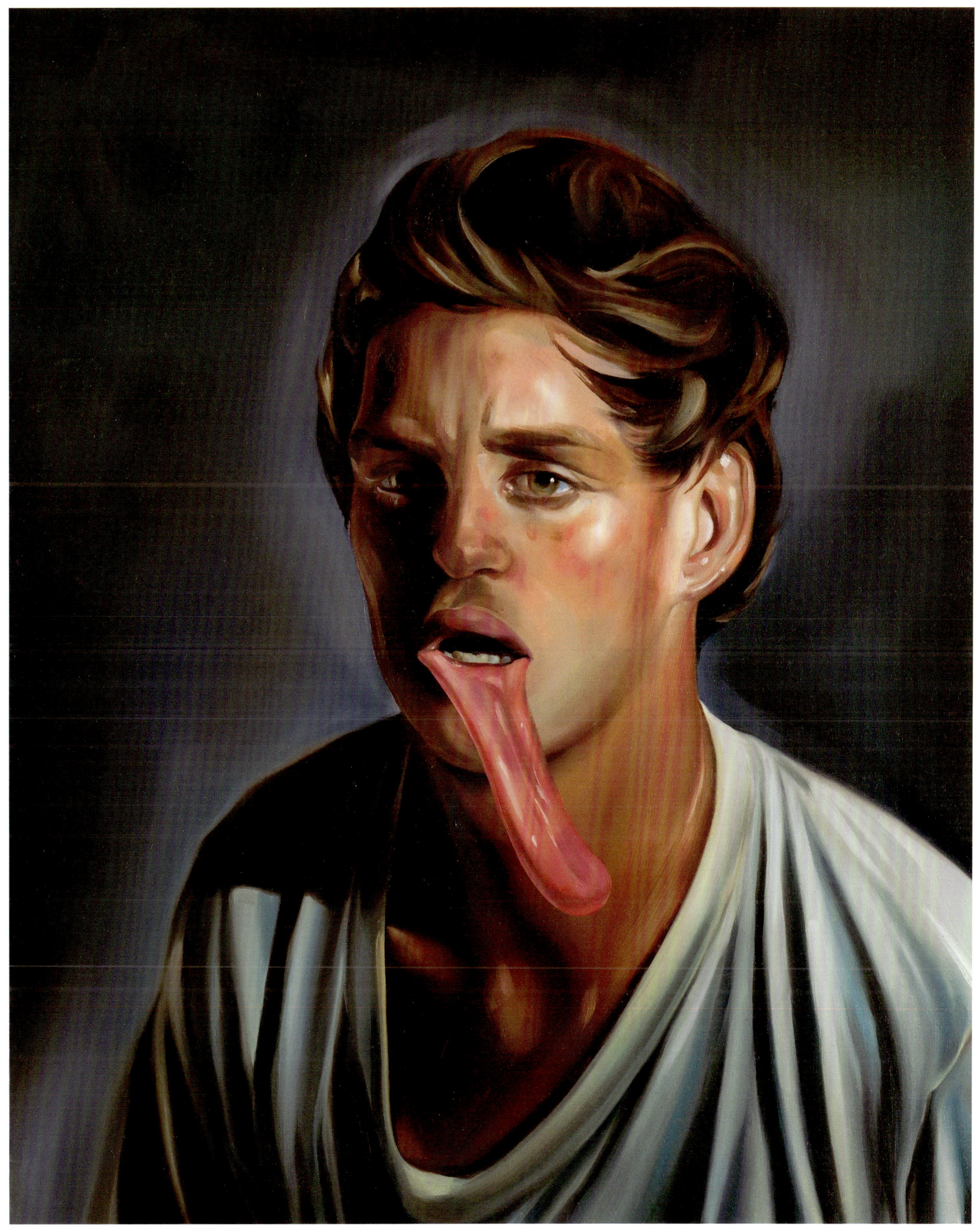

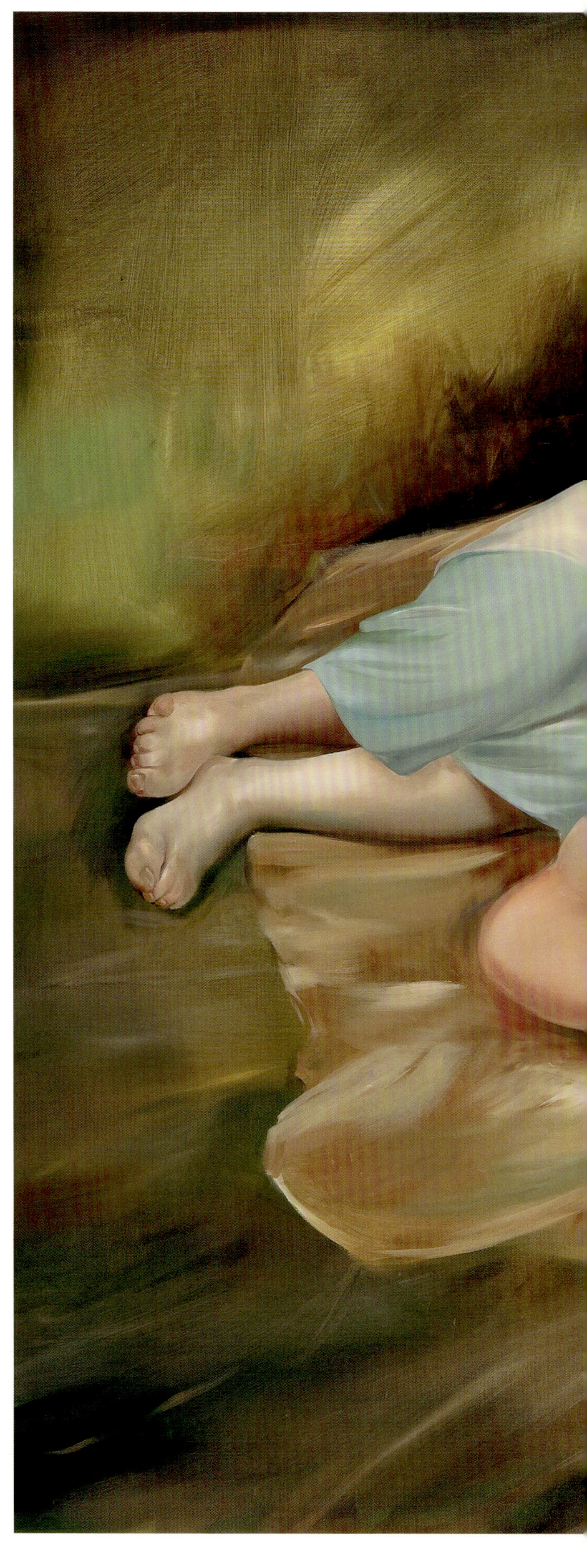

Tender, Oil on canvas, 2009, 150 × 195 cm

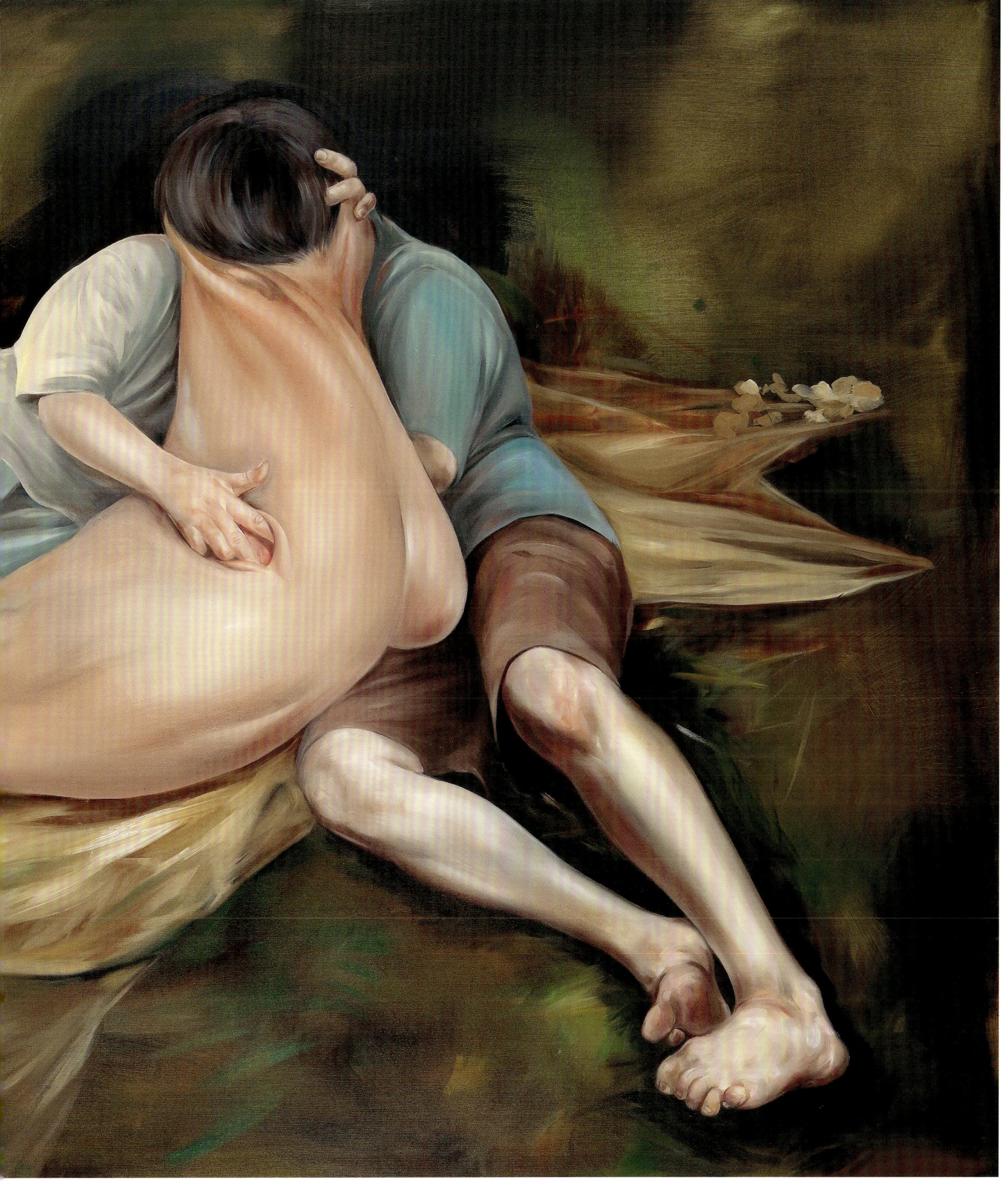

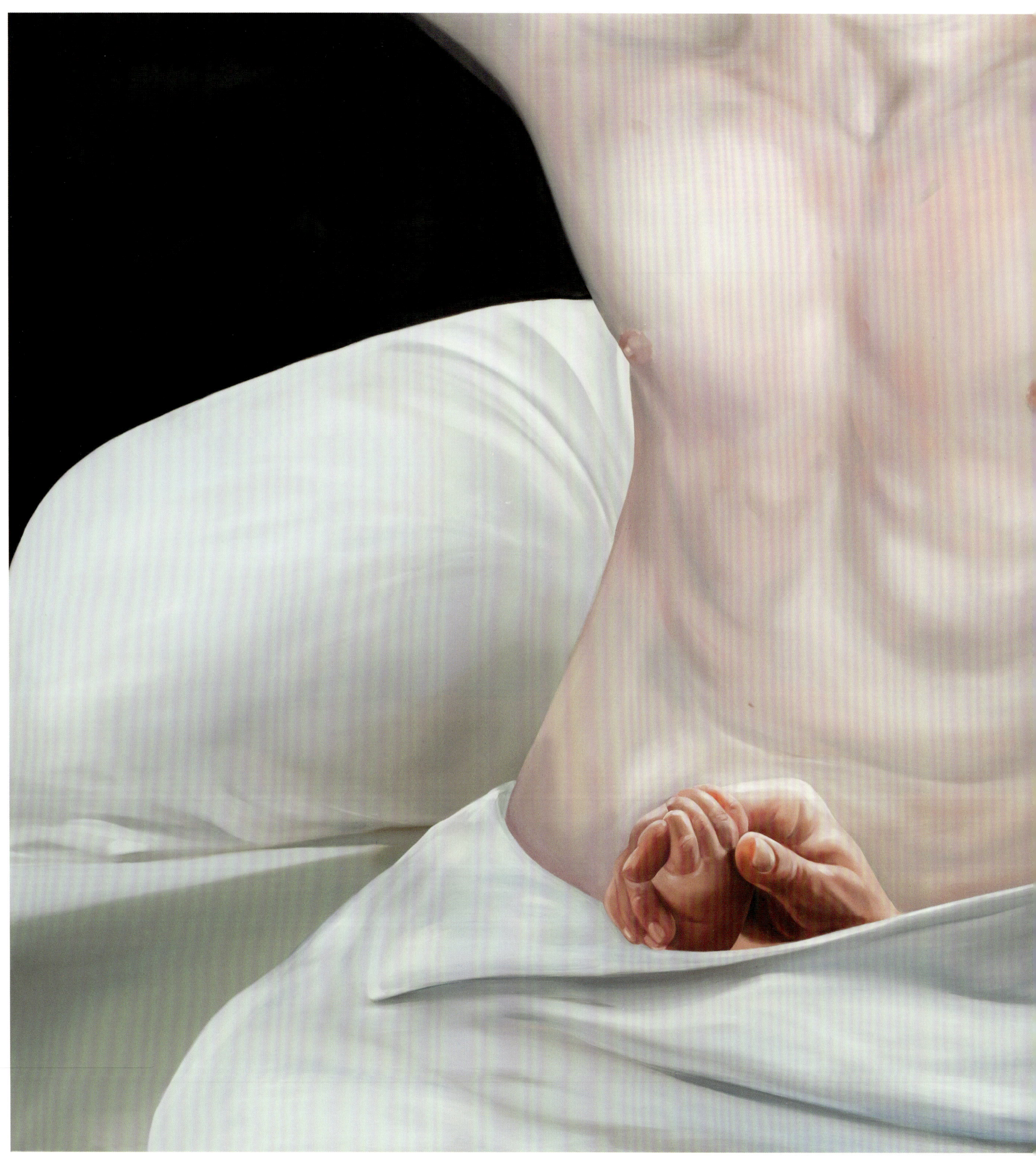

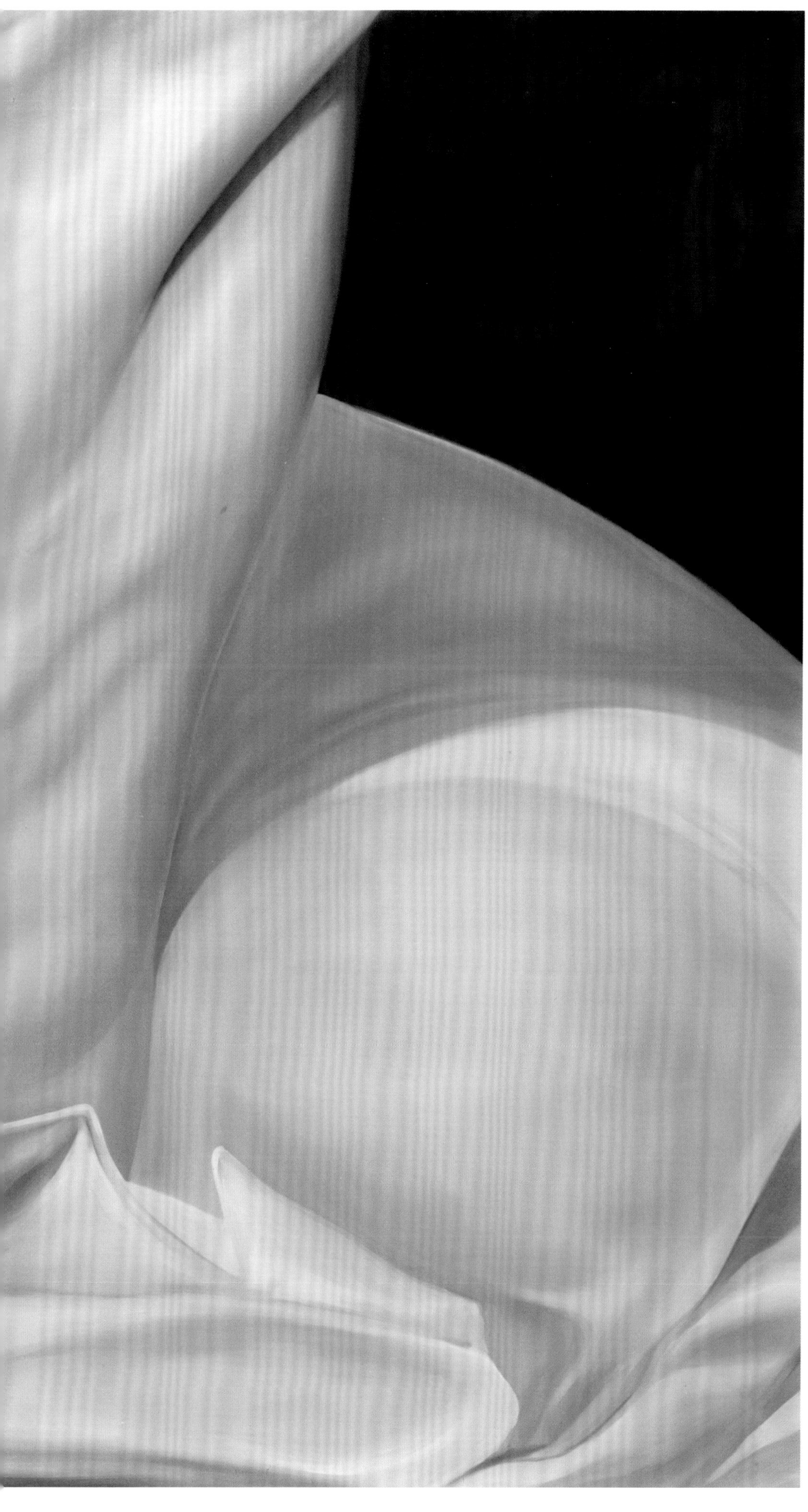

Male Birth, Oil on canvas, 2012, 130.5 × 199 cm

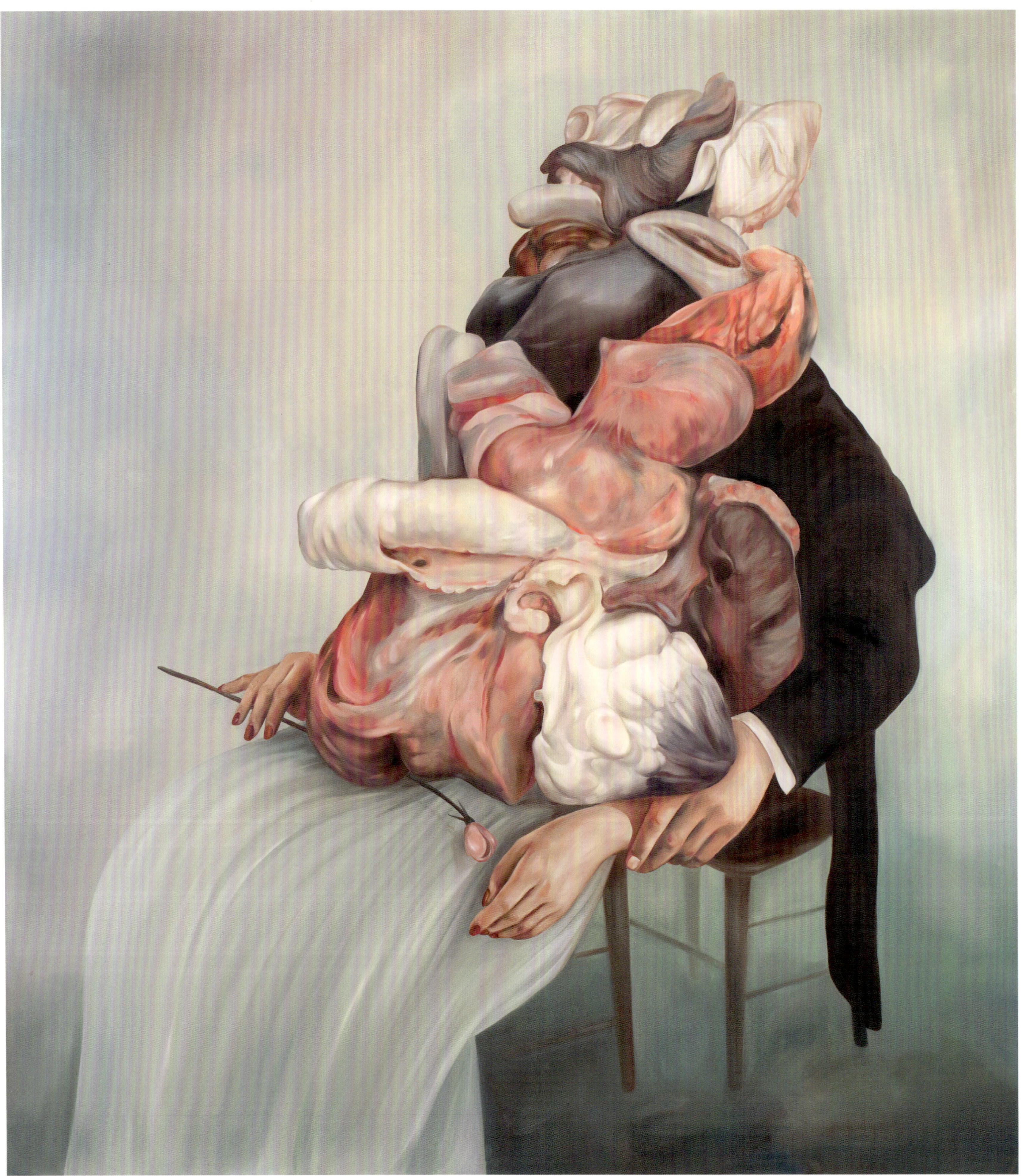

Untitled, Oil on canvas, 2011, 190 × 170 cm

Birth, Oil on canvas, 2011, 162 × 130 cm

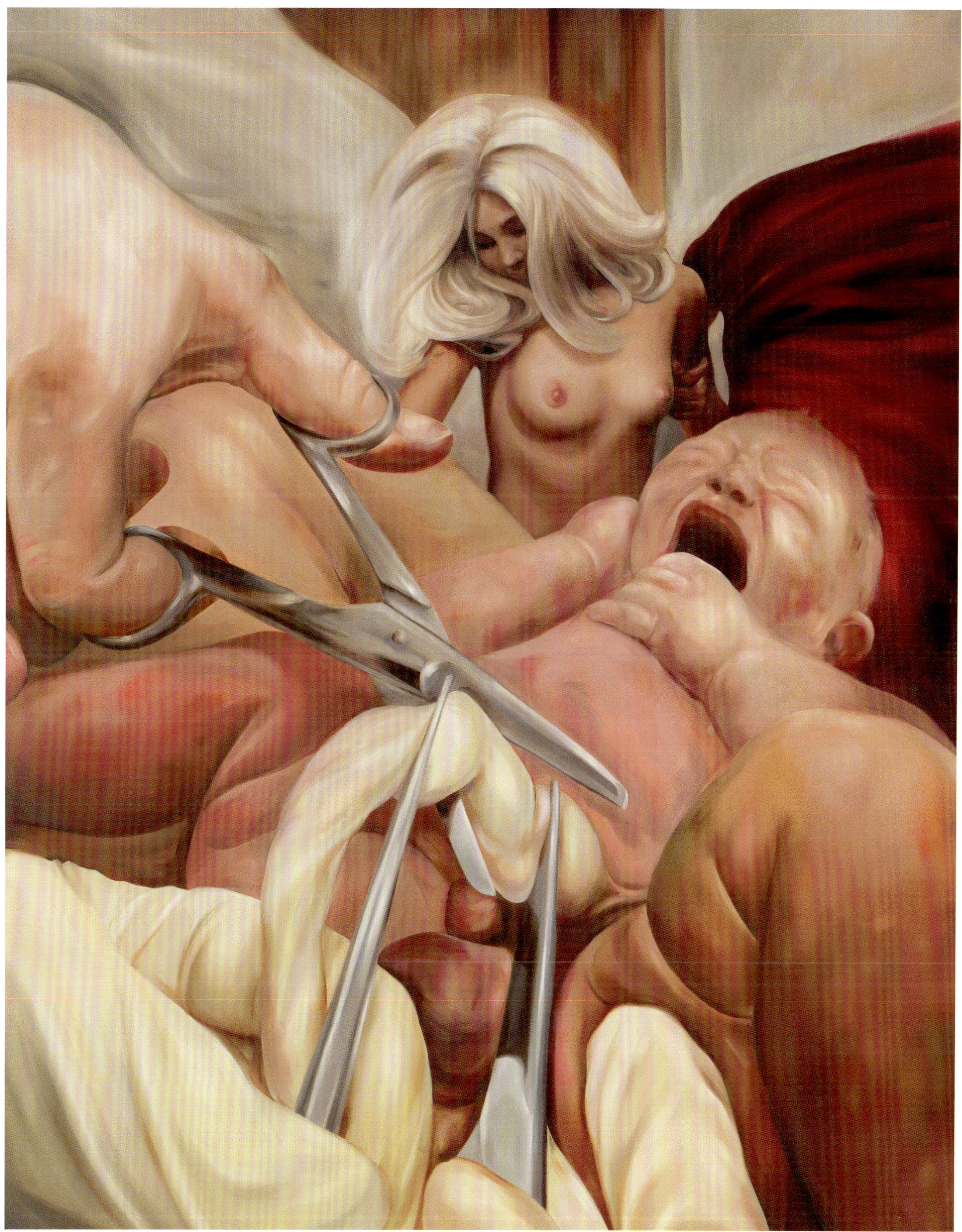

Tears, Oil on canvas, 2012, 70 × 90 cm

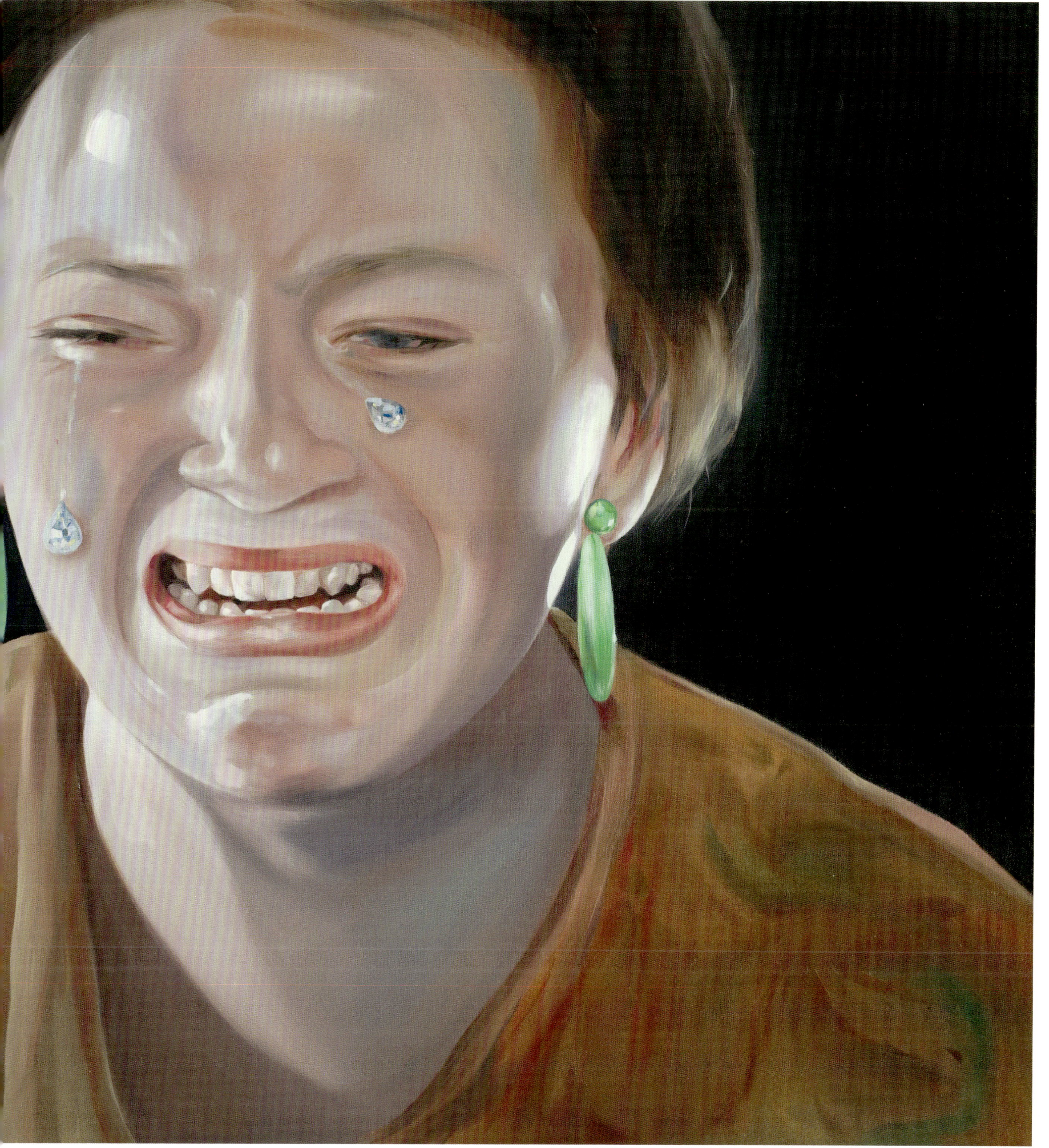

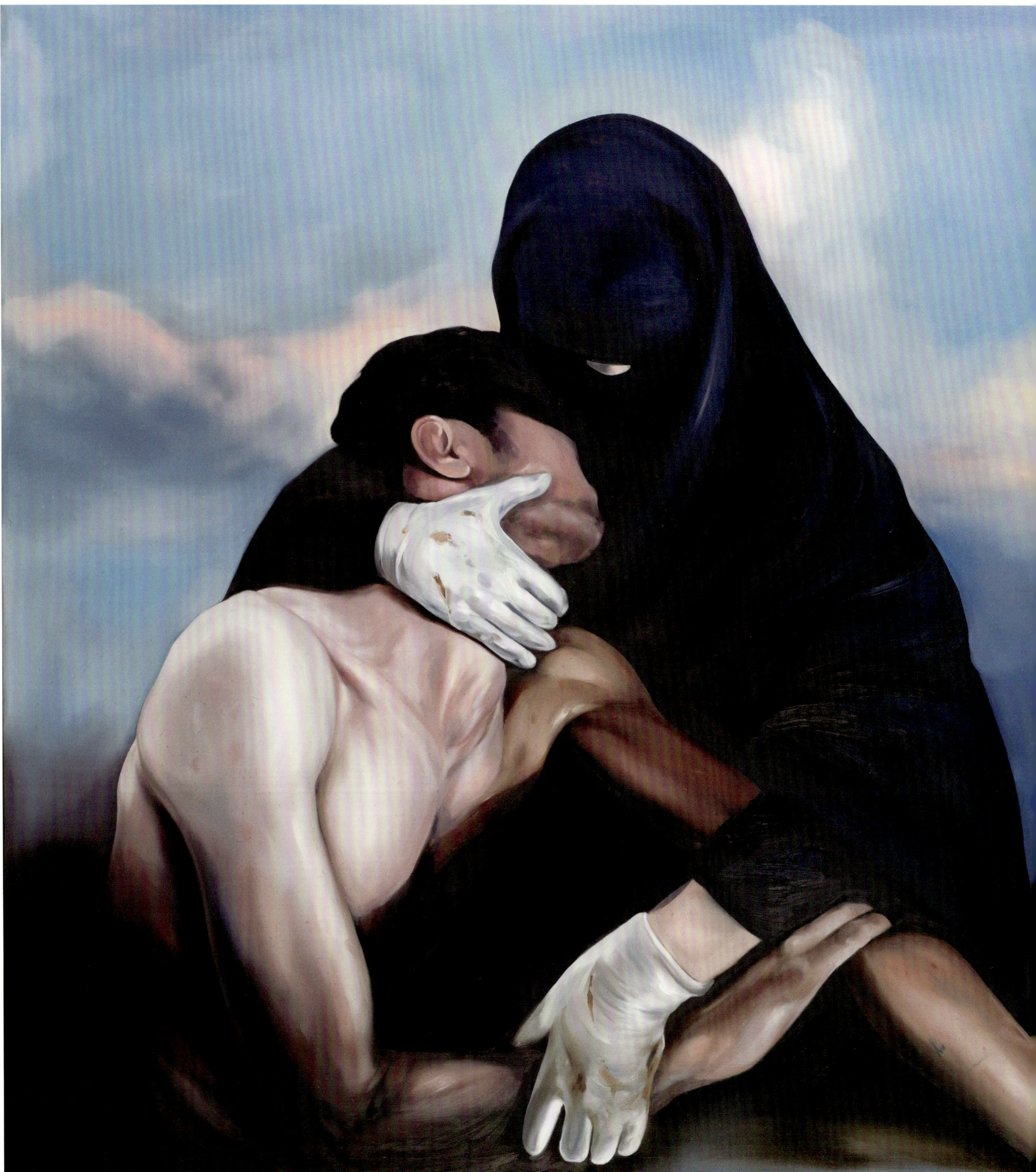

Untitled, Oil on canvas, 2012, 130 × 162 cm

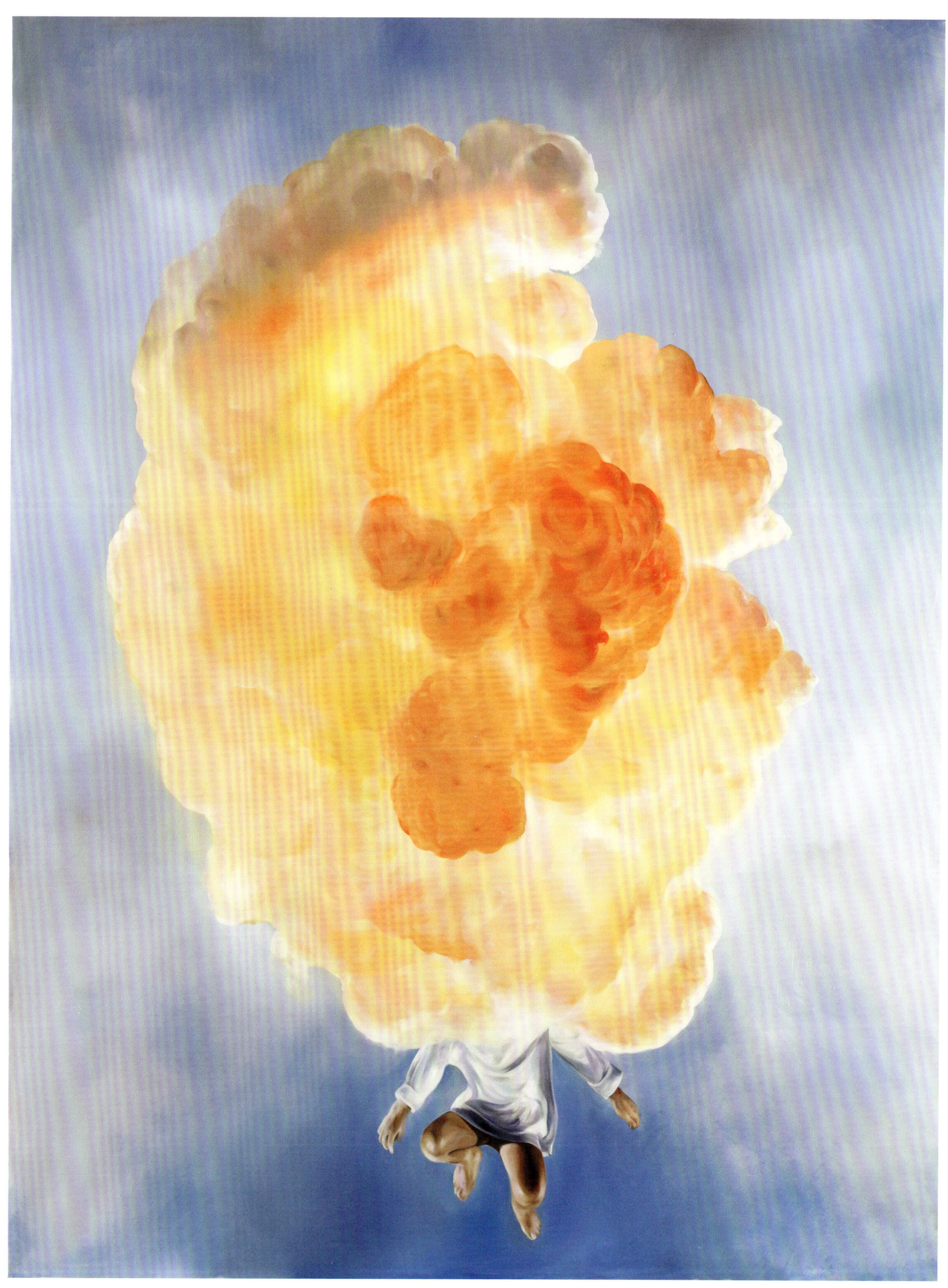

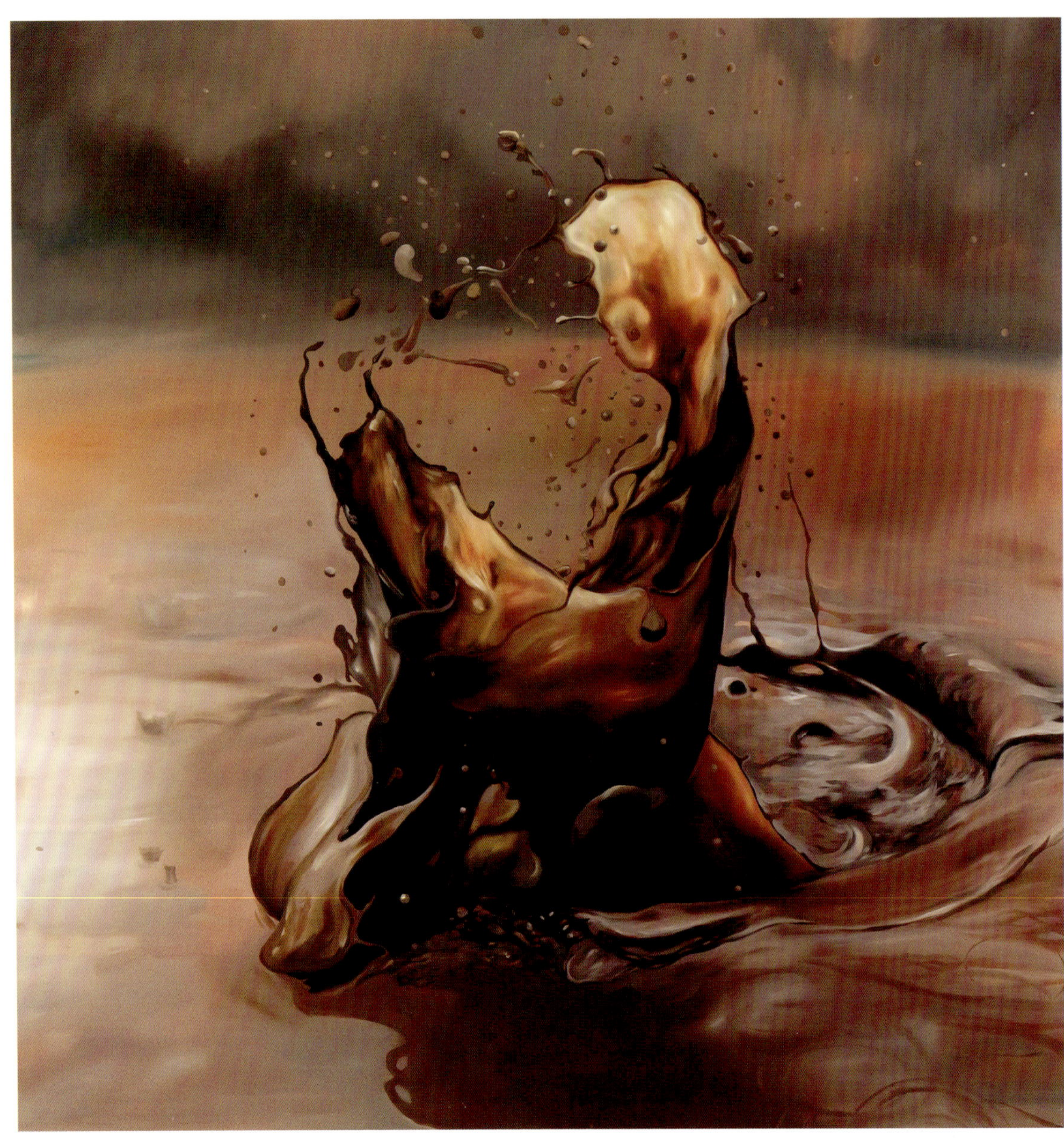

Grace Sililka, Oil on canvas, 2010, 185 × 180 cm

Untitled, Oil on canvas, 2011, 65 × 54 cm

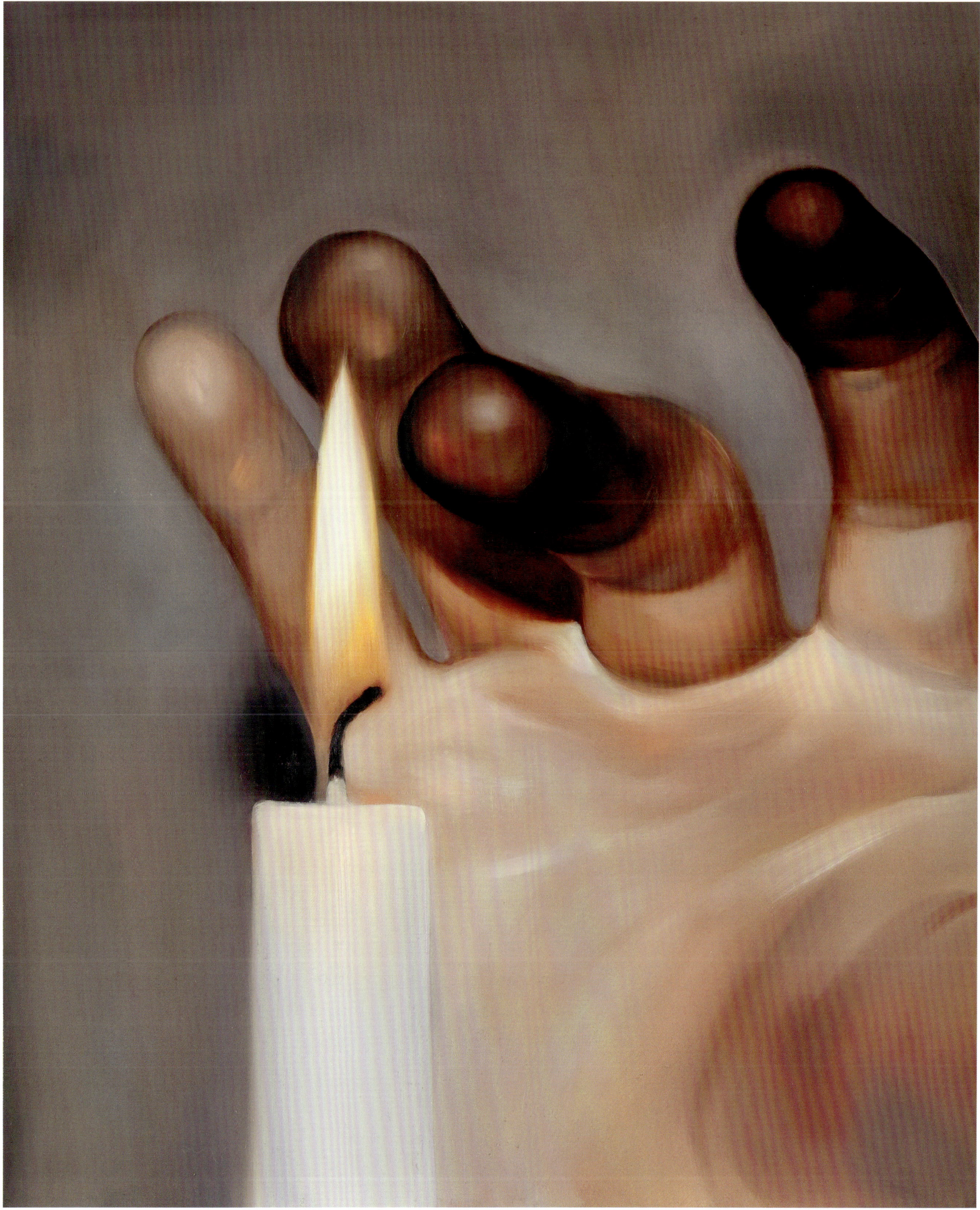

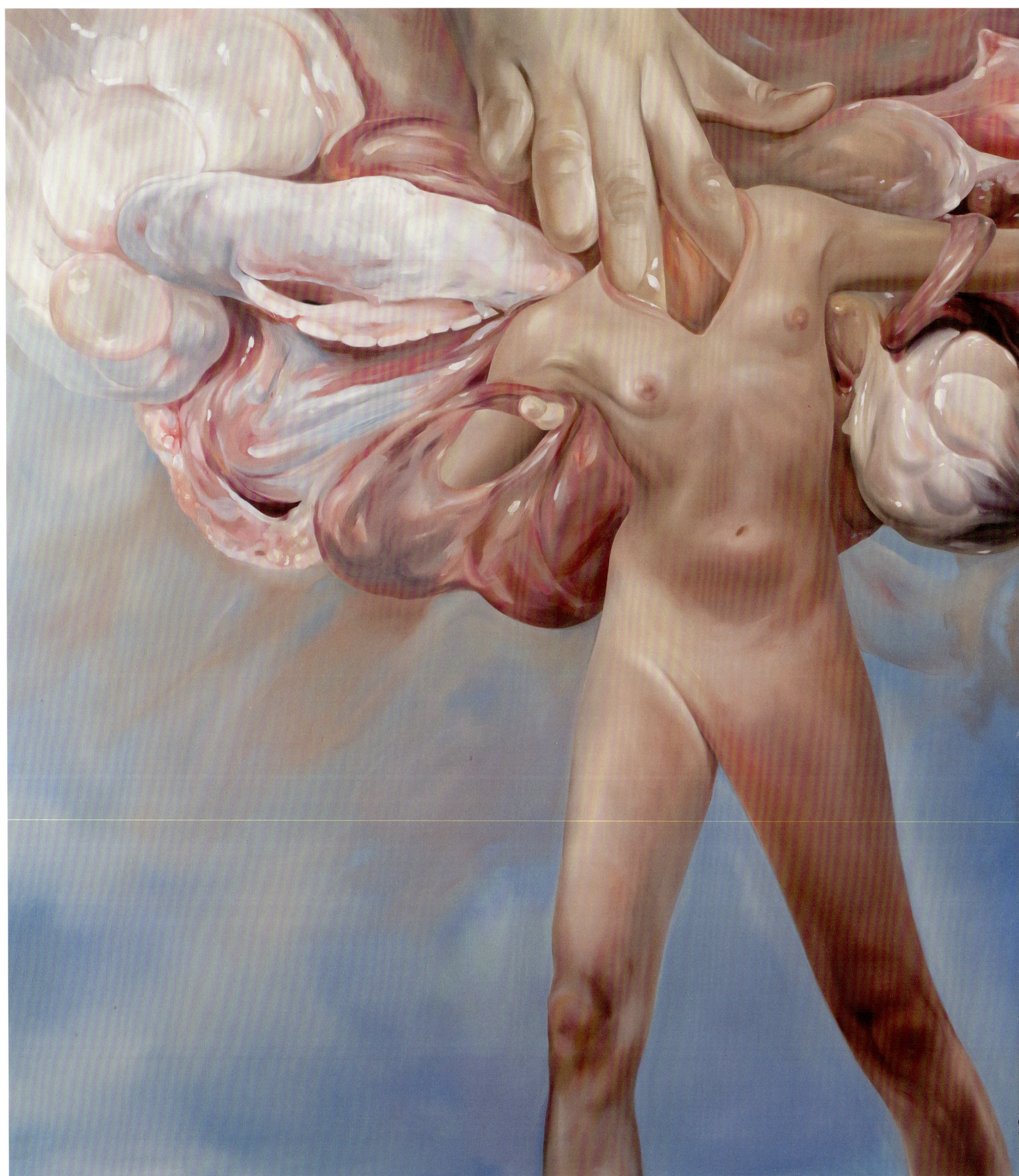

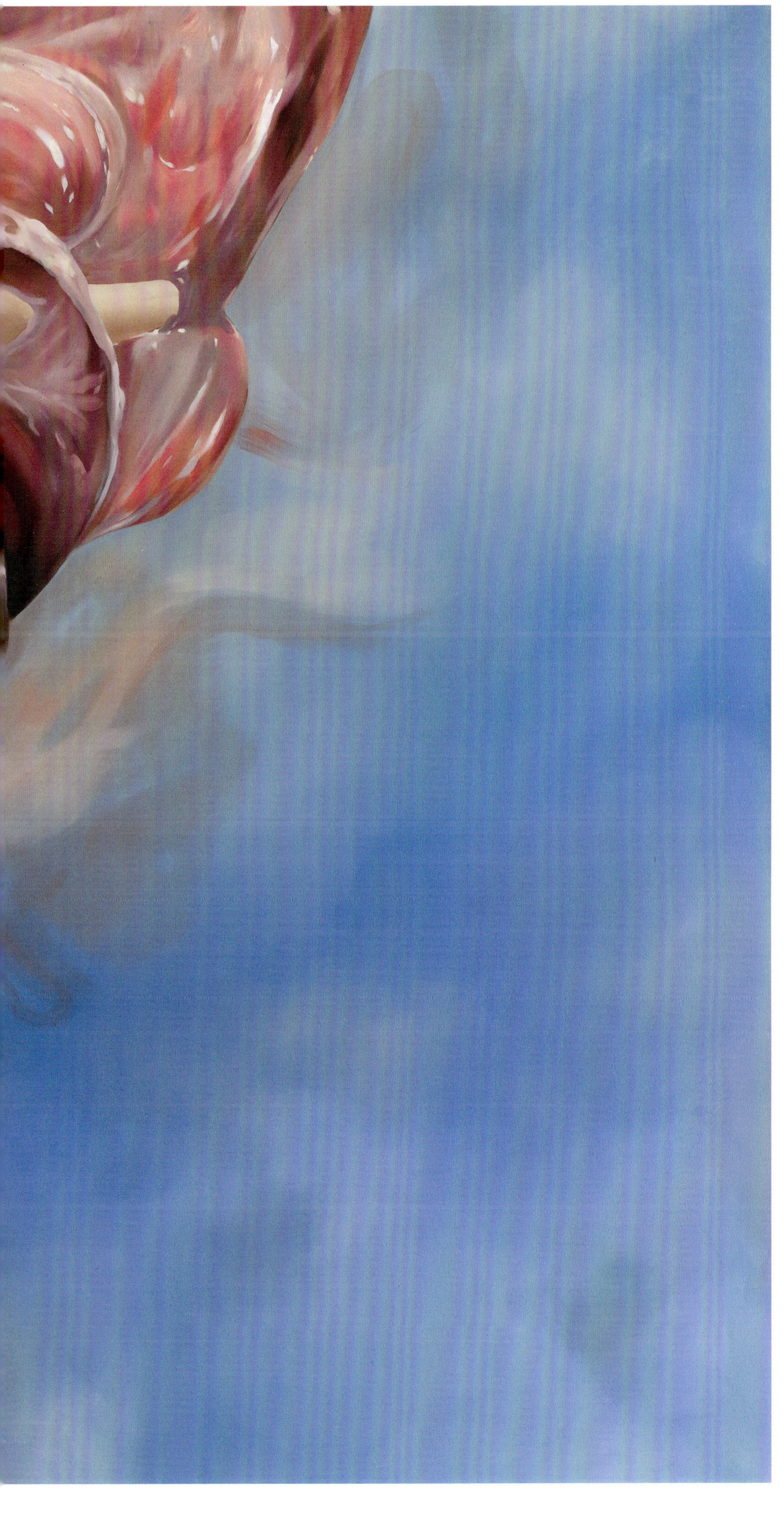

être chairs, Oil on canvas, 2013, 190 × 280 cm

Works on Paper

2000–2015

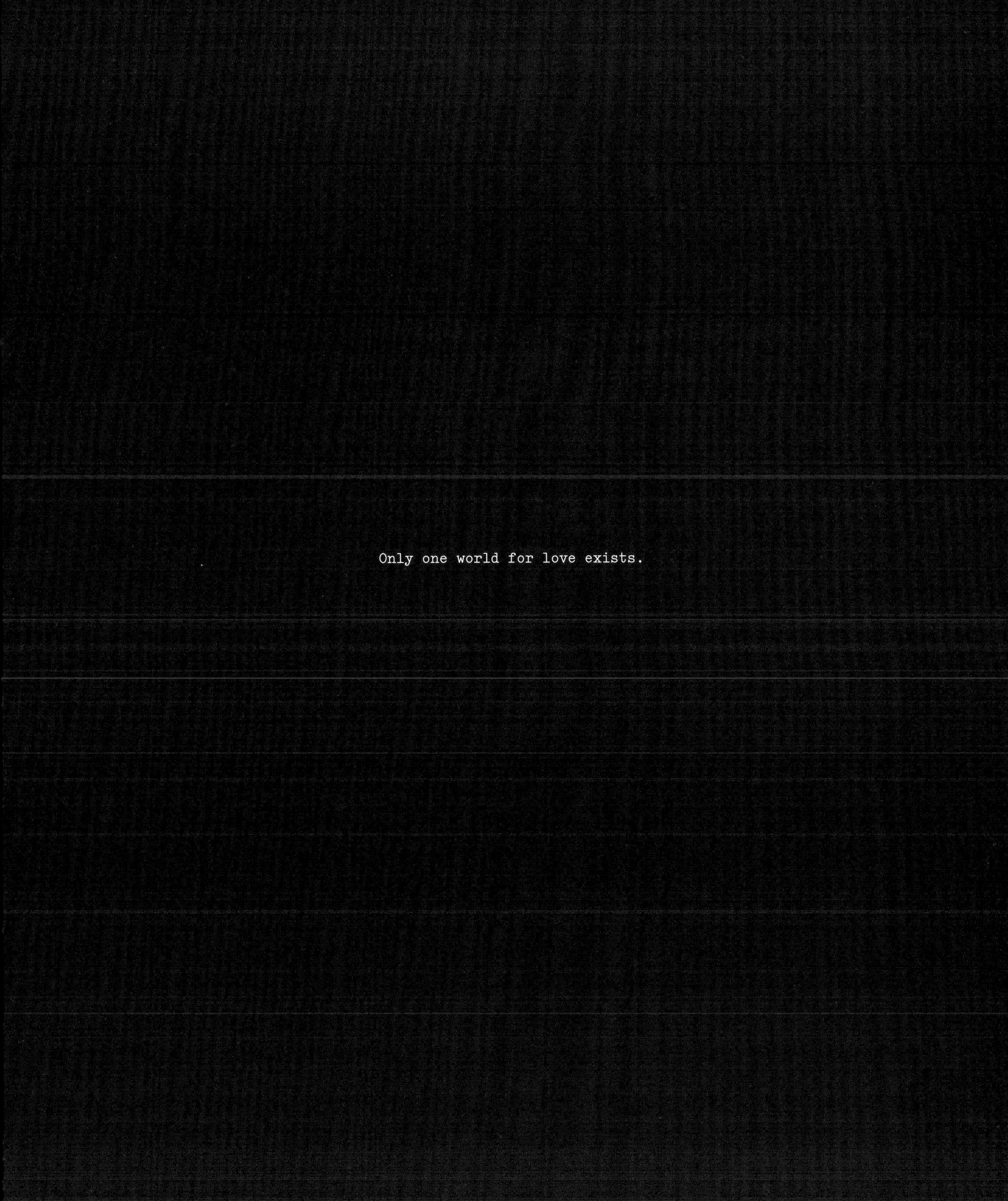

Only one world for love exists.

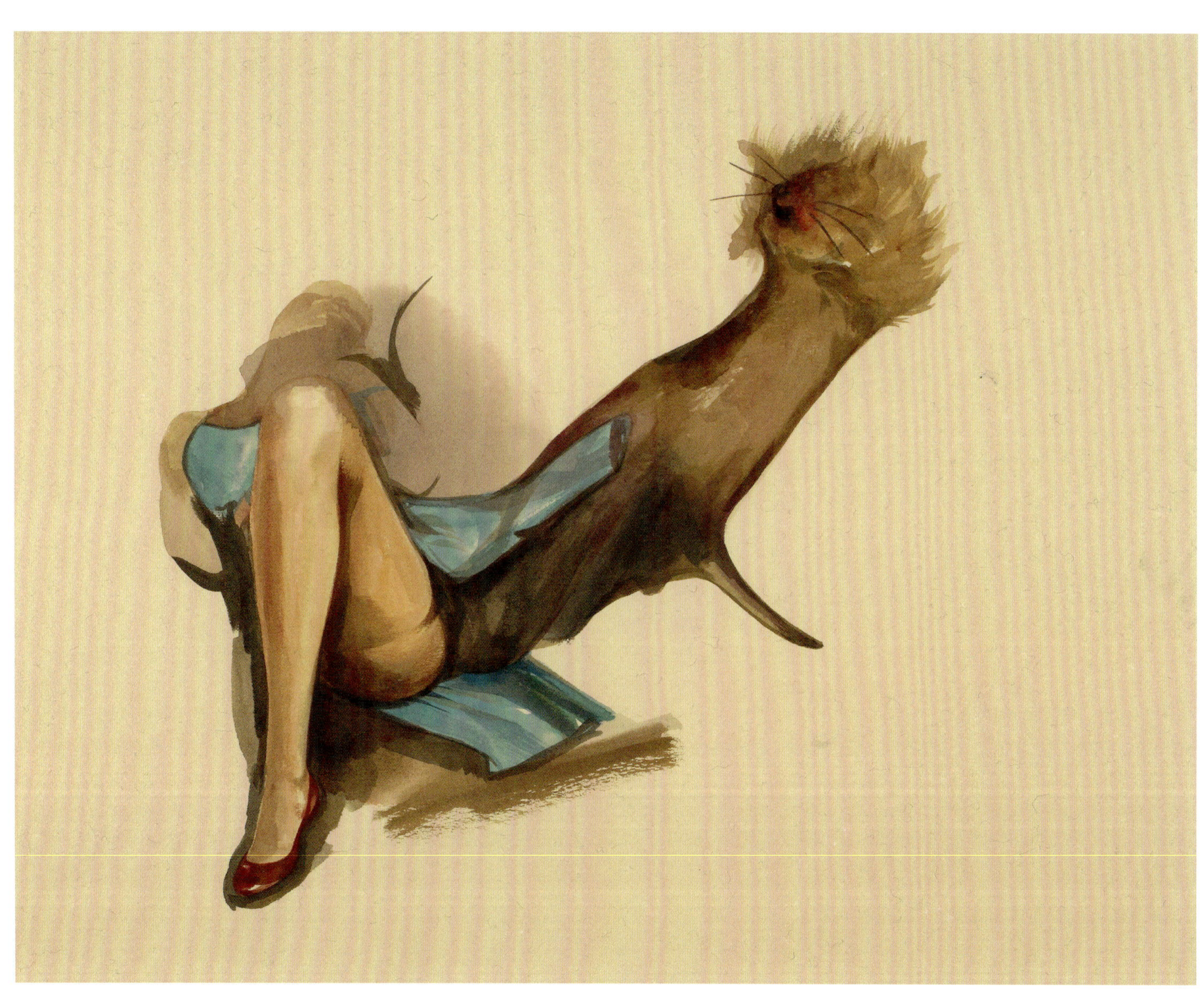

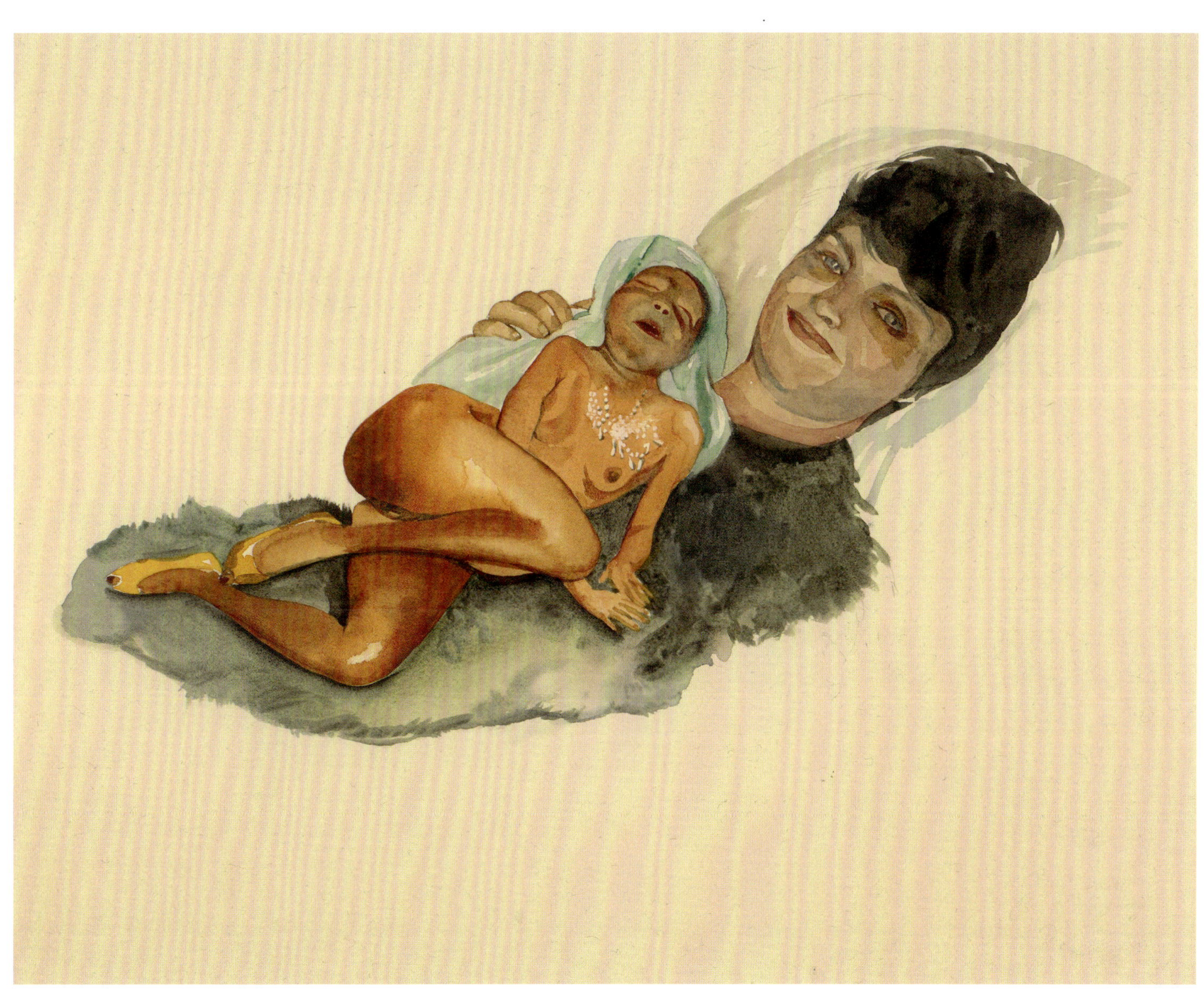

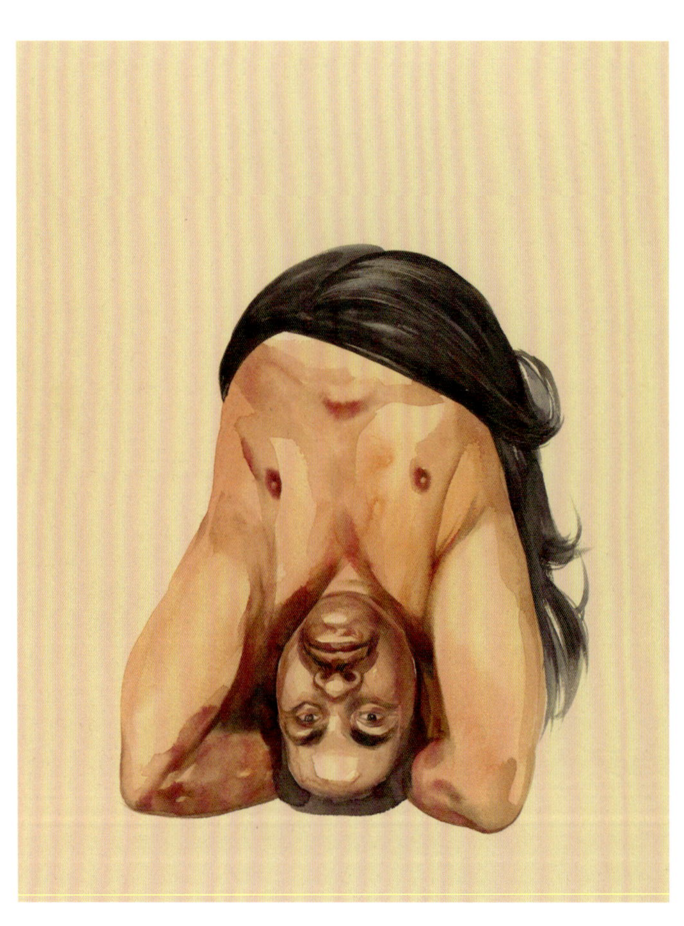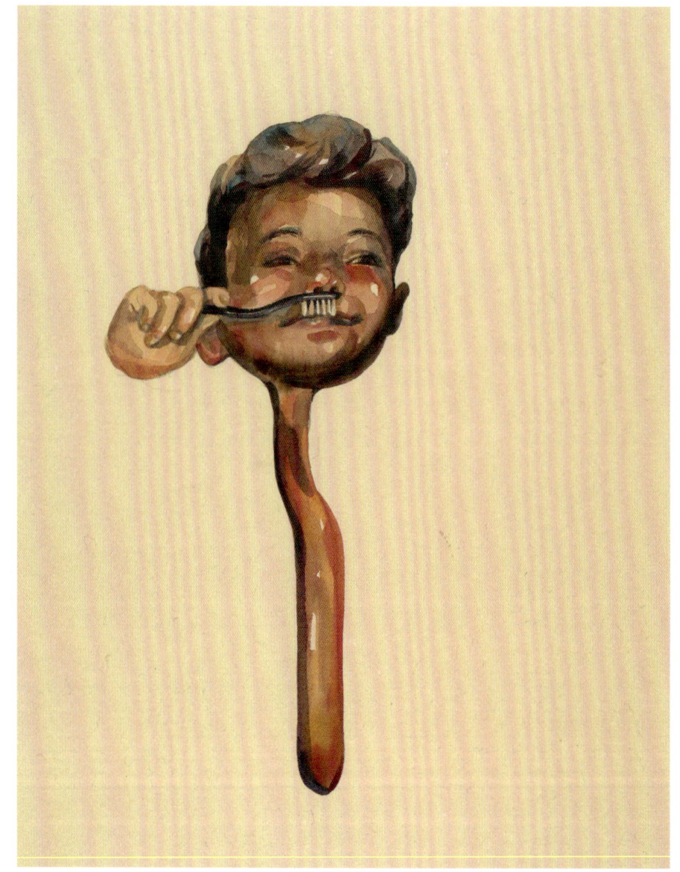

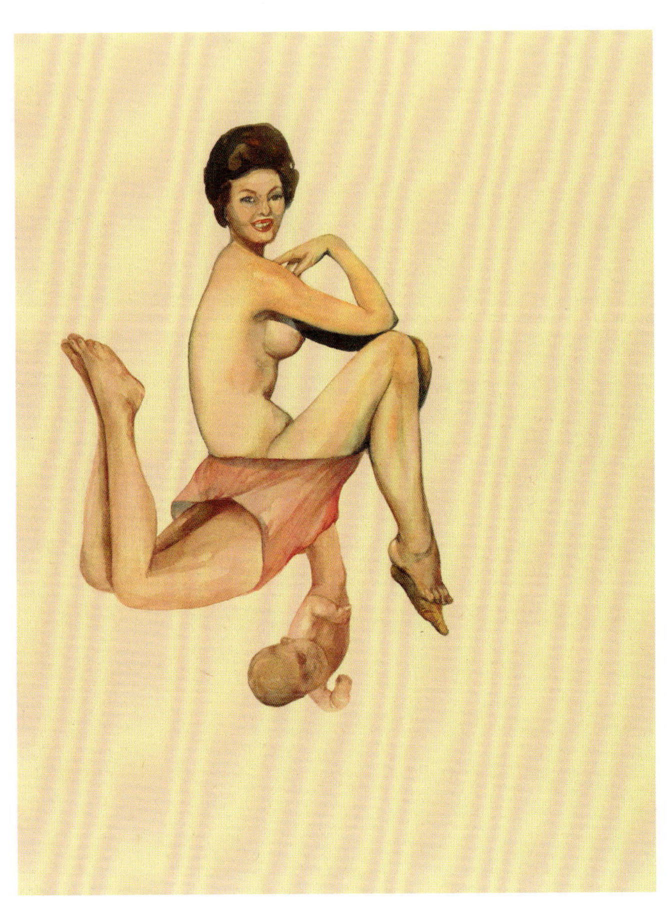

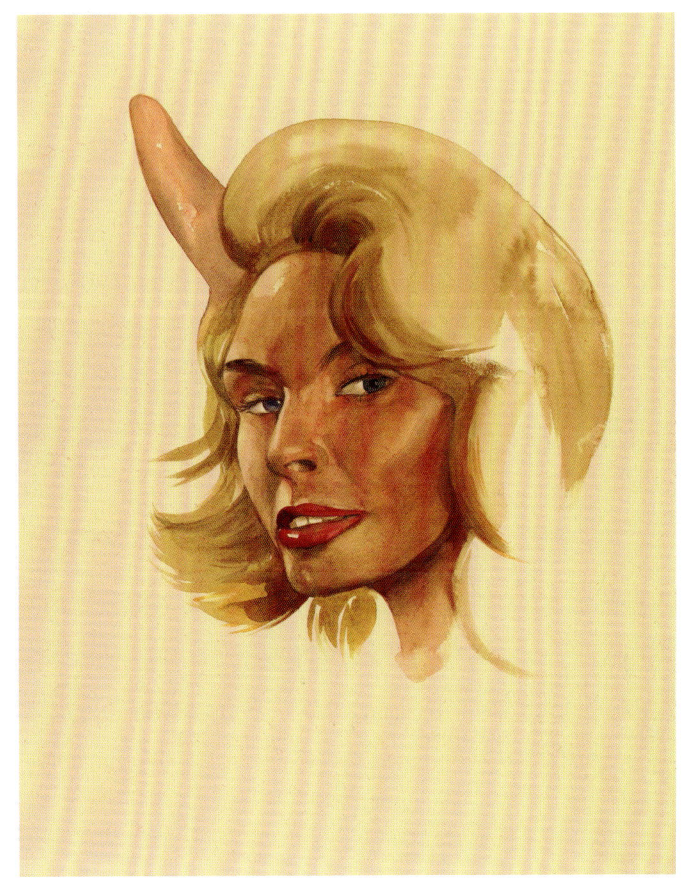

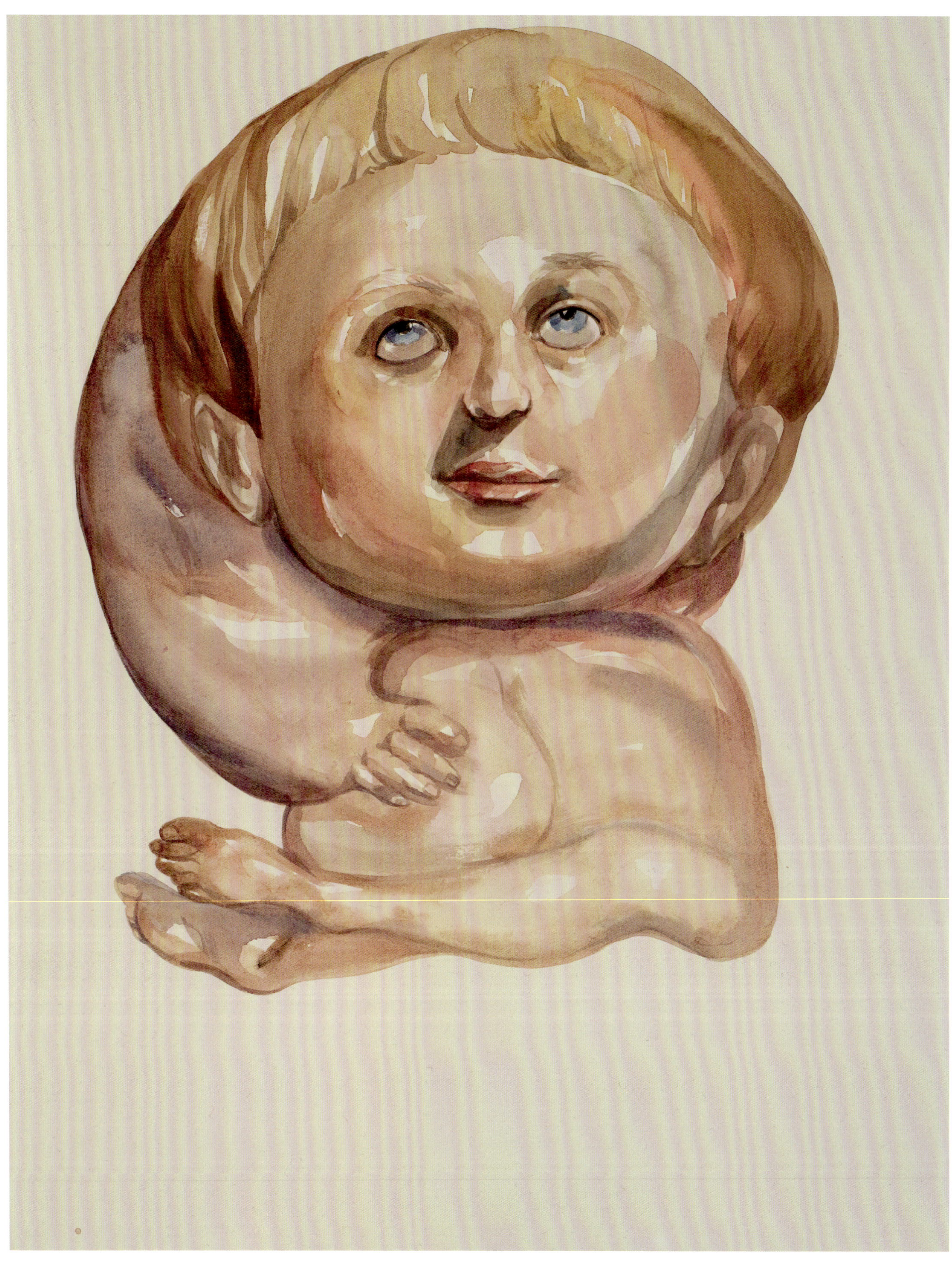

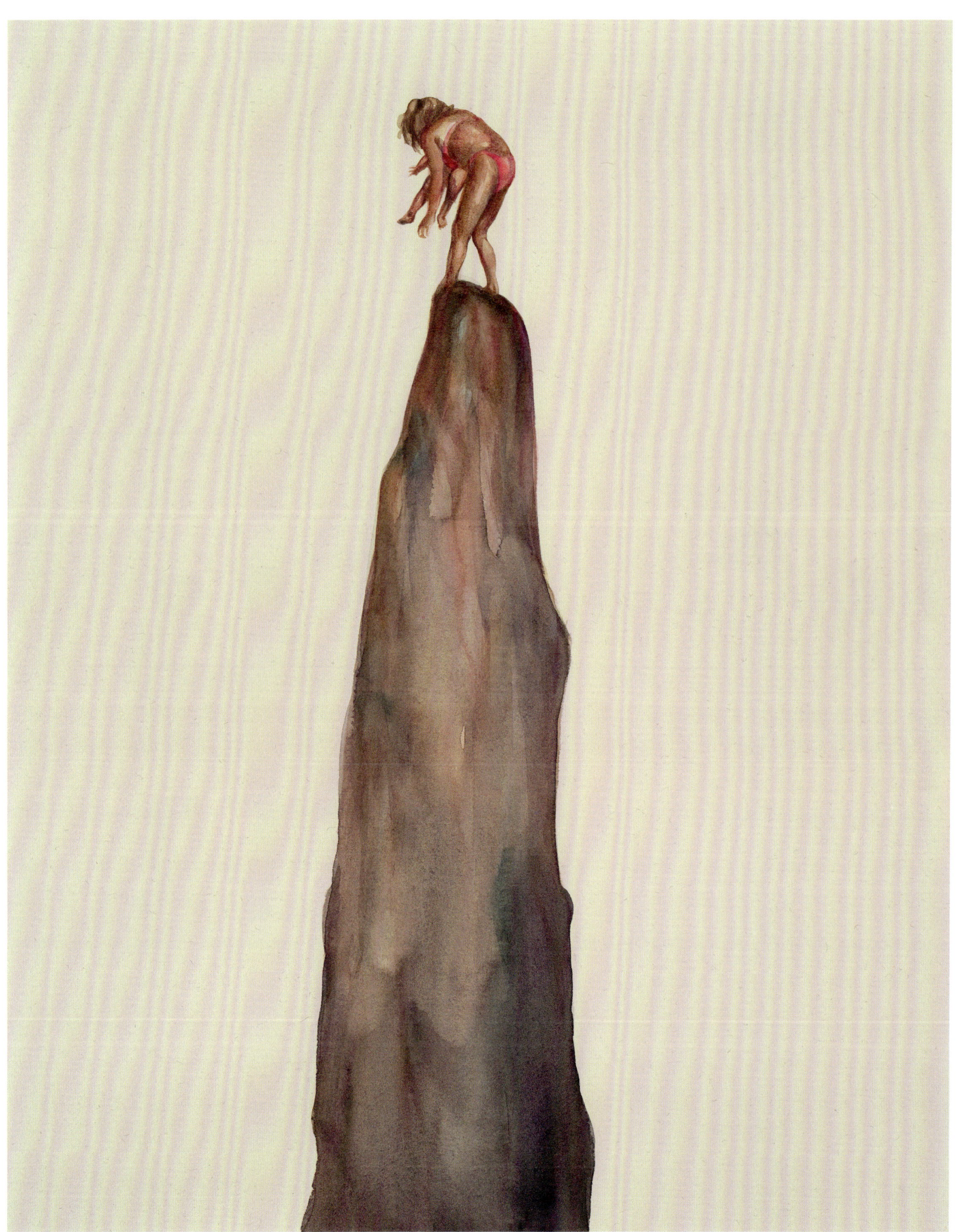

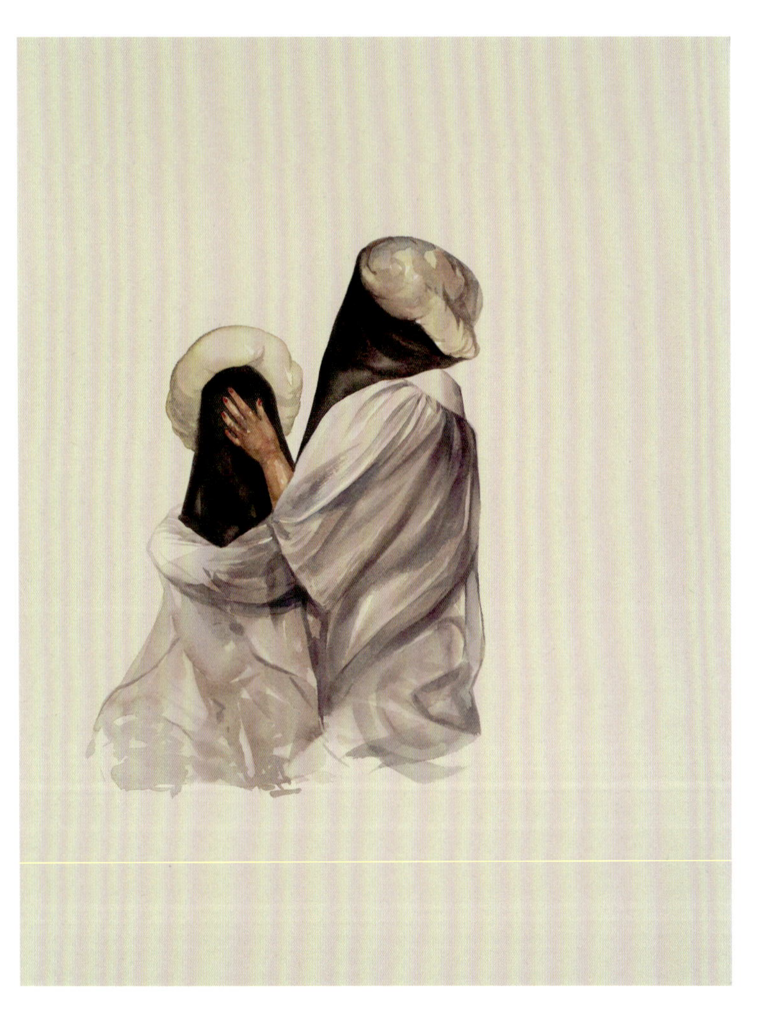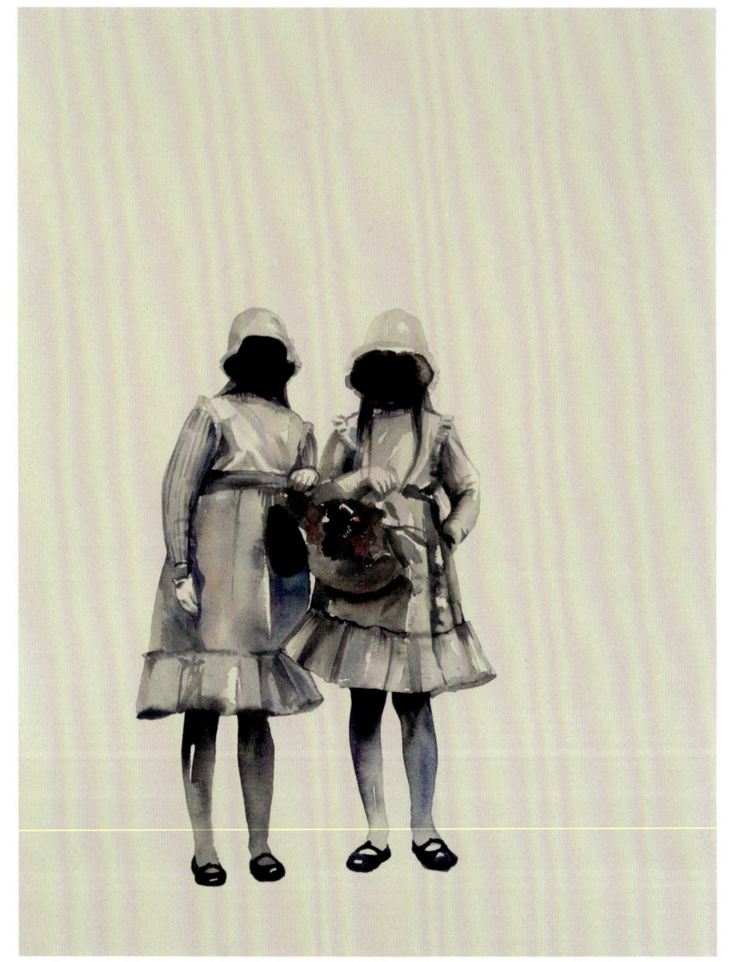

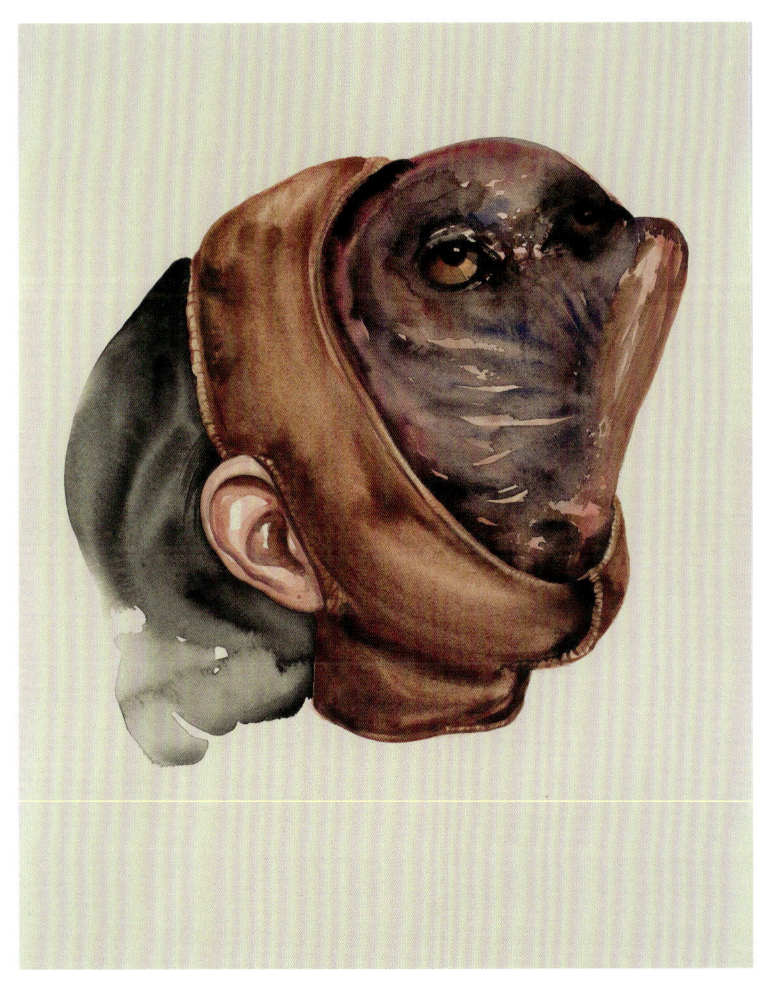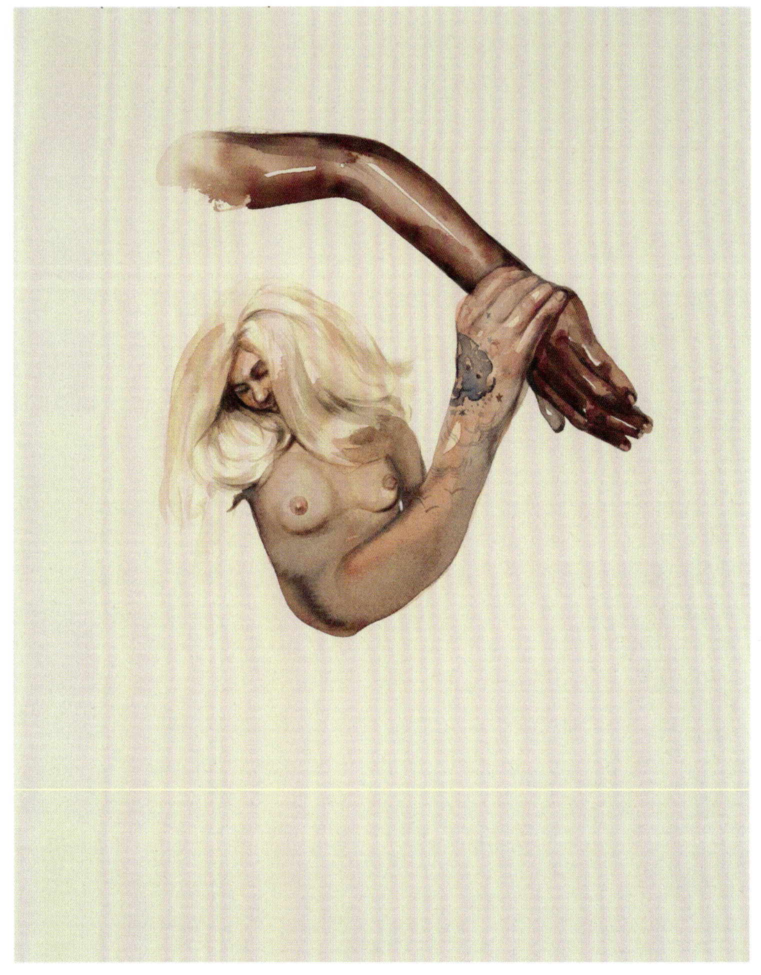

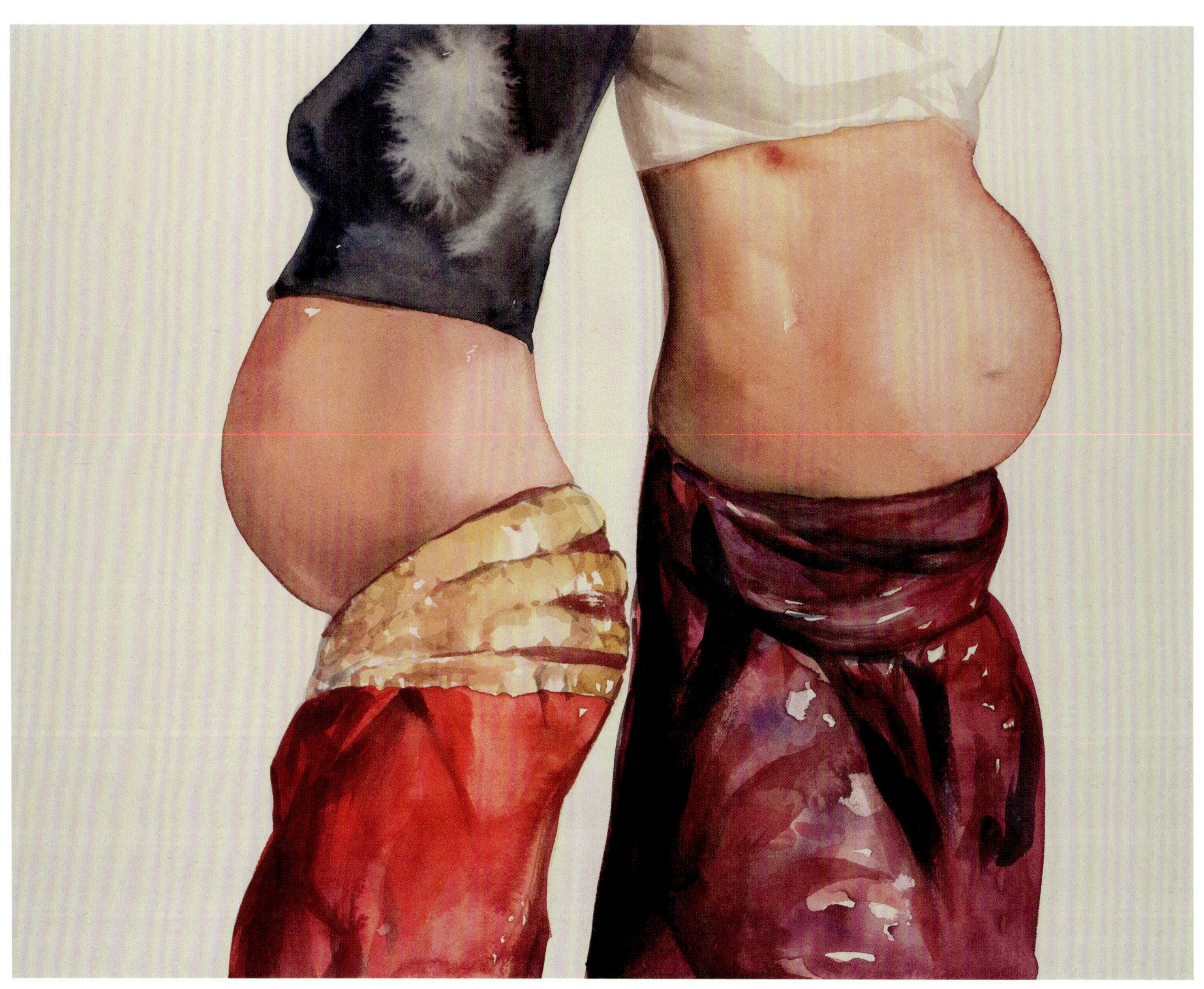

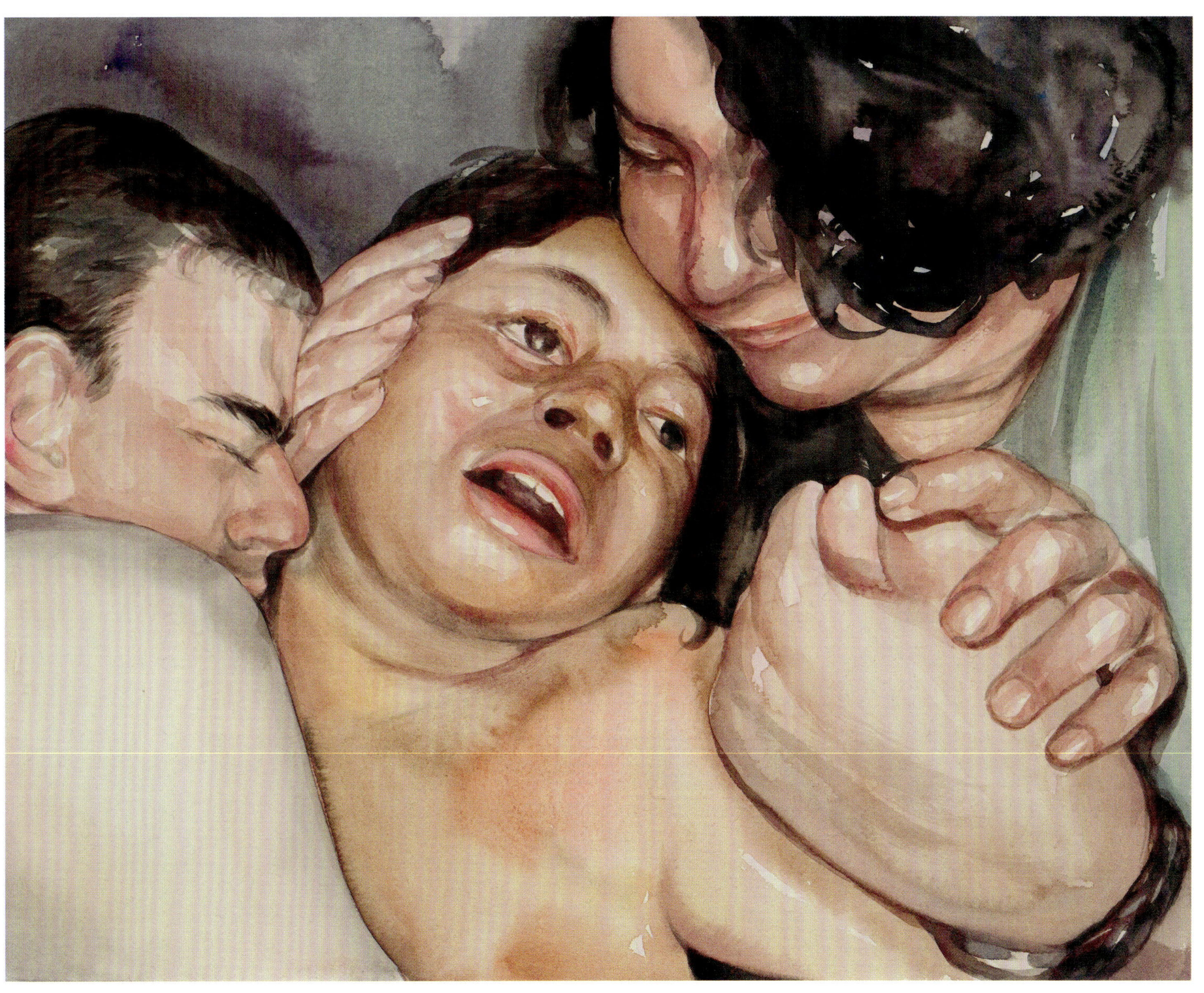

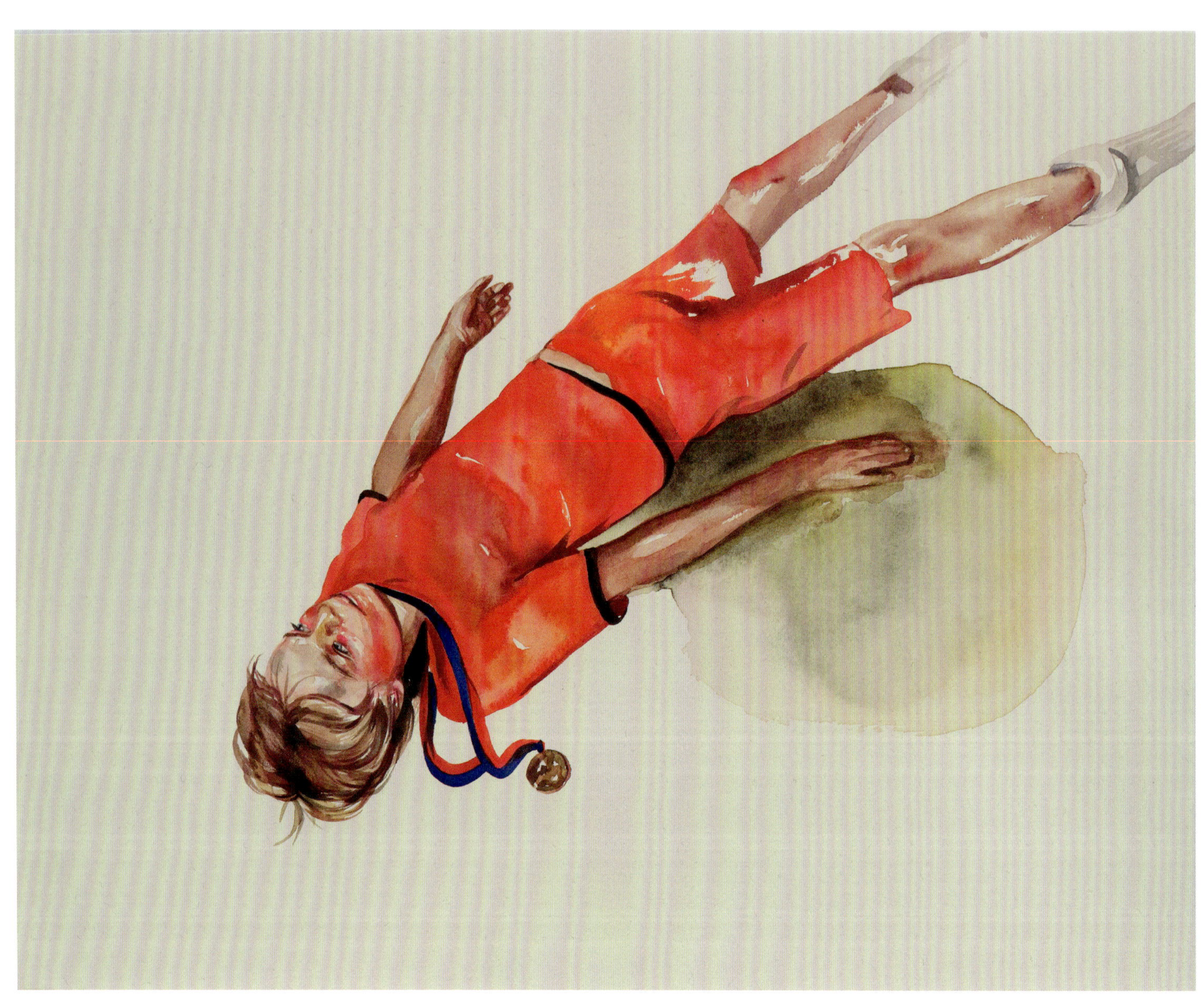

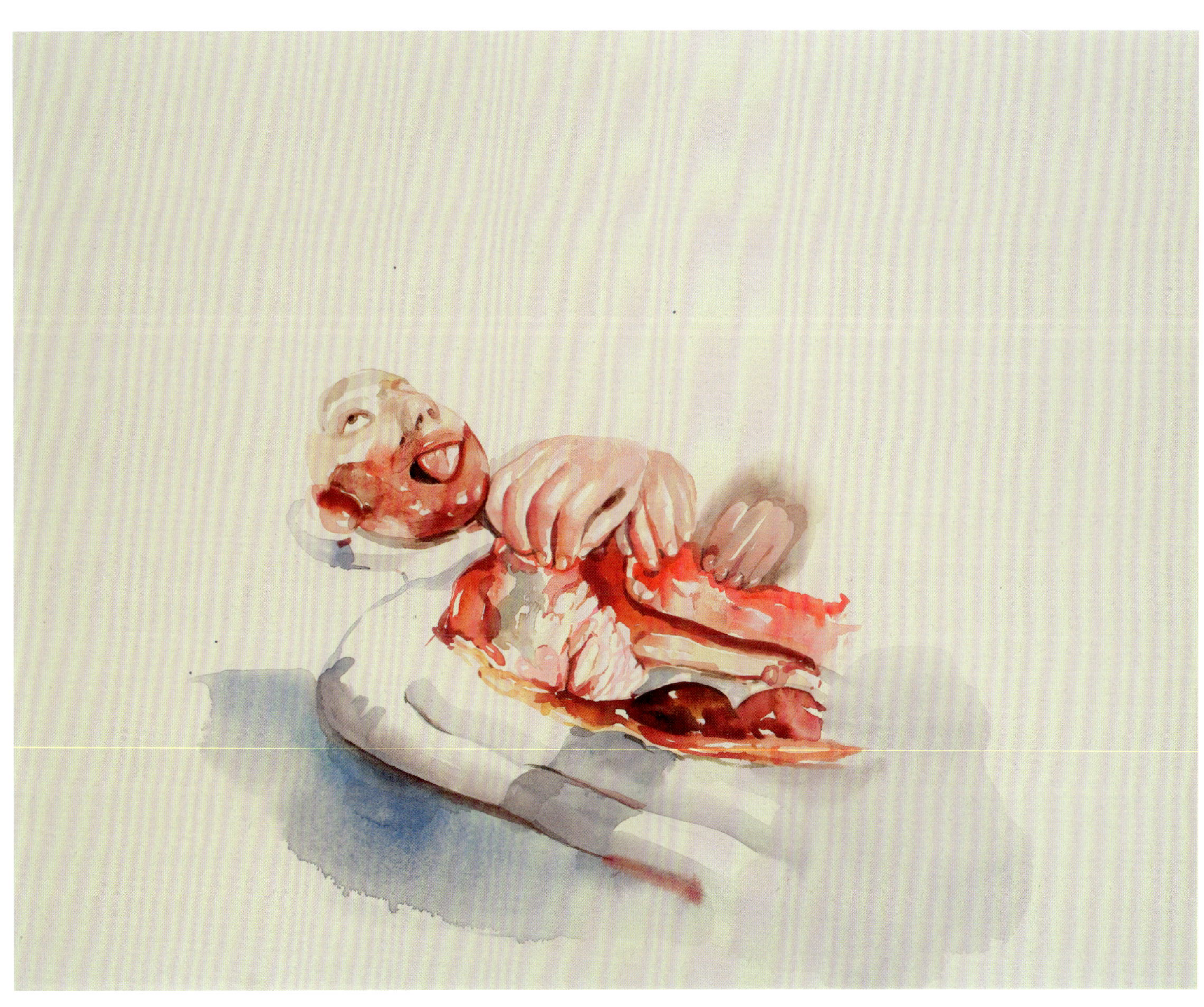

I want to see you

so much bigger on the inside,

shining like the fall,

may the dance in the middle of the fighting,

through the soul, in endless light,

I will meet you there,

if you close your eyes.

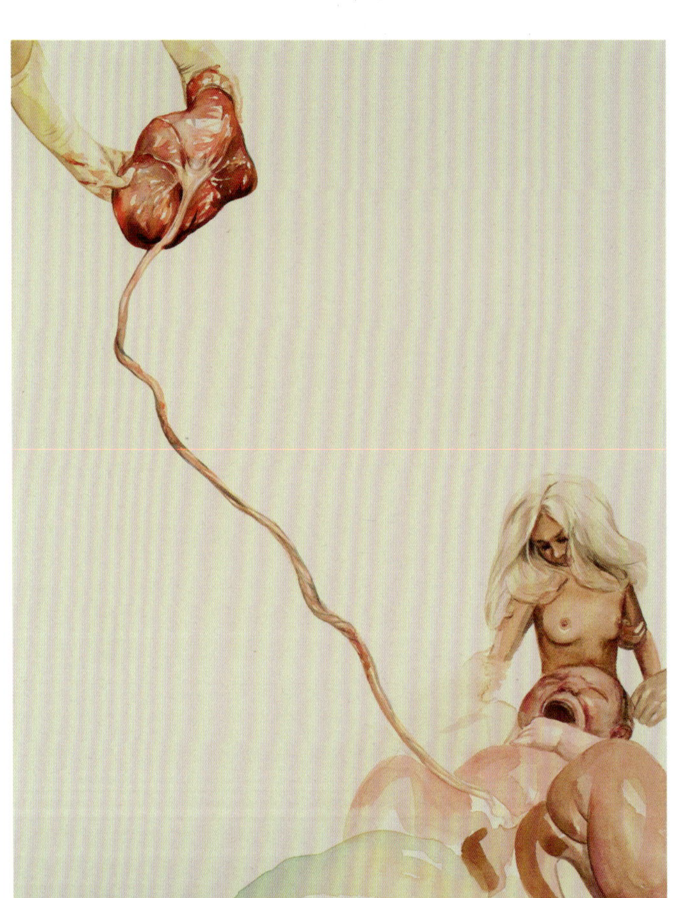

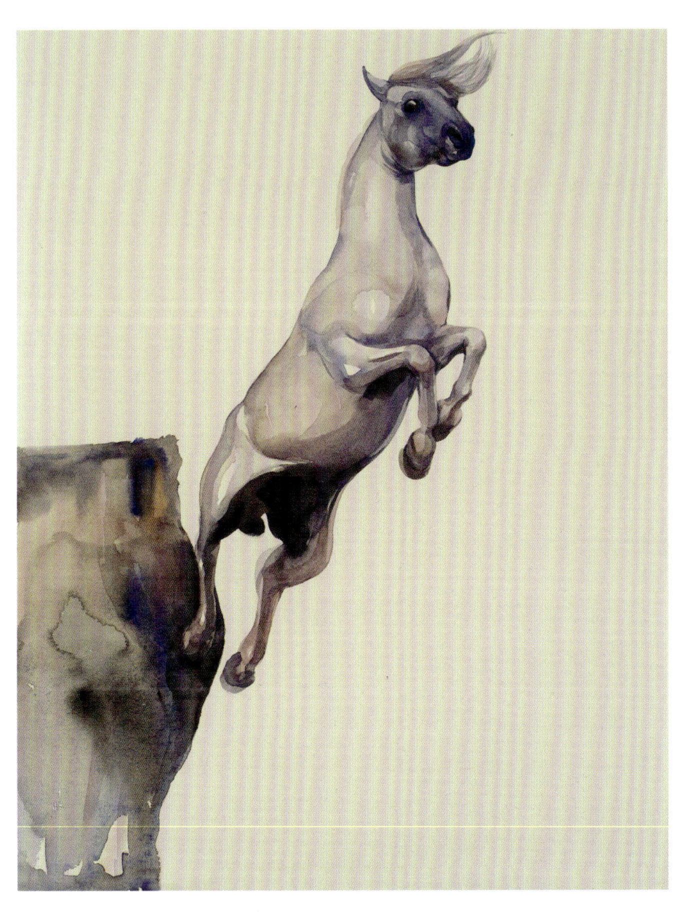 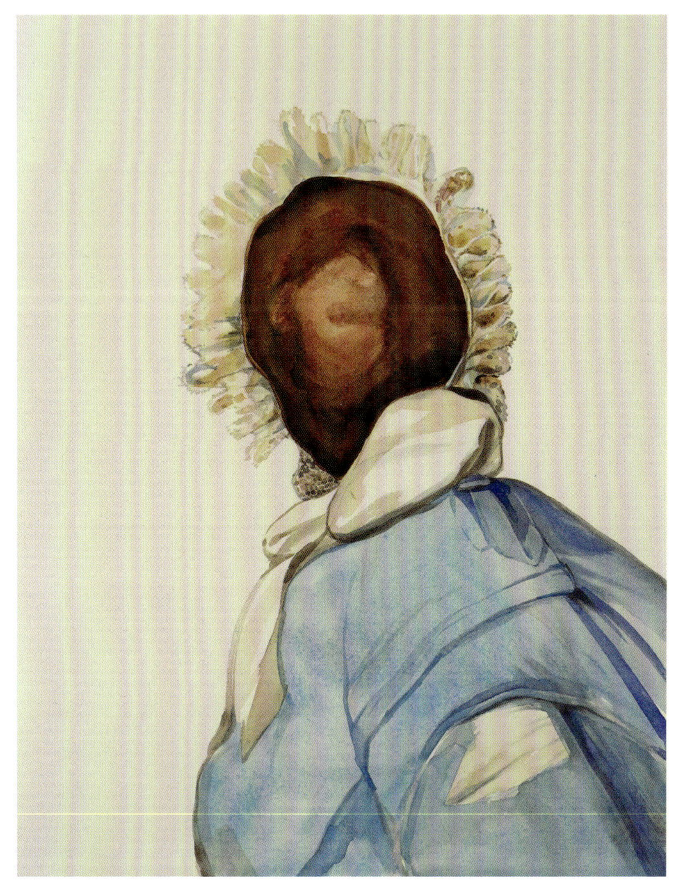

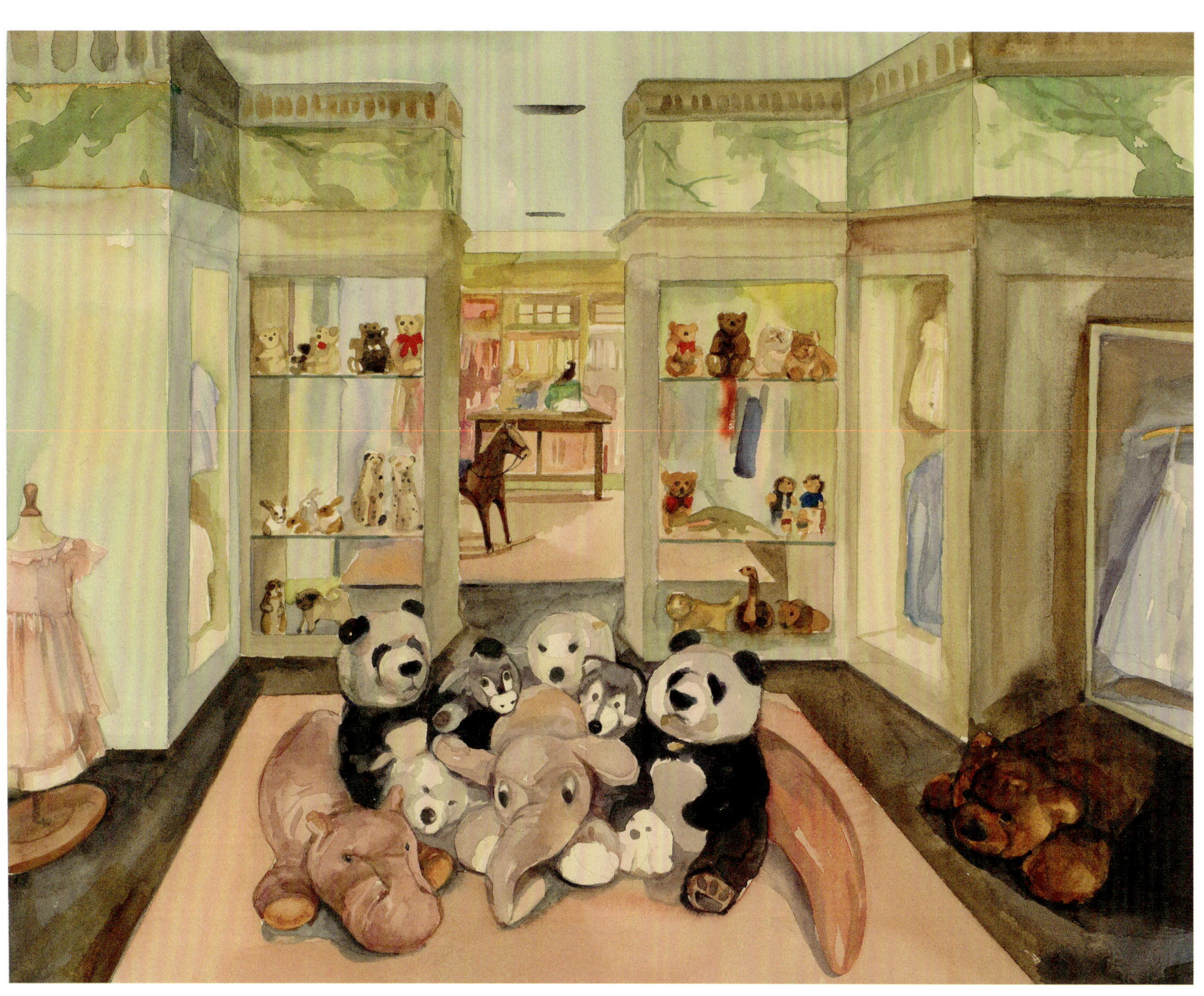

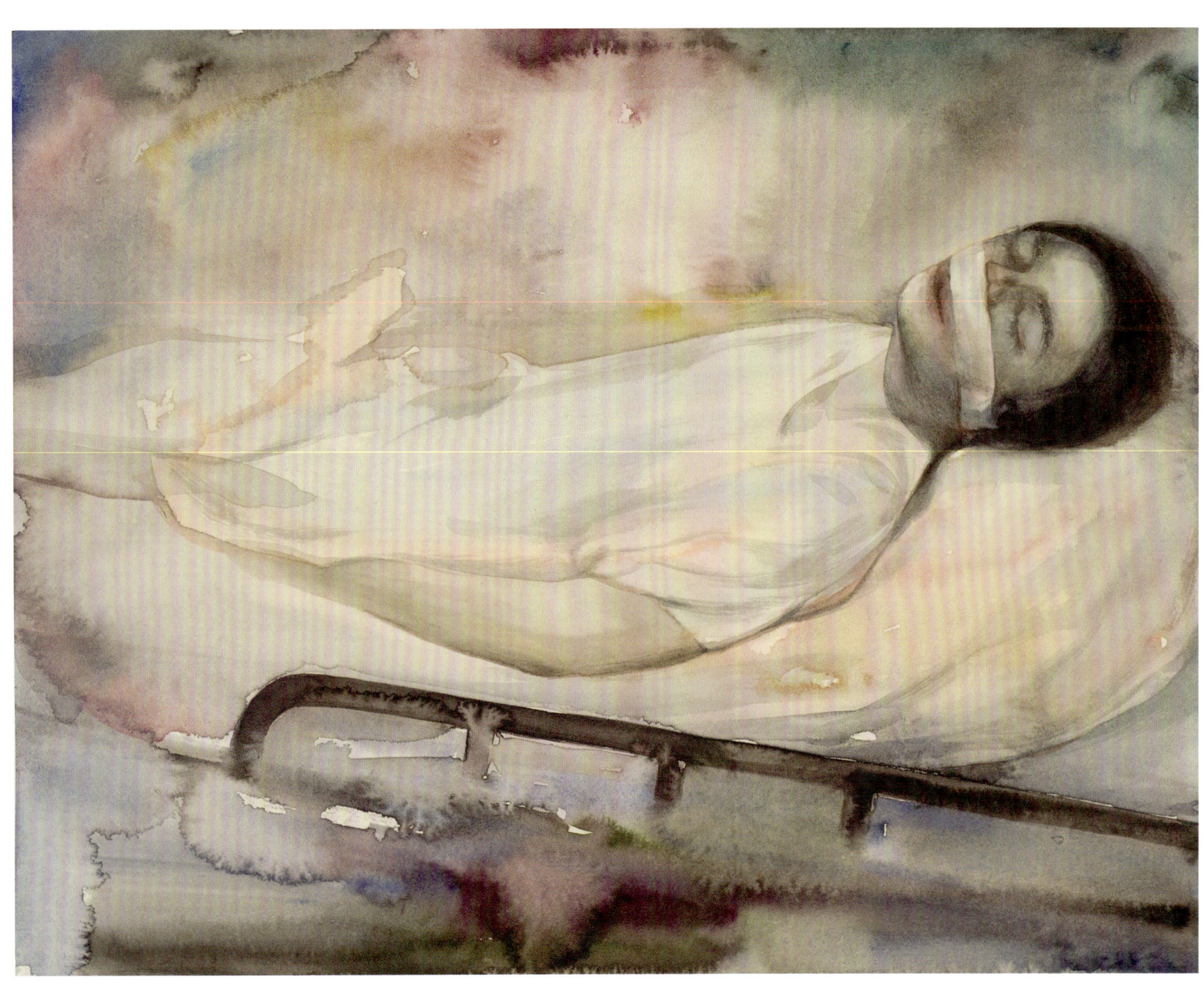

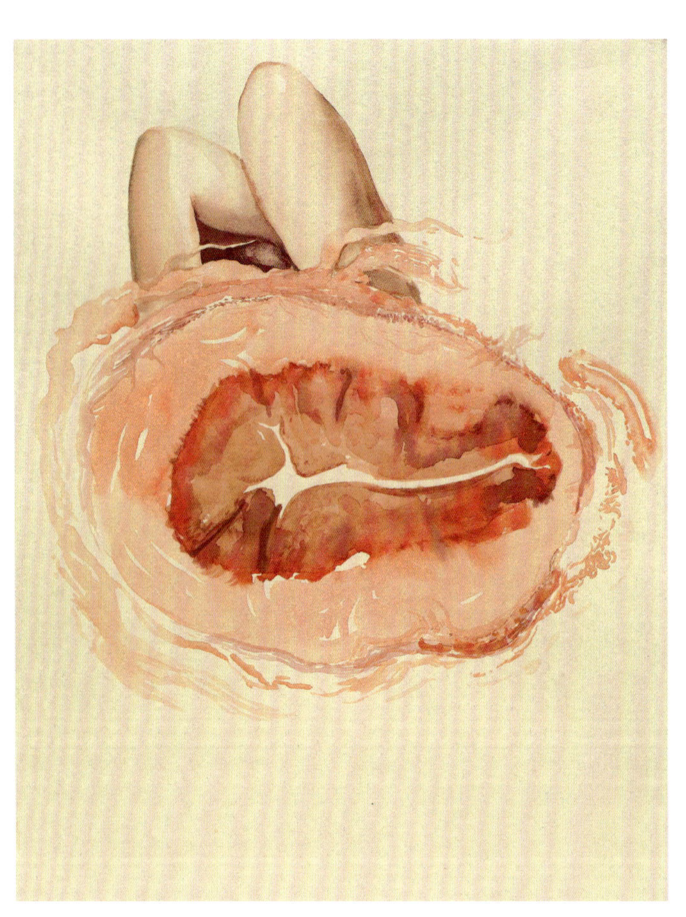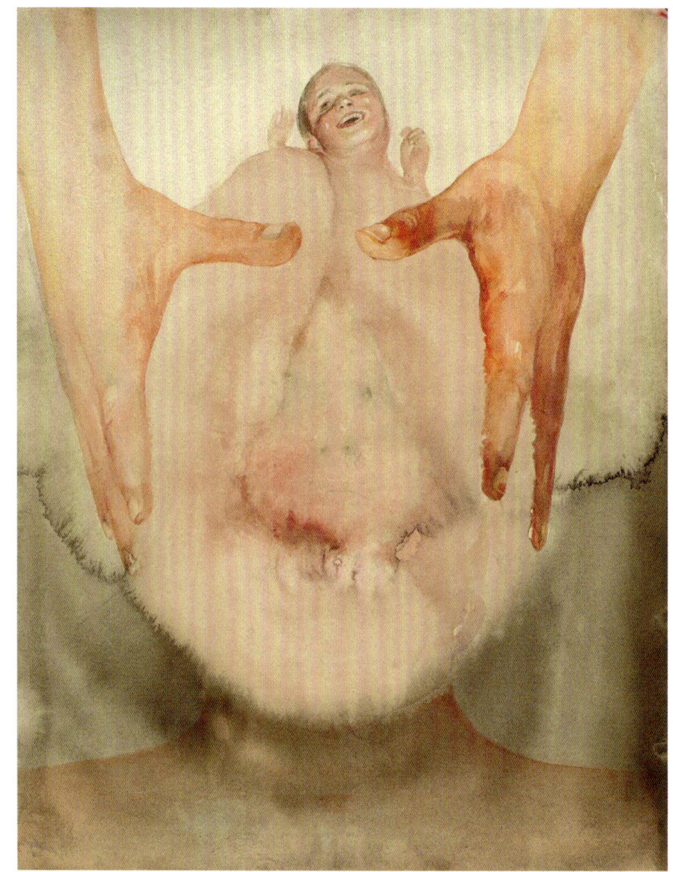

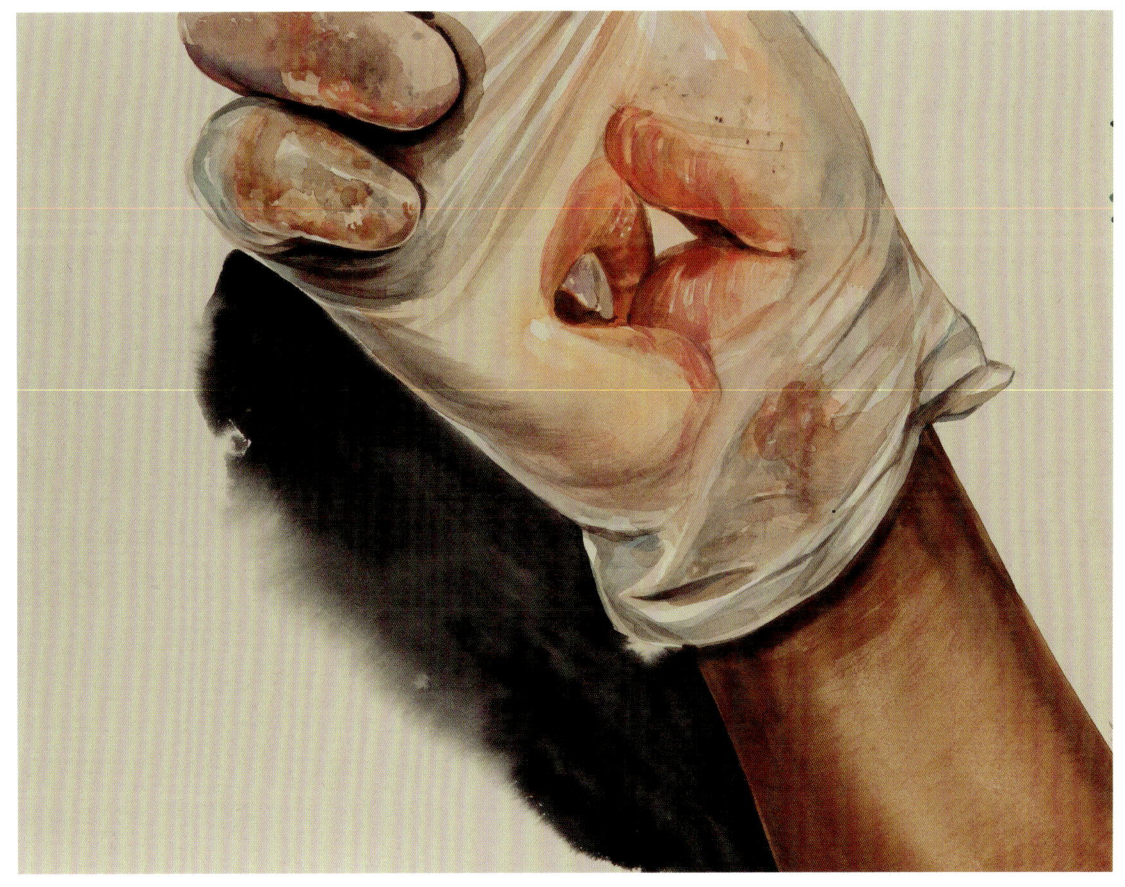

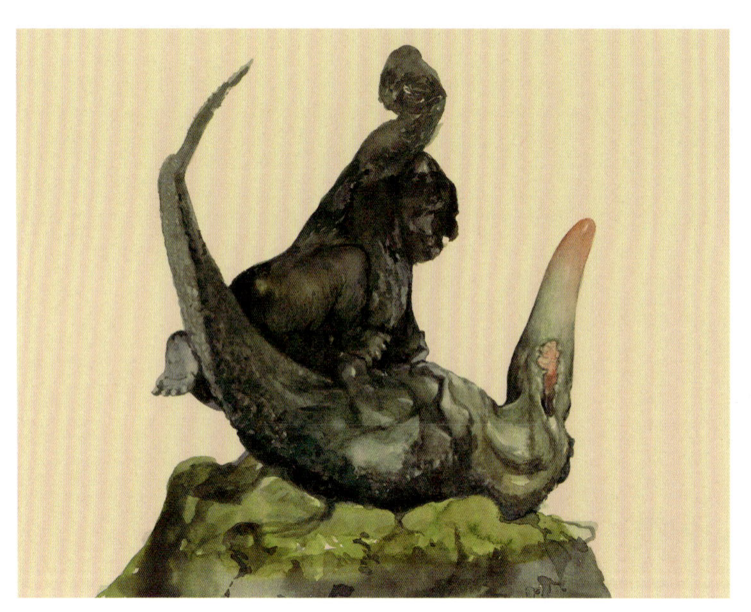

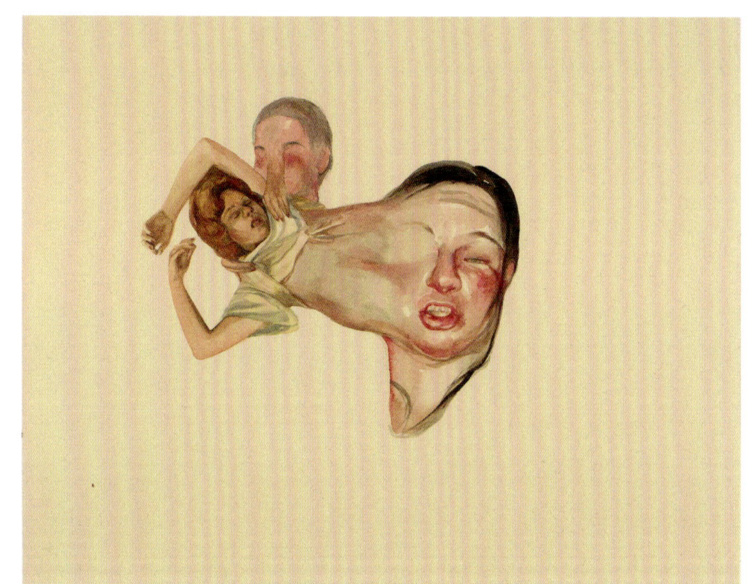

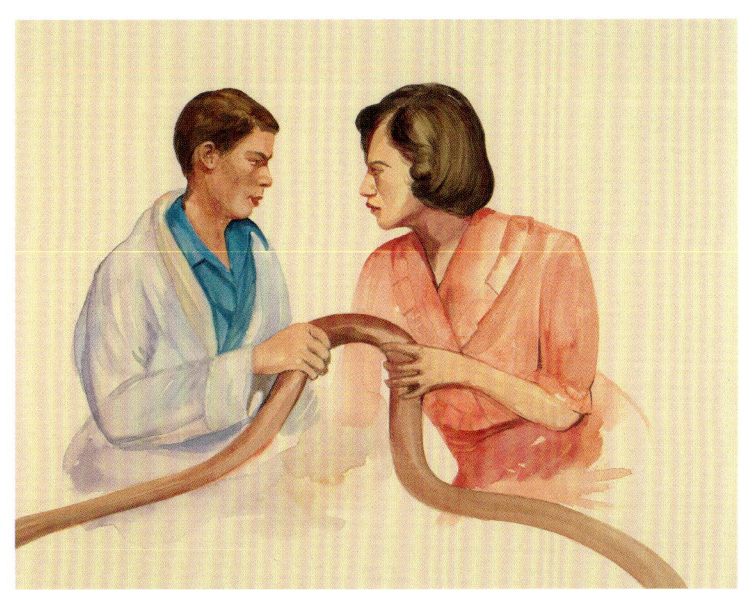 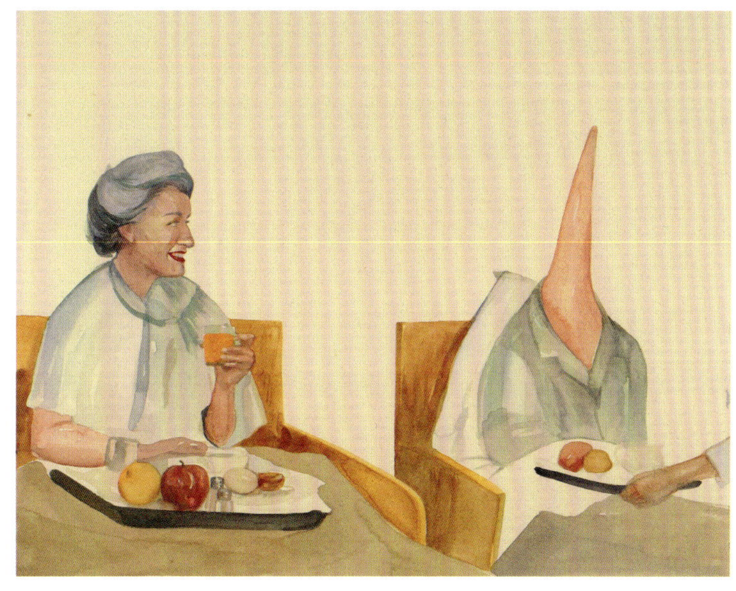

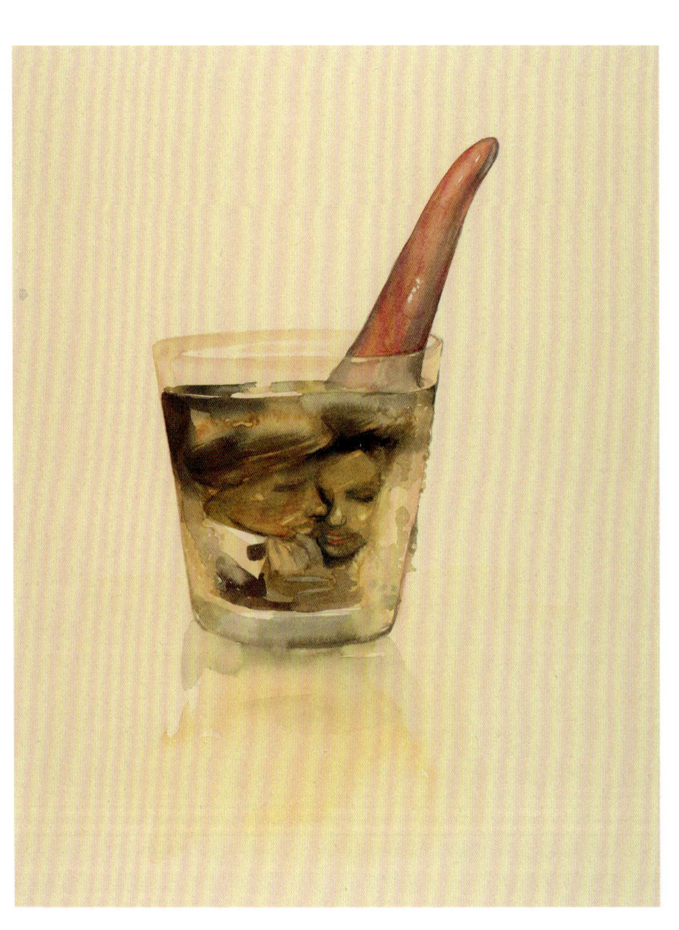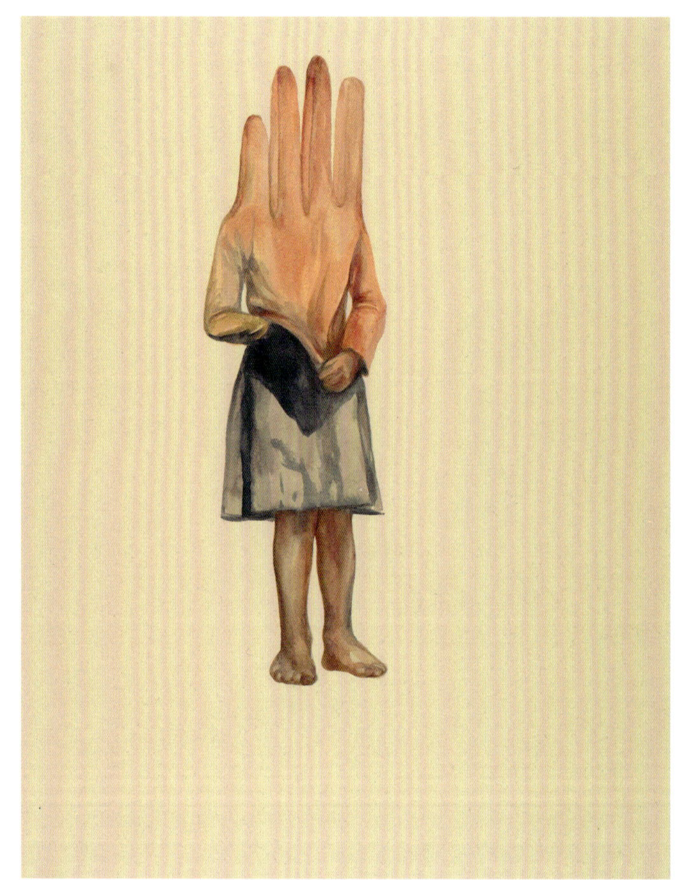

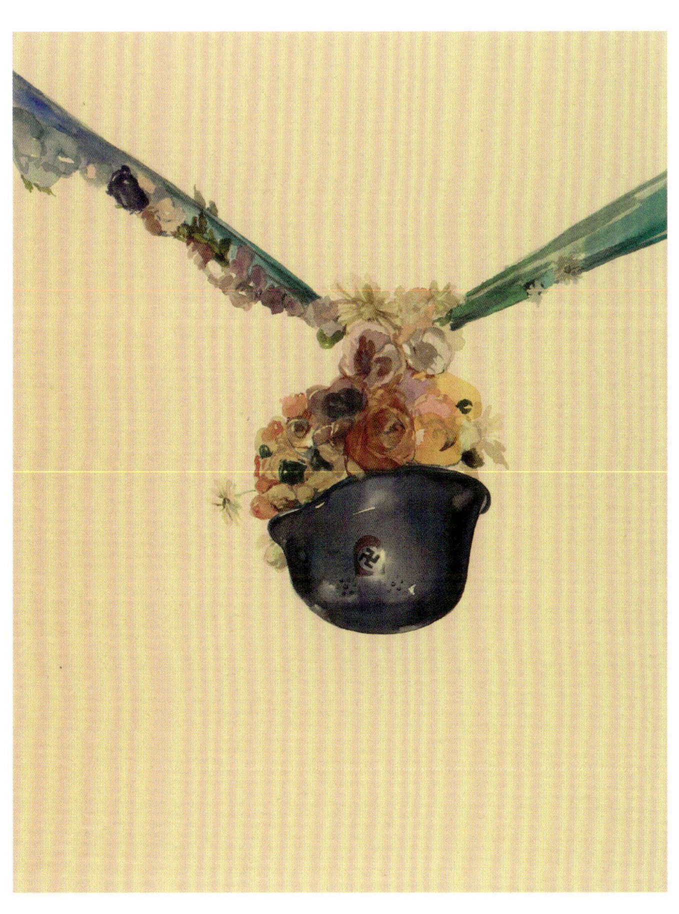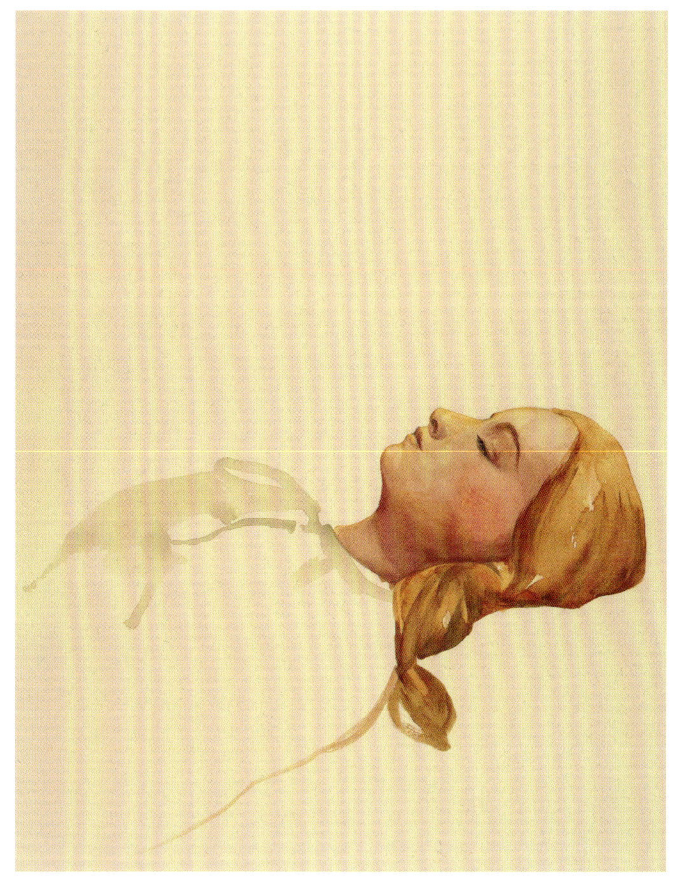

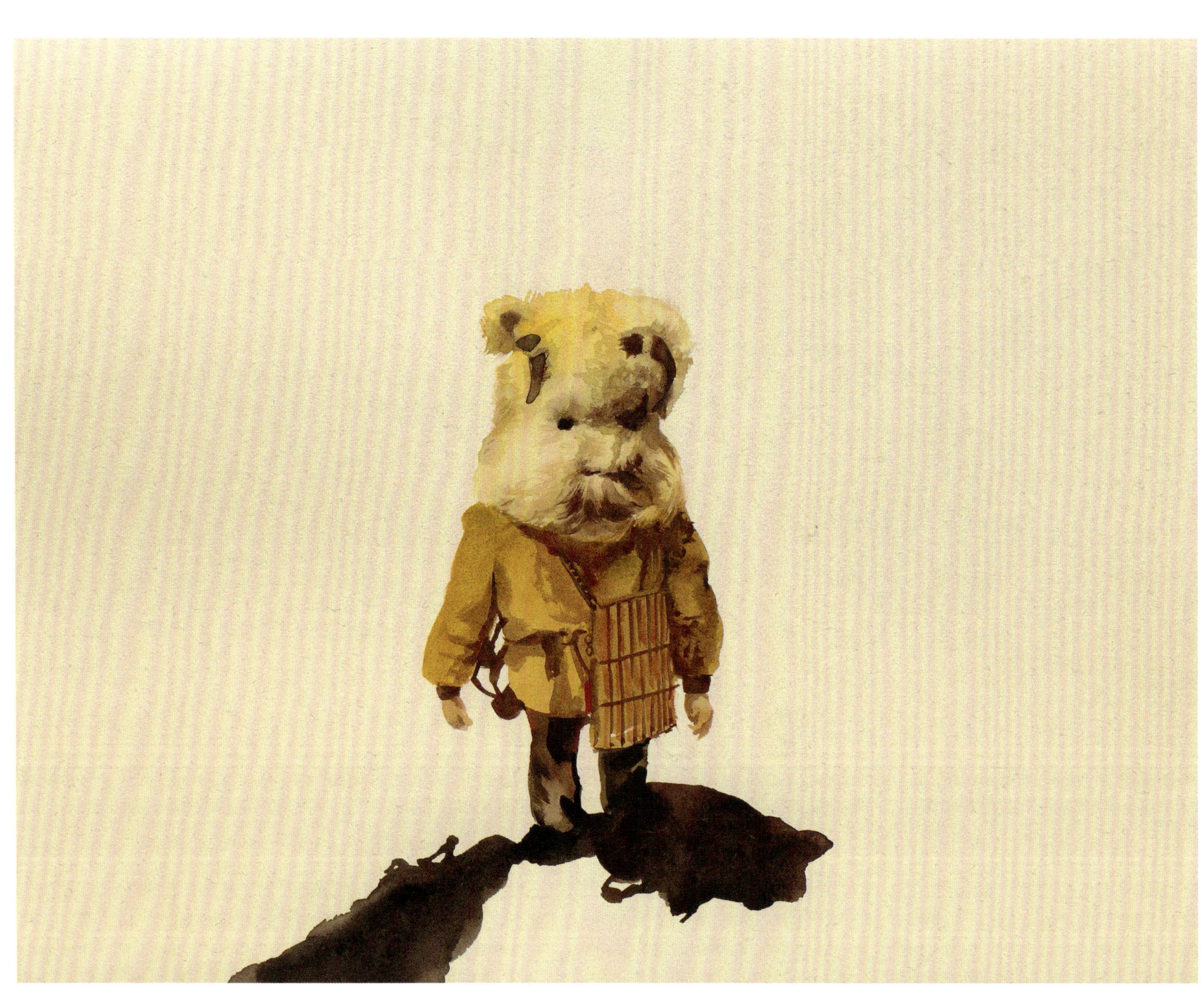

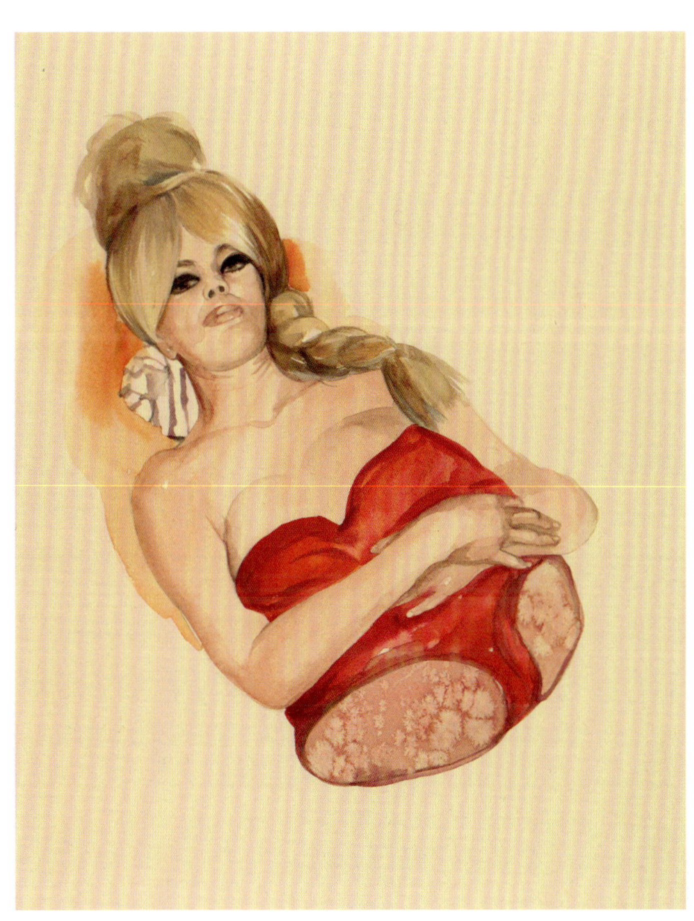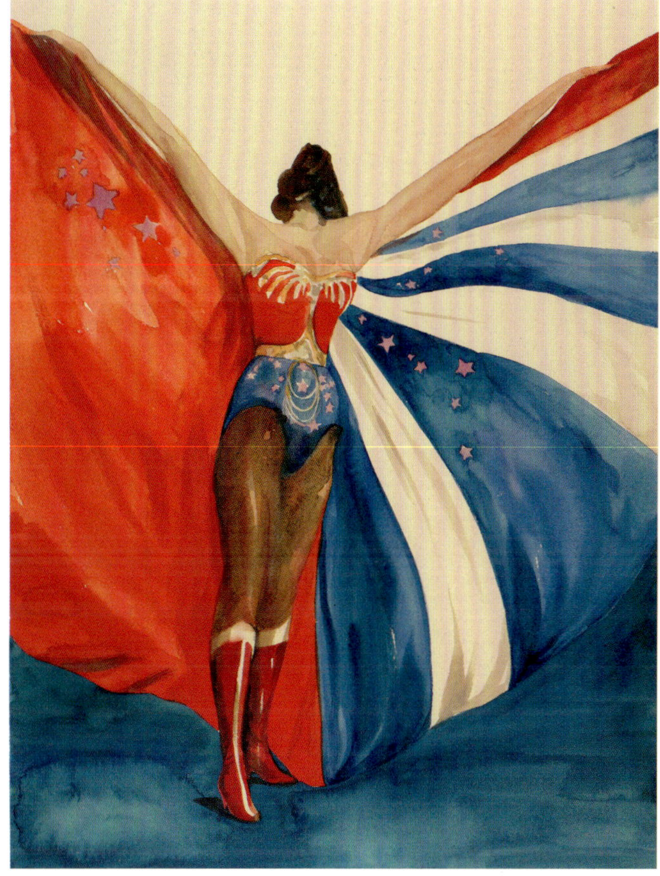

only one thing more interessting than the human body

the human soul

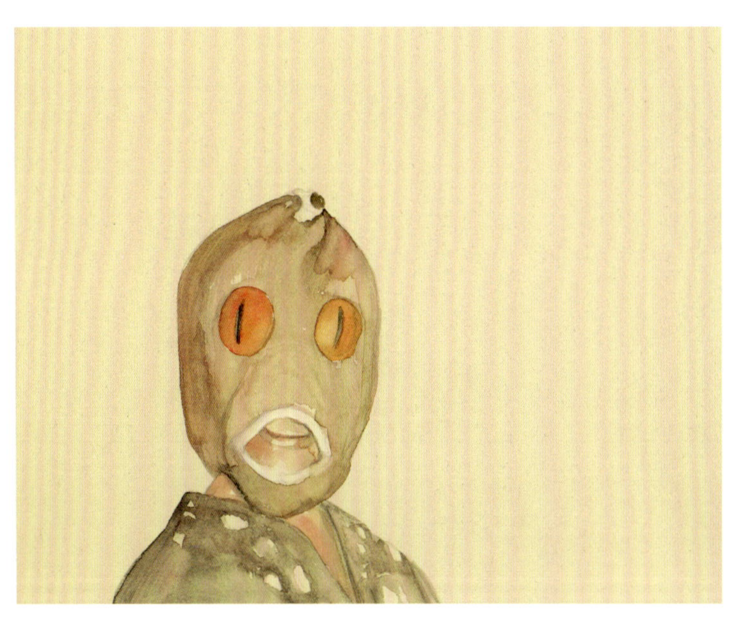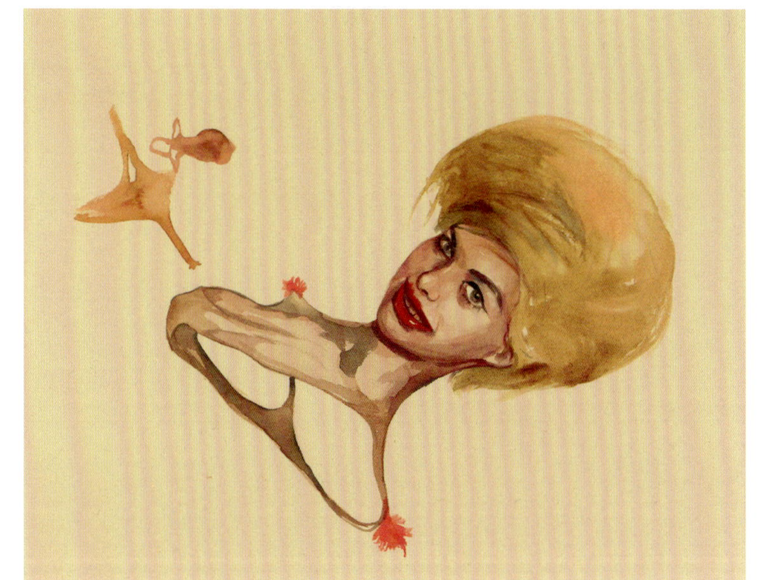

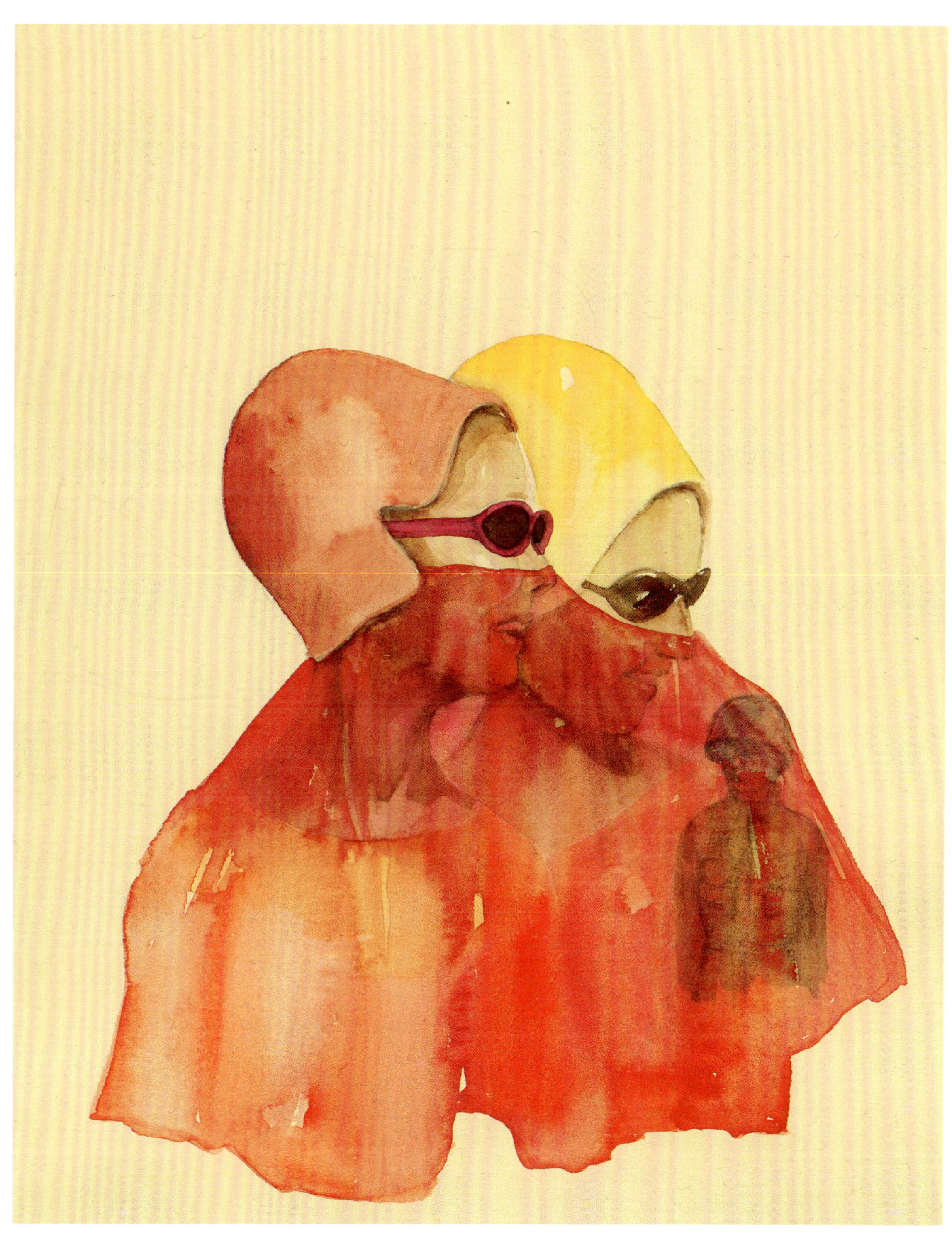

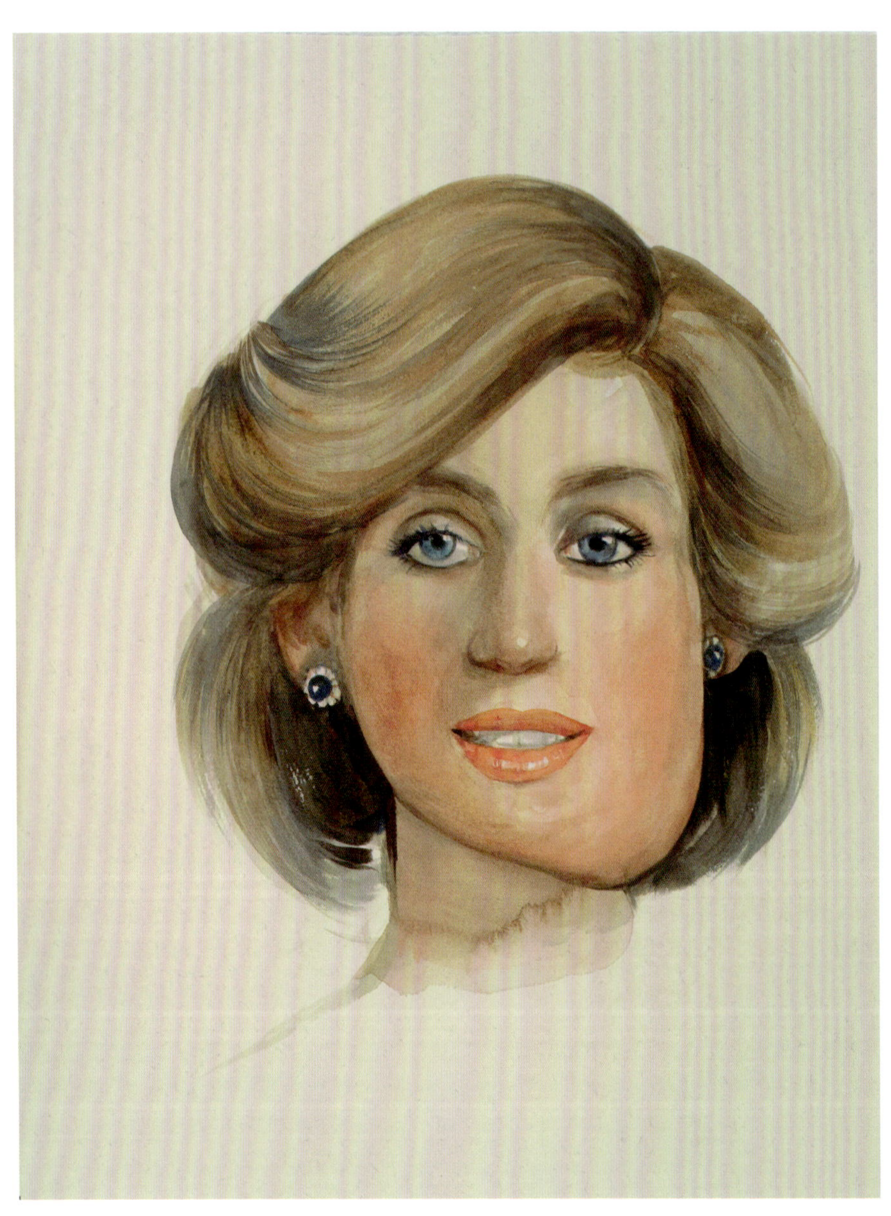

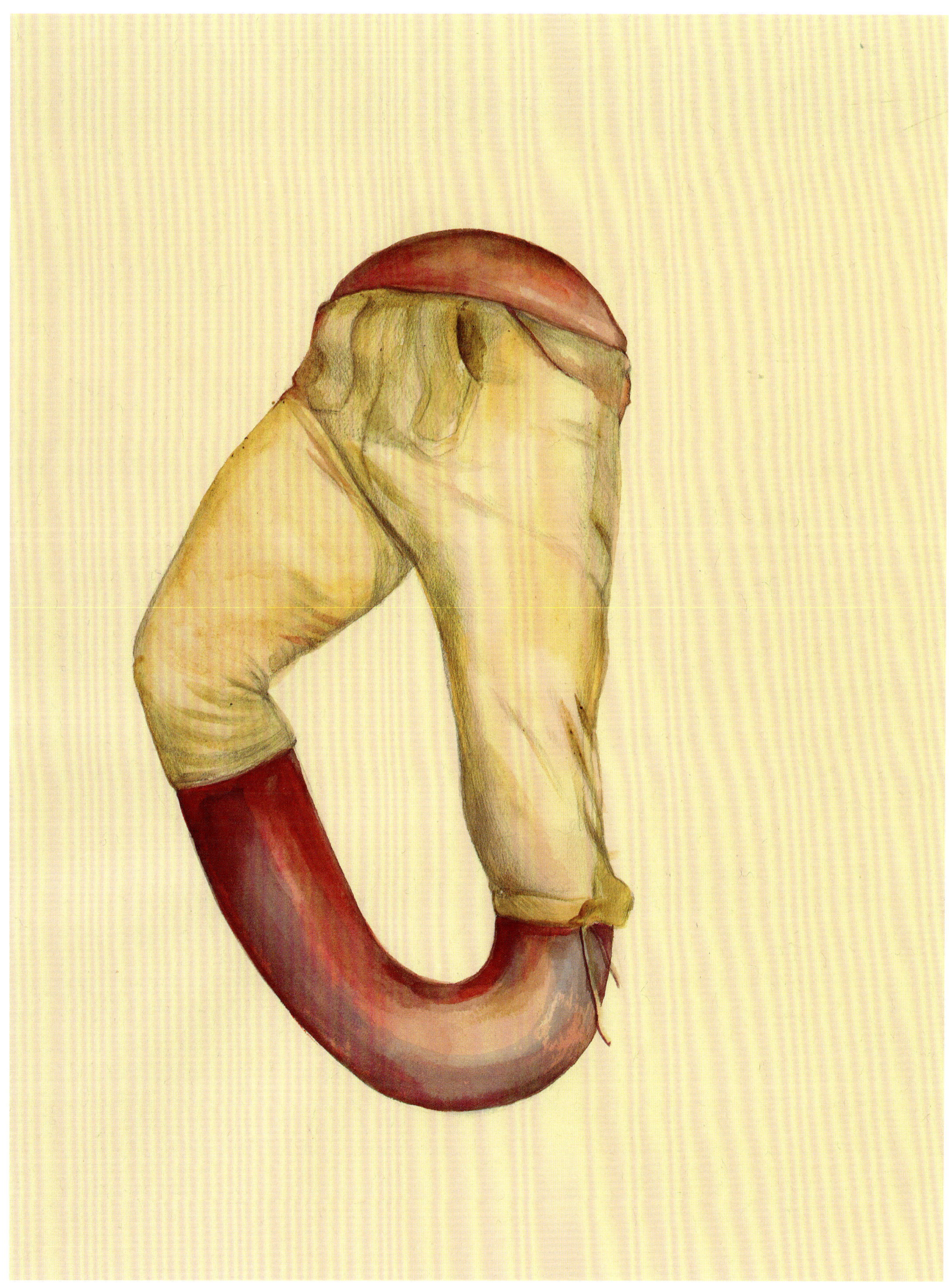

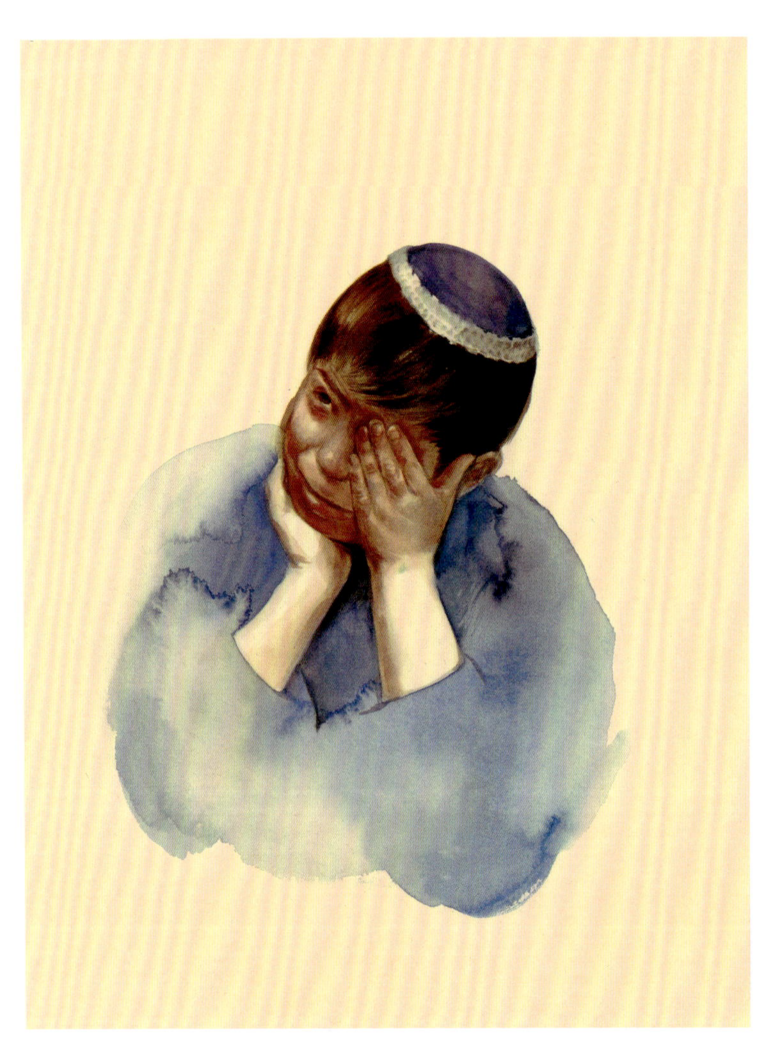
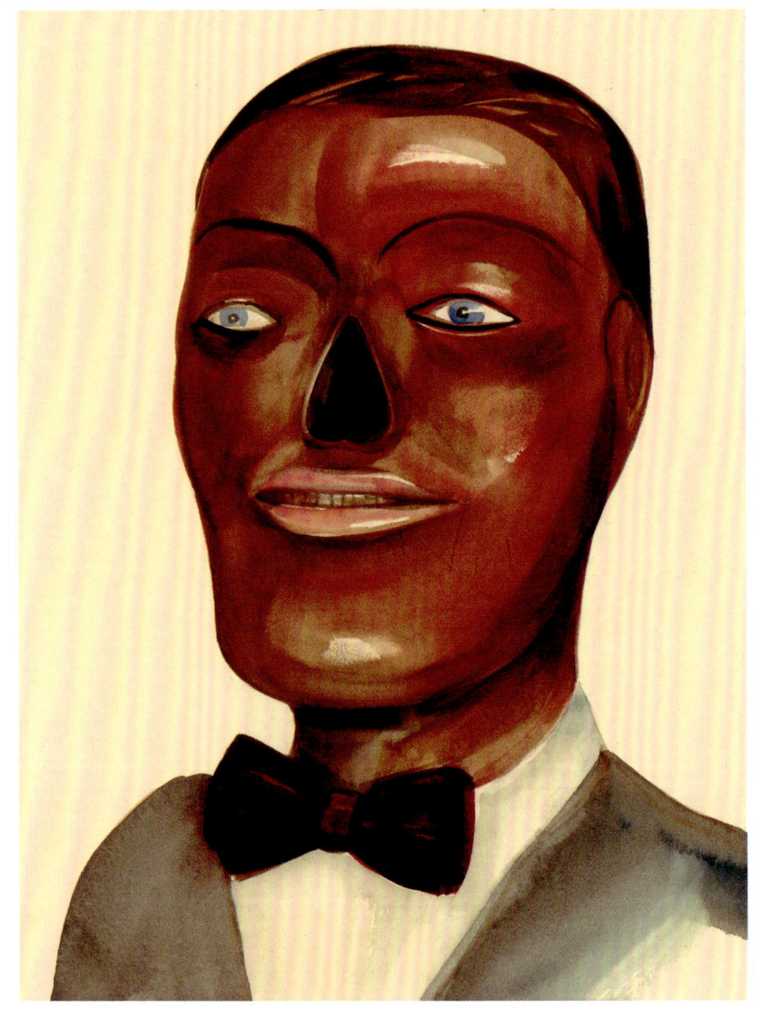

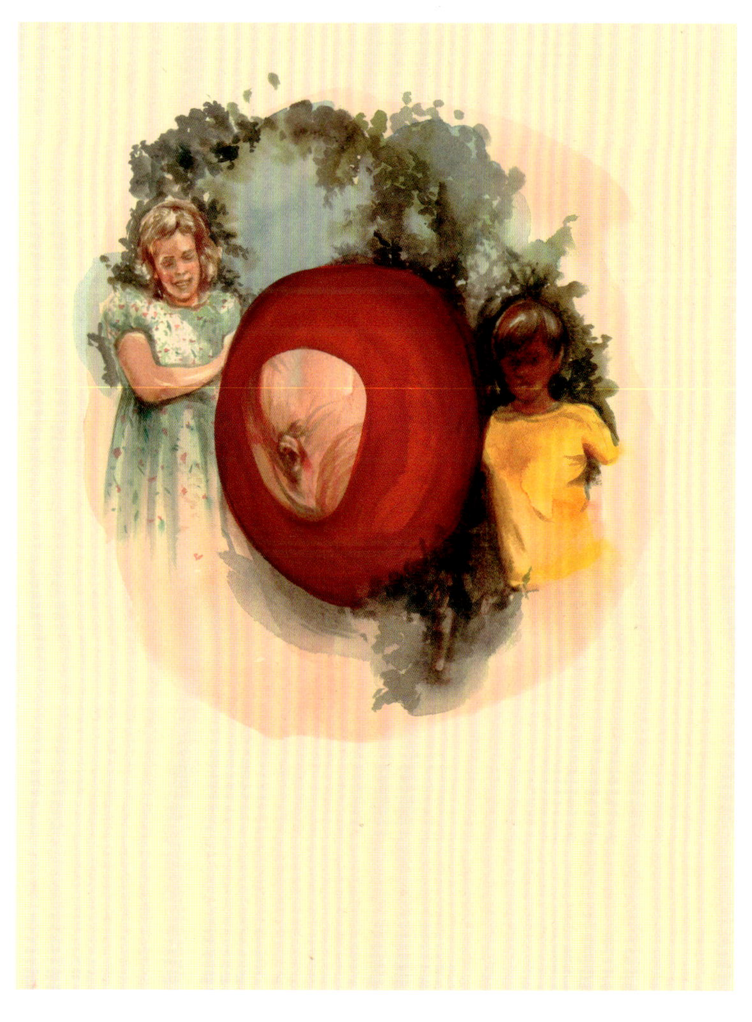

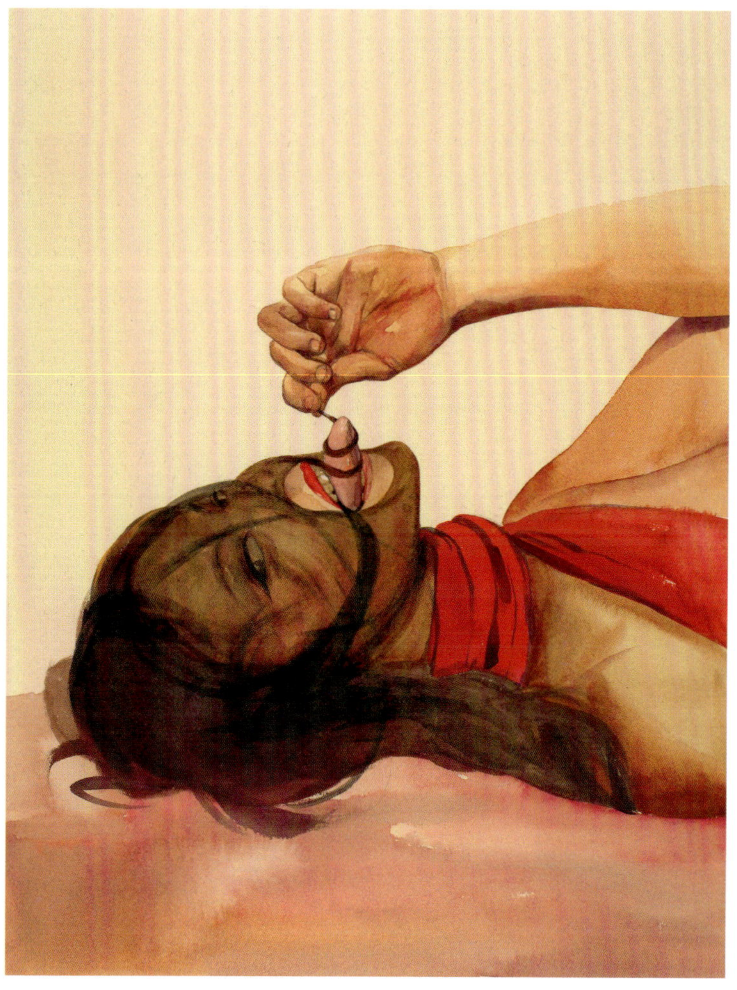

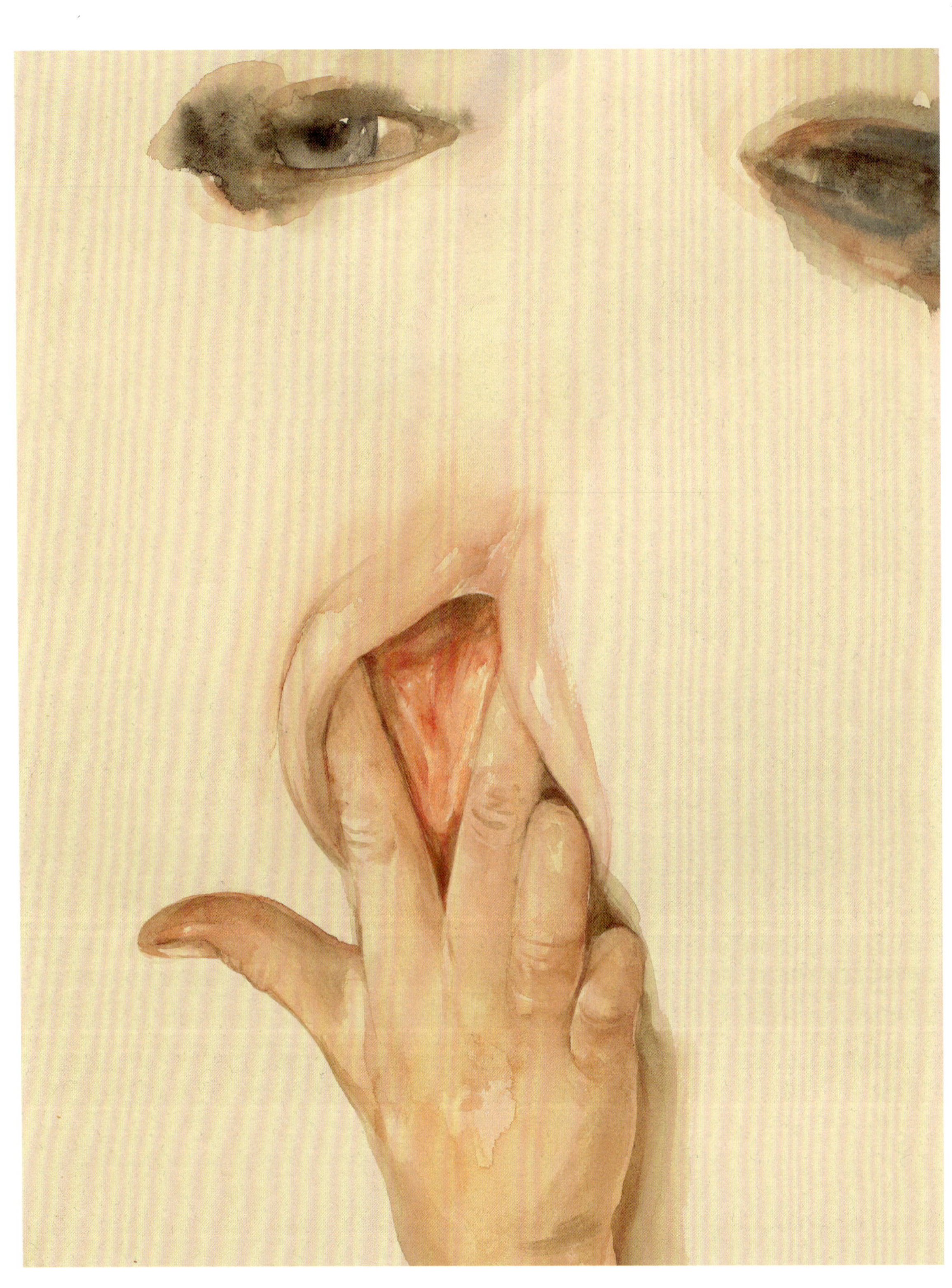

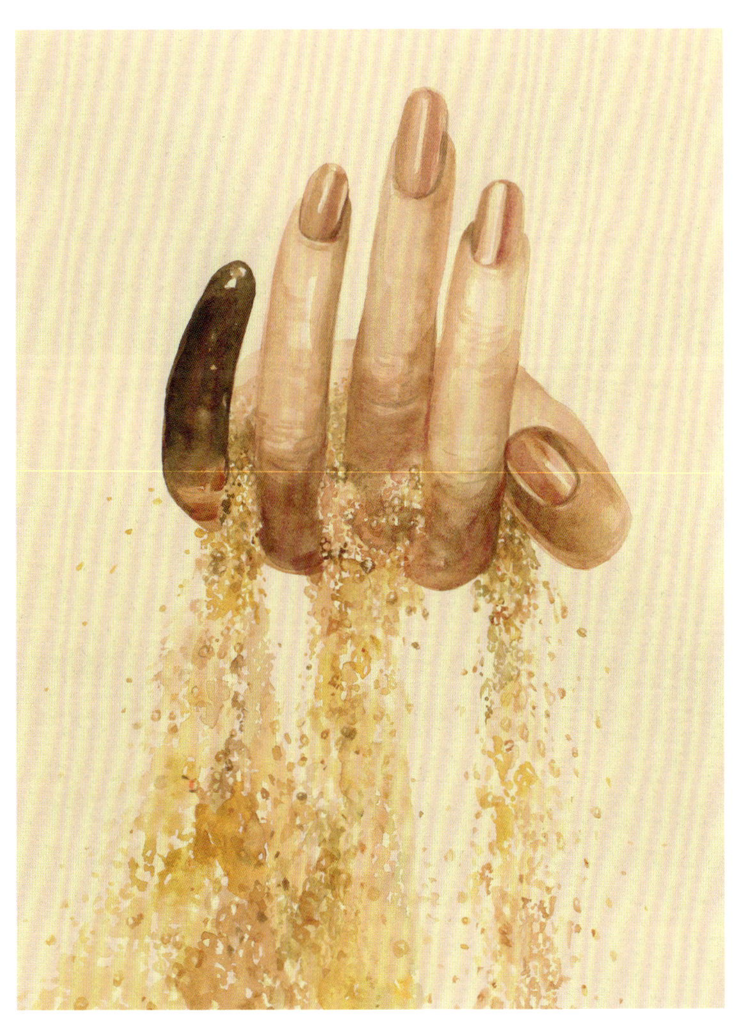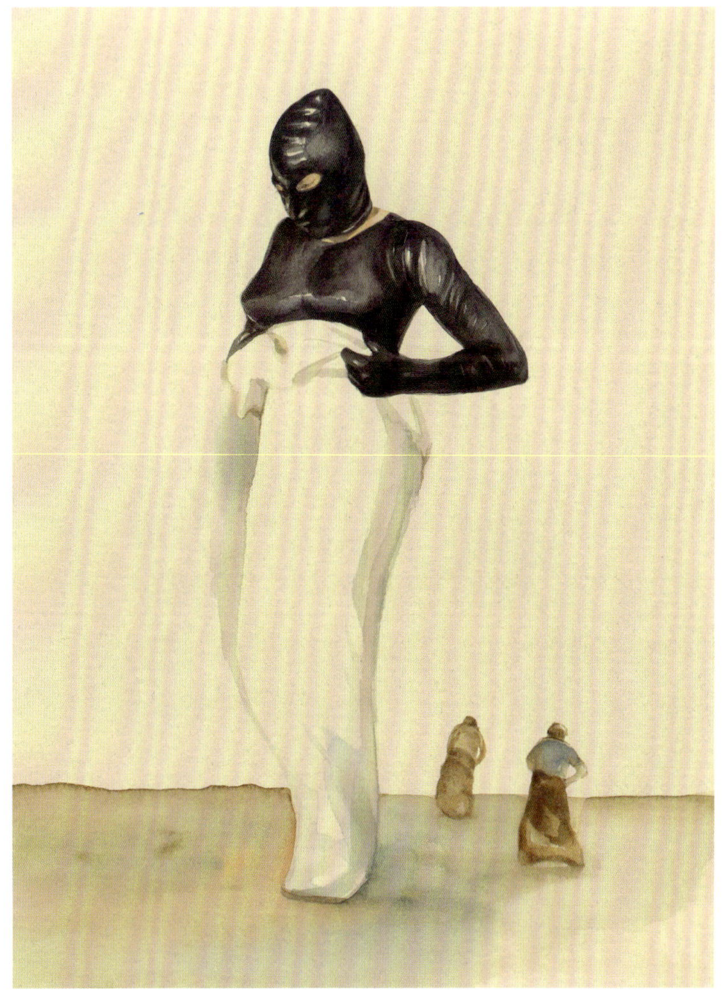

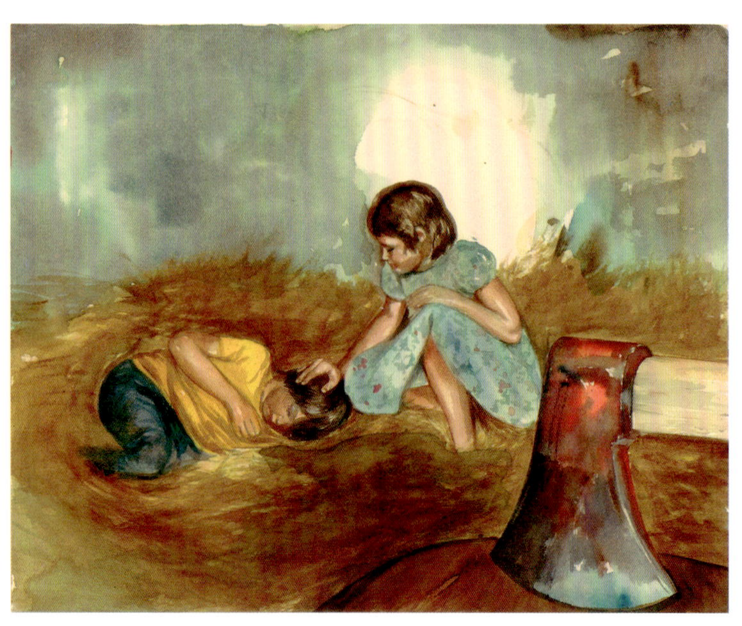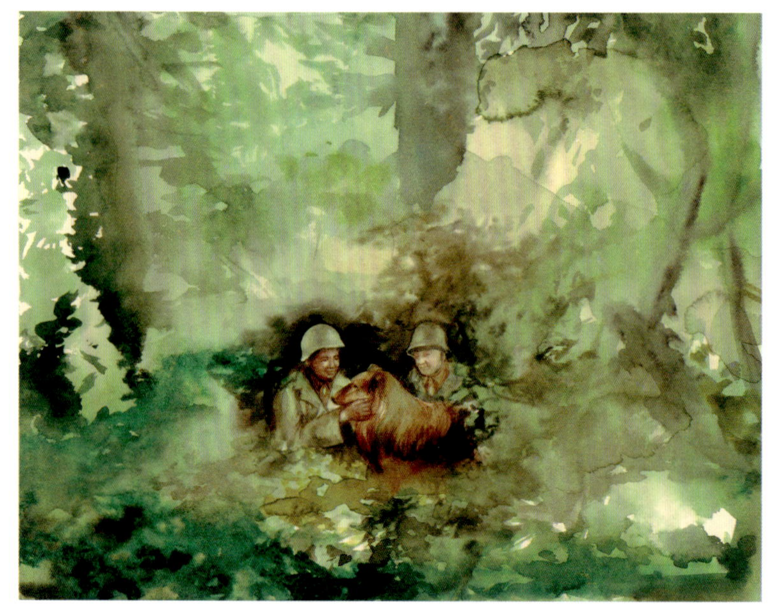

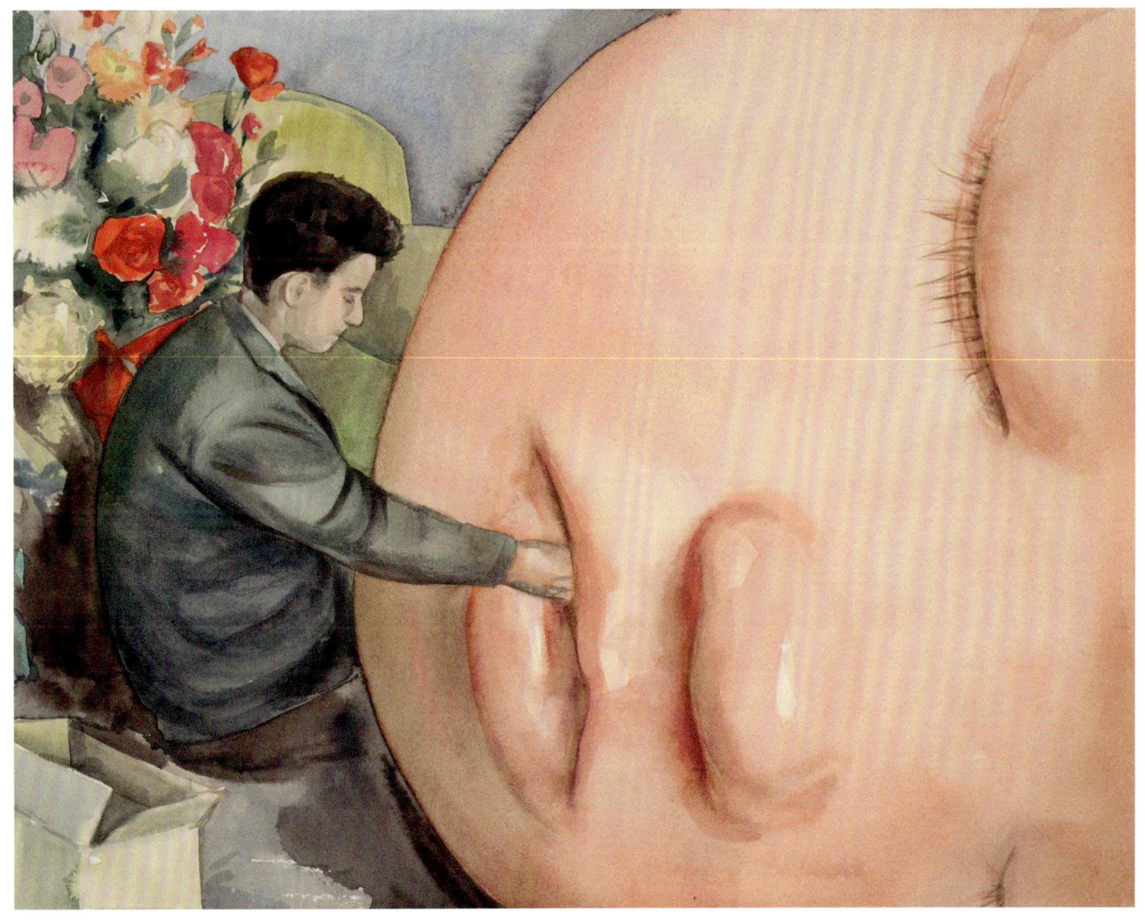

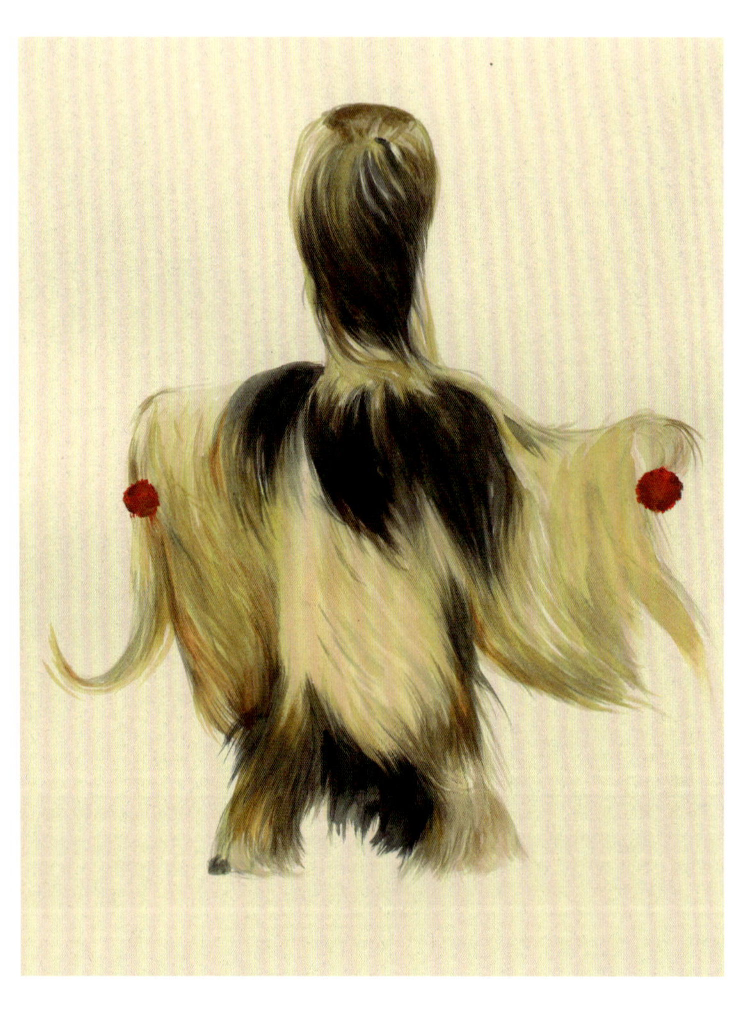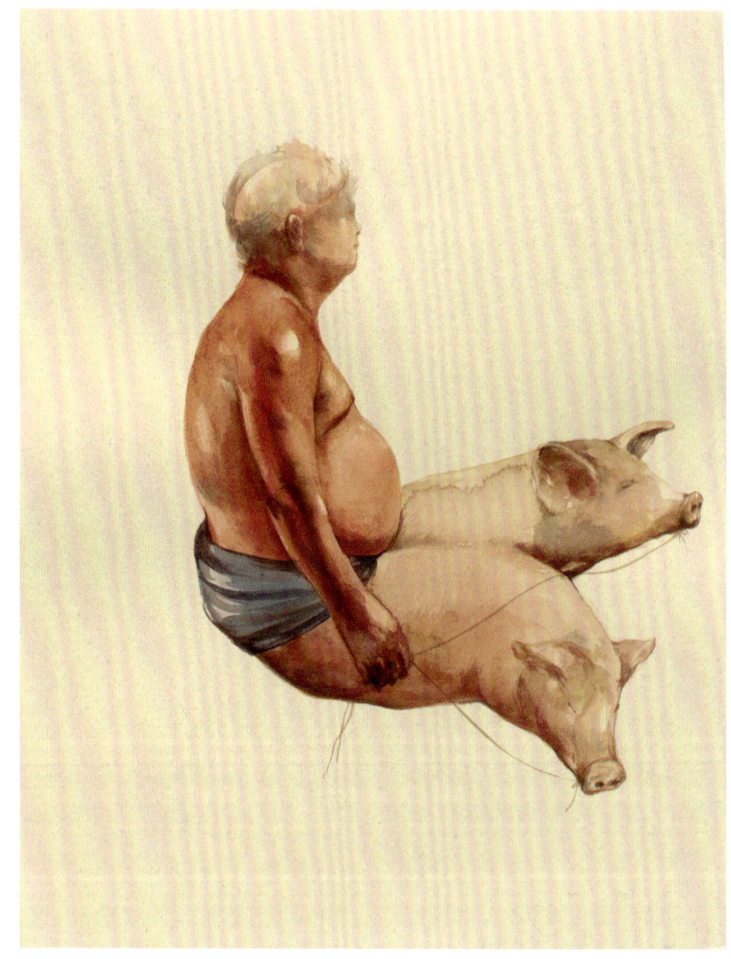

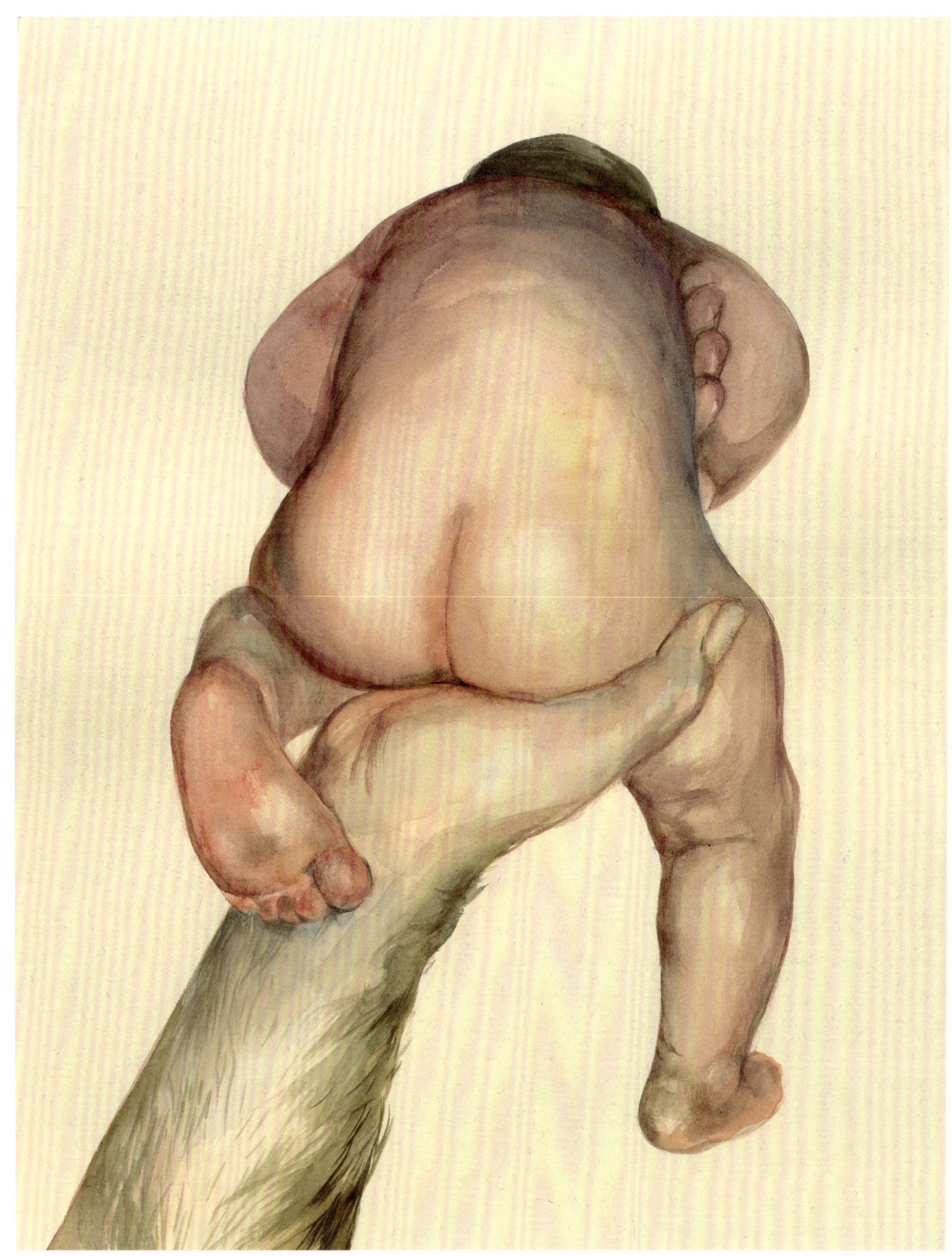

ARTWORK DETAILS

p.7   *Bedroom*,
Oil on canvas,
2012,
130 × 195 cm

p.11   *La mariée*,
Oil on canvas,
2014,
50 × 60 cm

p.13   *Untitled*,
Oil on canvas,
2011,
165 × 130 cm

p.15   *Two Love*,
Oil on canvas,
2010,
185 × 180 cm

p.20/1   *Untitled*,
Oil on canvas,
2004,
200 × 280 cm

p.23   *Untitled*,
Oil on canvas,
2003,
140 × 180 cm

p.24/5   *Untitled*,
Oil on canvas,
2001,
50 × 80 cm

p.27   *Untitled*,
Oil on canvas,
2004,
80 × 65 cm

p.28   *Untitled*,
Oil on canvas,
2001,
40 × 50 cm

p.30/1   *Untitled*,
Oil on canvas,
2004,
200 × 500 cm

p.33   *Untitled*,
Oil on canvas,
2002,
200 × 250 cm

p.34/5   *Untitled*,
Oil on canvas,
2001,
60 × 70 cm

p.39   *Untitled*,
Oil on canvas,
2006,
120 × 100 cm

p.40   *Untitled*,
Oil on canvas,
2006,
180 × 130 cm

p.41   *Untitled*,
Oil on canvas,
2005,
200 × 150 cm

p.43   *Untitled*,
Oil on canvas,
2006,
230 × 180 cm

p.45   *Untitled*,
Oil on canvas,
2008,
200 × 170 cm

p.46/7   *Untitled*,
Oil on canvas,
2006,
240 × 440 cm

p.48   *Untitled*,
Oil on canvas,
2006,
50 × 55 cm

p.49   *Untitled*,
Oil on canvas,
2006,
25 × 20 cm

p.51   *Untitled*,
Oil on canvas,
2006,
250 × 320 cm

p.52/3   *Not Alone*,
Oil on canvas,
2013,
190 × 280 cm

p.57   *Untitled*,
Oil on canvas,
2008,
155 × 194 cm

p.58/9   *Untitled*,
Oil on canvas,
2008,
270 × 500 cm

p.62/3   *Untitled*,
Oil on canvas,
2008,
280 × 500 cm

p.64/5   *Untitled*,
Oil on canvas,
2012,
130 × 160 cm

p.66   *Untitled*,
Oil on canvas,
2008,
60 × 50 cm

p.67   *Untitled*,
Oil on canvas,
2009,
61.5 × 50 cm

p.68   *Untitled*,
Oil on canvas,
2009,
130 × 162 cm

p.69   *Away*,
Oil on canvas,
2009,
195 × 130 cm

p.70/1   *Untitled*,
Oil on canvas,
2008,
270 × 400 cm

p.72   *Twosome*,
Oil on canvas,
2012,
190 × 280 cm

p.73   *Lonesome Tonight*,
Oil on canvas,
2009,
46 × 38 cm

p.75   *Lucky*,
Oil on canvas,
2013,
46 × 55 cm

p.76   *High*,
Oil on canvas,
2013,
180 × 140 cm

p.77   *Sparkle*,
Oil on canvas,
2009,
80 × 60 cm

p.78/9   *Untitled*,
Oil on canvas,
2008,
60 × 70 cm

p.83   *Blue Moon*,
Oil on canvas,
2010,
92 × 73 cm

p.85   *But The Heart*,
Oil on canvas,
2013,
190 × 280 cm

p.86/7   *Sparkling*,
Oil on canvas,
2013,
100 × 140 cm

p.88/9   *Everybody's
Darling*,
Oil on canvas,
2010,
65 × 81 cm

p.91   *Expecting*,
Oil on canvas,
2010,
120 × 100 cm

p.93   *Horseback*,
Oil on canvas,
2010,
200 × 170 cm

p.94   *Bubblegun*,
Oil on canvas,
2010,
185 × 180 cm

p.95   *For All to See*,
Oil on canvas,
2010,
170 × 160 cm

p.97   *Untitled*,
Oil on canvas,
2004,
230 × 180 cm

p.98/9   *Splendid
Isolation*,
Oil on canvas,
2009,
160 × 190 cm

p.100   *Wonderful*,
Oil on canvas,
2010,
61 × 50 cm

p.101   *Trunk*,
Oil on canvas,
2010,
65 × 54 cm

p.104/5   *Wrestlers*,
Oil on canvas,
2013,
190 × 280 cm

p.107   *Forever*,
Oil on canvas,
2013,
190 × 280 cm

p.108/9   *Under the rainbow*,
Oil on canvas,
2013,
190 × 280 cm

p.111   *Johnny*,
Oil on canvas,
2013,
73 × 60 cm

p.112/3   *Tender*,
Oil on canvas,
2009,
150 × 195 cm

p.114/5   *Male Birth*,
Oil on canvas,
2012,
130.5 × 199 cm

p.116   *Untitled*,
Oil on canvas,
2011,
190 × 170 cm

p.119   *Birth*,
Oil on canvas,
2011,
162 × 130 cm

p.120/1   *Tears*,
Oil on canvas,
2012,
70 × 90 cm

p.122/3   *Untitled*,
Oil on canvas,
2012,
130 × 162 cm

p.125   *Shine a light*,
Oil on canvas,
2014,
170 × 130 cm

p.126   *Grace Silika*,
Oil on canvas,
2010,
185 × 180 cm

p.127   *Untitled*,
Oil on canvas,
2011,
65 × 54 cm

p.128/9   *être chairs*,
Oil on canvas,
2013,
190 × 280 cm

All works untitled,
2005-2015, 35 × 45 cm,
Watercolour on paper

ACKNOWLEDGEMENTS

Stephanie Boner, Danielle Ryan, Conor & David, ROADS,

Catherine Millet, Victoire Disderot, Galerie Daniel Templon,

Michael Fuchs Galerie, Bertrand Huet, Emilia And Georgi Danovsky,

Joanna And Dariy Danovsky, Ida Immendorff.

Painting will never die.